SPIRITUAL PARTNERSHIP

THE JOURNEY TO AUTHENTIC POWER

靈性伴侶關係

親密關係的療癒與覺醒

蓋瑞・祖卡夫 Gary Zukav ＿＿著　蔡孟璇＿＿譯

獻給世界各地潛在的靈性伴侶

致謝

我衷心感謝琳達．法蘭西絲，她不間斷的愛與靈感滋養了我，她對本書的許多貢獻讓這本書更實用、更有幫助。我對分布在各地的靈性伴侶們致上謝意，特別是「新靈魂觀學院」的「眞實力量課程」參與者，他們的全心投入、勇氣、慈悲和有意識的溝通與行動，經常爲我帶來啓發。我也要感謝我的編輯基甸．魏爾（Gideon Weil），他的建議讓本書更貼近每一個人，也更加平易近人。

目錄

Part 2 什麼是「靈性伴侶關係」？ 111

Part 3 如何創造「靈性伴侶關係」？ 183

靈魂療癒摘要索引

【自序】

一種新的可能性正在發生

從被感官知覺掌控，到向內觀照的靈性成長

這是一本談論「改變」的書，一場可能發生與想像的最大規模改變——這個改變比火的發現、輪子的發明、文化的起源、宗教的誕生、國族的興起，以及科學的影響力都更重大。它比過去曾經發生過的任何事都更爲重要，以致在它之後或當它發生時會發生什麼事，根本難以預想。

這是一本談論「可能性」的書。短短幾年前仍超乎我們能力或想像力的經驗、洞見與動機，現在正在吸引我們、召喚我們前往新的目的地，創造更多全新的可能性。這一切是如此新穎與新鮮，好比一張等待著寫下字跡的白紙、一張邀請第一道筆刷落下的畫布。過去，有一些人曾瞥見過，並偶爾探索過這些全新的可能性；但是現在，每一個人都開始看見或感覺到它們了。我們已經跨越了一道門檻，已經沒有回頭路絕，也無可能再回頭了。

這是一本談論「力量」的書。舊式的力量，亦即操弄與控制的能力，如今徒然增添了暴力

與毀滅。這眞是令人驚訝啊！因爲舊式的力量讓我們與我們的祖先得以生存下來，好比一帖良藥突然變成有害的，而它現在已是有毒的了。我們過去必須服用它才能活命，現在我們卻必須避開它才能保持健康。一種新型態的力量，也就是眞實的力量，已經變成新的良藥了，我們需要它才能得到健康，獲得滋養，變得健全。

我們過去難以想像的改變、可能性與力量，正在重新塑造整個人類經驗。新的價值觀、目標與意圖如雨後春筍在世界各地竄起，它們成長迅速，而且凡它發展之處，美好亦隨之來臨。隨之而來的還有成片的花海與廣袤的森林，一個嶄新而不可思議的世界，正在以一種前所未見、令人驚異的方式逐漸成形。我們全都是一所新學校的學生、一個新疆界的探險家、全新人類經驗的先鋒。

這個人類經驗上前所未見的蛻變，包含了兩個部分，我們可以將它們稱爲「過程A」與「過程B」。過程A可說是自動發生的，沒有人必須做任何事來促成過程A的發生。過程A正發生在數百萬人身上，而很快地，過程A將會發生在所有人類身上。過程B則是截然不同的一回事了，它有賴於選擇。確切而言，你必須做出選擇以讓過程B發生，否則它便不會發生在你身上。即使他人選擇了讓過程B發生在他們身上，過程B也不會發生在你身上，除非你選擇了讓它發生。簡言之，(1)過程A發生在每一個人身上，或者遲早會如此，你或任何人都對它束手無策。(2)過程B只會發生在選擇讓它展現在自己身上的人，並且他們也無法讓它展現在其他任何人身上。

讓我們賦予過程A與過程B一個名稱吧！過程A就是人類知覺的擴展，它會擴展至超越我們視覺、聽覺、味覺、觸覺或嗅覺所能及的範圍。這是非常重大的一件事。過程A就是讓你親自去看見，這世界遠比你所認爲的更廣大，而且是遠遠超出許多，同時它也和你所能想像的非常不同。在過程A發生之前，你對世界的觀感仍局限於你的五官感覺告訴你的一切，而過程B發生之後，你的五官感覺仍會持續告訴你關於這世界的一切，但是除此之外，你的經驗將會更豐富。這種「豐富」，有時很難向那些尚未體驗過過程A的人形容，但其實已經有數百萬人體驗過過程A了，或正在體驗它而不自覺。

過程A能讓你知道一些五官感覺無法告訴你的、關於他人的事，例如，在某人打算打電話給你之前就預先知道、知道生活在另一座城市的女兒發生意外、知道祖母過世了、知道你應該先檢查車子的煞車才能上路等等諸如此類的事情。換句話說，過程A大量涉及了直覺。過程A也能讓你對自己擁有全新的體驗，例如，體驗到自己並非僅止於這副身心，它爲你揭示出生命是有意義的，而且如同水召喚一個口渴的人，它則召喚你活出你的意義。過程A讓你透過意料之外的方式接觸到意義，例如，擁有萬事萬物皆完美的短暫體驗，或是感覺到與一個陌生人的連結。過程A讓你能從一個非個人的觀點來觀看，從那樣的視角而言，你的一切經驗，即使是最痛苦的體驗，都有助於你以及周遭人的靈性發展。它們提供了你確切需要的東西供你培養力量、慈悲與智慧，好讓你能夠貢獻與生俱來的天賦。

過程A是一種擴大的覺察力，其中不僅包括了五官的知覺系統，也包括了察覺眞實而無形之理智、慈悲與智慧的第二個系統。這個系統讓你能以許多方式體驗無形界（non-physical reality）❶，包括剛才提到的種種。過程A是一種多官知覺（multisensory perception），這是當前在人類物種之間興起的人類意識的偉大蛻變。不出幾個世代，所有的人類都將是「多官人」，他們不但能體驗到空間、時間、物質與二元性的領域，也就是自人類起源以來大多數人的所有體驗，同時也能體驗到影響著我們、也受我們影響的無形領域及其動能。

從內在源頭改變，獲得眞實力量

這引領我們來到了過程B。過程B將伴隨過程A而來的新潛能帶入你的生命中。多官知覺（過程A）改變了你的知覺，但是並未改變你。它爲你顯示你過去看不見的事物，但是不會促使你使用這些新知識。它闡明了你過去無法看見的動能，一種能用以改變生命、帶來長久助益的動能，但是它不會要求你運用它。它爲你揭示出你的創造力，但卻無法使你以智慧去創造。

相反地，你將會一如以往地以舊有的方式創造，直到你做出另外的選擇。舉例而言，如果你生氣了，過程A（多官知覺）並無法讓你變得較不生氣，也不會為你創造出不同的結果，滿懷憤怒地行動所創造的結果將和過去一模一樣。人們依然會遠離你，依然會受到你的威嚇，依然會拒絕被你傷害，你也依然會受到孤立、感到孤獨，渴望一段有意義的關係，而且依舊滿懷憤懣。

過程B是在你自己的內在體驗，並且改變痛苦情緒（例如，憤怒、嫉妒、復仇心態等）、執迷不放的念頭（例如，評斷他人或自己、渴望有某人或某件事來改變你的生命等）、強迫性的行徑（例如，工作狂、完美主義等），以及上癮行為（例如，暴飲暴食、抽菸、飲酒、嗑藥、看色情影片或刊物、賭博等）的內在源頭；它也是在你內在體驗並培養使你愉悅的情緒（例如，感恩、滿足、欣賞、對生命感到敬畏等）的內在因素。簡言之，過程B是創造那正在呼喚你的、充實且充滿喜悅的生活。

這需要努力。但是選擇過程B，幾乎能立刻在你生活中發揮效果；換句話說，選擇過程

譯註：

❶與物質界（physical reality）相對之非物質、非形體界。

B，能在很短的時間內從根本上改變你的生命。這不代表你第一次或第二次進行過程B的時候，就會徹頭徹尾換了一個人，過程B並不是那麼簡單或輕鬆。然而，你在進行過程B時所做的每一個改變，皆具有根本上的蛻變效果。第一個改變是根本上的蛻變，無論它看似多麼微小皆然；第二個改變也是根本上的轉變，依此類推。過程B會漸次增強，隨著你每一次的選擇而發生，而你所做的每一個選擇都將你推進至一個全新的方向，朝一個嶄新且健康的目標邁進，亦即讓你發展出一種人格，這種人格讓你經歷到的是如此煥然一新的非凡體驗，以致你永遠無法預見那是些什麼樣的體驗。

過程B要求你在每一刻都審慎選擇一種能創造出喜悅與創造性結果的言行，即使痛苦又狂暴的情緒朝你席捲而來，亦能堅持。過程B藉以改變你生命的是你自身的意志力量，加上覺知的引導，以及你有意識選擇的意圖，並由宇宙間的慈悲與智慧提供協助，而且你會切身體會到這份慈悲與智慧的意義。這種蛻變遠不只是那種邁向更美好或更健康生活的轉變，它是一種朝向你內在最高層次、最高貴、健康而且落實的那一部分的蛻變——那就是你的靈魂。

換句話說，過程B是去找出並且改變你人格中與靈魂的意圖不符的所有部分，以及找出並且培養你人格中所有與靈魂的意圖相符的部分。你的靈魂想要和諧、合作、分享，並對生命懷抱敬意。每一次，你帶著這其中一種意圖而創造，你就會創造出眞實力量，創造一個擁有滿足、感恩、活力、創造力與喜悅的生活。過程B就是創造眞實力量。

如果過程A（多官知覺）不是在每一個人身上發生，那麼，過程B（創造眞實力量）就不可能在任何一個人身上實現。過程B的目的是讓你的人格與靈魂達成一致，但是你的五官感覺卻無法覺察到你的靈魂。靈魂對一些「五官人」來說是個有趣的概念，但是就經驗上而言，那對他們毫無意義。如今，有數百萬人正在體驗著多官知覺（過程A），他們也因此改變了自己的生命（過程B）。你也正在體驗著多官知覺，否則你便不會覺得這是本有趣或有價值的書。這些概念對那些單從五官感覺獲取資訊的思維來說，是毫無吸引力的，但它們卻呼喚著那些由多官知覺獲取資訊的內在心靈。

對於當前進行中的人類意識蛻變而言，多官知覺與眞實力量是這場蛻變裡最具代表性的兩個特徵。第一個特徵會不費力地浮現，影響著所有的知覺，爲我們揭露出經驗的新面向；第二個特徵則必須等待你做出承諾、發揮勇氣與慈悲，並進行有意識的溝通，才能讓它進入你的生命。第一個特徵是一份來自宇宙的美妙禮物，而你必須自己去創造第二個特徵。

多官知覺不會損害你的選擇。多官知覺的人擁有追求外在力量（舊式力量形式）的自由，也有創造眞實力量的自由。只不過選擇追求外在力量如今徒然導致暴力與毀滅，亦即（至少）個人之間的情緒暴力與破壞行爲，以及各個宗教、文化與國族之間的實質暴力與破壞行爲。選擇追求外在力量，沒有任何彌補改善的助益。事實上，它毫無益處可言。

踏出去，改變才可能發生

五官人透過求生存而發展，多官人透過靈性成長而進化，這個巨大的差異必須伴隨著極為不同的人我關係。對那些透過創造眞實力量而進化的多官人而言，新型態的關係就是「靈性伴侶關係」。靈性伴侶關係是以靈性成長為目的的平等夥伴關係，它會吸引創造眞實力量的多官人，如同舊式關係會吸引追求外在力量的五官人。靈性伴侶的目的、本質與功能是不同的。靈性伴侶關係的動能及靈性伴侶所共同創造的經驗是不同的。這種新型態的關係與創造眞實力量的新興多官人密不可分，一如舊式關係與追求外在力量的五官人緊密關聯。

創造眞實力量有賴於一份具有實質性與深度的關係，除非你有勇氣投入一段深具意義且重要的關係，否則便無法在靈性上獲得成長。換言之，靈性伴侶關係是過程B裡的必要部分。每一次的相遇，都為你提供一個創造眞實力量的機會，而當你遇見的對象裡也包括了正在利用一己經驗創造眞實力量的人，那麼，一段靈性伴侶關係的潛能便有機會實現。潛在的靈性伴侶關係認知到承諾、勇氣、慈悲、彼此間有意識的溝通，以及行動的重要。他們會自然而然地在創造眞實力量上努力支持彼此，並接受彼此的扶持。他們的旅程朝著相同的目標前進，他們認知到同行旅者的重要，並且能從彼此身上學習。如今，進化要求你創造一個能夠滿足人心的、喜悅的生活，也就是貢獻你與生俱來的天賦，而靈性伴侶關係能帶領你走進一段與志同道合者合力創造的互動關係裡。

在我所有的著作，或與我的靈性伴侶琳達．法蘭西絲（Linda Francis）合著的著作當中，談論的重點都是眞實力量，只不過我當時並未意識到這點，而其中的第一本著作是《物理之舞》。這本書談論的是量子物理學、相對論與量子邏輯，目標讀者群是對科學不感興趣的人。然而，我在著述過程中第一次擁有了一些眞實力量的體驗。我不知道要如何確切地指出或解釋這些經驗，但是我認知到，這些經驗是如此不可思議、美妙無比，於是開放心胸盡情體驗。這部著作連連獲獎，成爲一本廣受好評的科普書，但是我相信許多曾閱讀這本書的人與至今仍在讀的人，是被物質界與意識之間的連結所吸引，那對量子理論的某些詮釋來說，包括多數物理學家都會使用的詮釋，是必定會探討的議題。《物理之舞》是我第一次嘗試寫作，也是我對科學的初次探問，但更重要的是，它是我給予生命的第一份禮物，而我至今依然在收割生命回報予我的恩賜。

第二部著作談論的也是眞實力量，只是沒有任何媒介，例如之前的科學，它主要是分享我開始撰寫《物理之舞》之後與撰寫該書期間對眞實力量的發現。它一開始是以一套三冊的理智產物問世，稱爲《物理與意識》，但是十年之後，它成爲另一份心的禮物，亦即《新靈魂觀》。有些讀者期待我爲《物理之舞》撰寫一部談論另一個尖端科學領域的續集，例如遺傳學等，我實在不想令他們失望，但我若不分享這部優秀的著作，會覺得未盡完整，它和《物理之舞》一樣，改變了我的生命，而且整個發生過程是令人不可思議的。

當時我認爲自己已經明白了何謂眞實力量，只是尚未了解到自己的理解並不如後來的情況那麼深入，而且理解眞實力量與創造眞實力量完全是兩碼子事。最後，琳達（我是在撰寫《物理之舞》之後認識她的）和我合力撰寫了兩本書，談論創造眞實力量的兩種工具（《靈魂之心：從日常覺察情緒，教你找回當下的力量》與《靈魂的心智：負責任的選擇》〔*The Mind of the Soul: Responsible Choice*〕）。我也撰寫了兩本較爲輕鬆易讀的書，書中搭配了關於多官知覺與眞實力量的小插圖（《靈魂故事》〔*Soul Stories*〕與《靈魂對靈魂：從心溝通》〔*Soul to Soul: Communications from the Heart*〕）。但是在我心中，我一直渴望撰寫另一部能以由淺入深、清楚易懂的方式，解釋如何創造眞實力量的著作，在書中詳盡地闡釋它，提供讀者關於多官知覺與如何創造眞實力量的具體範例與概念。

本書就是這樣一本著作。《新靈魂觀》與《靈性伴侶關係》這兩本書，談的都是過程A與過程B。《新靈魂觀》談論的是進化、因果、直覺、意圖、責任、信任等等，但強調的是過程

A。它的重點在於成爲多官人的絕妙經驗、永存的無形導師與指導靈，以及有意識地與慈悲和智慧的宇宙結合成夥伴關係。《靈性伴侶關係》一書談論的也是多官知覺與眞實力量，但強調的是過程B。它指出靈性伴侶關係的3W1H，亦即「原因」（Why）：爲什麼我們需要「靈性伴侶關係」（Part1）；「內涵」（What）：什麼是「靈性伴侶關係」（Part2）；「作法」（How）：如何創造「靈性伴侶關係」（Part3）；以及「參與者」（Who）：誰是建立「靈性伴侶關係」的對象（Part4）。它們同時也是創造眞實力量的3W1H。靈性伴侶關係與創造眞實力量，就像智慧與耐心一樣密不可分。若不創造眞實力量，就無法擁有靈性伴侶關係；而若缺少了靈性伴侶關係，你便無法獲得靈性成長。

創造眞實力量是一個過程，不是一個事件。它是你的生命目的，以及你的互動機會。眞實力量是一段旅程，不是一個目的地，它是一段過去鮮少有人走過的旅途，而現在，我們所有人都必須去完成這個人類的轉變——從透過求生存而發展的五官物種，過渡至透過靈性成長而進化的物種。本書就是告訴你如何創造眞實力量的地圖，在旅途上的任何時刻，你都可以參照。請好好研讀它，才能準備好應付前方可能發生的情況；好好溫習，才能了解過去發生過的狀況；好好練習，才能在你旅途中的當下過著喜悅的生活。

能夠與你一同踏上這段旅程，我心存感激。

【前言】

彼此相伴、向內洞察的親密新體驗

人我關係的互動型態已然改變

新型態的關係是從人類的經驗形成的，它會取代其他所有型態的關係，這是一個好消息。過去的關係型態是爲逐漸消亡的人類物種而設計的，而全新的人類物種正在誕生，我們就是其中一份子。這個新物種有它對關係的要求，有自己的價值觀，也有自己的目標。相較於那個正在消失的物種，它的潛能遠遠高出許多，對人類做出建設性貢獻的能力也更加強大。

有數百萬的人都是這個新物種的一份子，更有另外數百萬的人正在成爲它的一份子。這個新物種的數量逐日增加，因爲擁有這些新能力的嬰孩，每天都在誕生，而且有數百萬的人已開始覺察到自己內在的這些能力。你就是其中之一，否則你不會受到這本書的吸引，否則「靈性」這個詞對你而言將只是個概念，或是一種宗教、一種信仰系統，你會以宗教、詩意或哲學的角度來看待靈性，或對它充滿了關於天堂或超升至高層次經驗（或被貶入低層次經驗）的想像，你會在聖壇或壁爐架上放一座十字架、供奉佛像，或擺上克里希納（Krishna）❷的畫像、放一顆水晶或任何能爲你帶來光明與靈感的圖像。你會持咒念經，唱誦聖歌，享受那些和你發現相同眞理的同行道友們的陪伴，從中尋求慰藉。

新型態的人類關係會將「靈性」與「宗教」分開來看待。靈性非關因襲傳統、遵守戒律、實踐教導或接受他人的權威，它也和建築物無關，和穿著方式、經典以及聖典亦毫無關聯，不過它的確是關乎理解並欣賞萬事萬物的神聖性，同時努力依此原則過生活。究竟而言，靈性非關對自己或他人的評斷，它關係的是在你的內在發現，並從內在轉化那些導致痛苦經驗與毀滅性行爲的根本因素；而且從你的內在發現，並從內在培養那些促成喜悅經驗與建設性行爲的本質因素。

新型態的關係、對靈性的全新理解、以及全新的人類物種這三件事，是一起誕生的，也是爲彼此而設計的。靈性與宗教之間的區別對舊人類來說並不明顯，但是對數以百萬計的人而言，這兩者的差異正變得越來越顯而易見。儘管如此，仍有一些困惑存在，不僅僅是因爲從舊人類到新人類的轉化仍在進行當中且尚未完成，也是因爲有許多宗教虔誠人士同時也是靈性人士，或是相反的情況，有許多靈性人士同時也是宗教虔誠人士。這是個很重要的過渡期，舊的

❷或譯作奎師那，意思是黑天，印度教最主要的神祇之一。

逐漸凋零，新的逐漸成型，在數個世代的時間裡，這兩者將會重疊——舊人類的影響力及其價值觀會逐漸減弱，新人類及其大不相同的價值觀與目標則會逐漸增強。

這個過程是不可逆的，因此，執著於舊人類型態及其目標不但完全無益，反而可能製造出痛苦的經驗與後果。每天早晨爲了太陽的升起而哀傷，或爲了潮起潮落而苦惱，是件多麼痛苦的事啊！這麼做，除了製造個人的不幸之外，有任何建設性可言嗎？人類歷史上除了人類起源以外的最重大事件正在發生，無論我們是接受或拒絕、歡迎或排斥、擁抱或抗拒，我們依然是其中的一份子。一種全新的人類關係互動型態是這整個發生過程的必要部分，因此，無論我們是接受或拒絕，歡迎或摒棄，都無法忽視它，否則後果堪慮。人我關係是人類努力追求的領域中，難度最高的一項，既然人類關係的本質已經起了變化，那些忽略這種變化的人，他們的關係將會變得更加困難。

錯綜複雜的人際關係網絡

人們有各種不同的共同目標，因此也存在著各種不同的舊式關係。商業關係和戀愛關係不一樣，也和同儕之間的關係、鄰居之間的關係，以及親子關係大相逕庭。你和你的修理工人的關係，不同於你的醫生和他的辦公室經理的關係，不過，它與你和你的會計師或修理工人的關係較雷同。房東與房客有他們的關係，員工與同事和老闆有他們的關係，老師與學生也有他們的關係。

這些關係裡的個體，努力想要達成一個共同目標。這些聯繫讓關係裡的個體有機會完成一些單靠自己無法完成的目標，例如，競選團隊、大企業、社區合作等等，都是這類關係的產物。有一些關係相當非個人化，以致其中個體之間的連結皆互不相干，例如，指揮交通的警察和接受指揮的汽車駕駛人之間的關係。然而，所有的參與者皆共同創造了單獨一人無法完成的事，這是一種順暢的交流。有一些關係是非個人的，但是會相互地欣賞與感謝，例如你和店員的關係。在其他關係裡，個人之間的連結變得更爲重要，例如你和姻親的關係，儘管那些關係不一定非常親密或具有實質性。

要達成建立一個健康家庭或相互支持地生活在一起這樣的目標，就必須將更多注意力放在關係中個人之間的連結上，因爲若那份連結喪失了，或流於表面化，就無法達成目標。董事會成員可能互看不順眼，這種事屢見不鮮；員工之間彼此競爭，這種情況也很普遍；政治盟友可能會彼此剝削，他們通常會這麼做，但儘管如此，他們依然能完成共同的目標。這些關係既困難重重又令人痛苦，但是卻能發揮功能。事實上，多數的關係都落入這個類別中。有無數的婚姻和同居伴侶關係都是痛苦而煎熬的，然而，其中的個人依然維持著那樣的關係，因爲它能提供每個伴侶都害怕失去的安全感，至少是熟悉感，而這麼做能讓伴侶們達成一個共同的目標。一個讓伴侶能專注於創造正面連結並完成共同目標的關係，是最富挑戰性的關係。

所有舊式關係的功能，姑且不論參與者之間的連結是微不足道或非常重要，都是爲了操弄或控制環境（包括他人），以達成參與者的共同目標。換句話說，是爲了改變外在世界，例如，選出一位市長、籌組一項運動或創立一個事業等。這類型的關係能讓其中的夥伴一起購買一棟房子、生養孩子、建立家庭，讓彼此不再孤單，或滿足彼此在情感、心理、身體或性方面的需求等等。他們的共同目標永遠都是這份關係成立的理由。當目標達成，或當他們無法達成目標時，關係隨即面臨破裂。舉例而言，一個競選團隊關係會在對手贏得選舉之後結束，團隊成員即各奔東西；一個事業若宣告失敗，合作夥伴們會各奔前程，而若成功了，他們也可能會出售事業，各自發展。

因共同目標而聚攏的舊式關係，已成爲一種妨礙

這個主題有無數的變化方式：婚姻裡的伴侶會在了解到配偶無法或不願意滿足自己在心理、身體、情感或性方面的需求時，訴請離婚。一個人若成爲素食者，他可能彷彿「重生」一般，開始靜坐，或信仰另一種宗教，而對於那些沒有經歷類似改變的人，他便不再追求或接受

自己與他們之間的關係。任何一種讓人在信仰、外貌上出現變化，或產生不同價值觀、不同目標的轉變，都將終結一段舊式關係，因爲關係底下作爲基礎的共同目標已經不復存在了。無論那個共同目標是同質性所帶來的安全感，例如相同的膚色、信仰或語言，或是日益增加的市占率、一個新的公司監事會或一個快樂的家庭等等，它們都是關係成立的理由，也是讓關係維持凝聚力的黏著劑。若缺乏共同目標，關係便不再具有意義，參與者彼此之間的吸引力將會消退，關係亦隨之瓦解，或是會有其他更相關的人前來取而代之。

無論目標爲何，它都將決定誰的吸引力足以成爲潛在的夥伴，誰則不能，以及誰是受歡迎的，誰是遭到排斥的。同質性是被接受的，多元性卻是遭擯棄的。比方說，如果共同的目標被接受了，那麼那些無法在言行舉止、穿著打扮或信仰上符合該關係要求的人，就沒有資格成爲會員；想要一個未來能養家的伴侶的人，就不會考慮某個失業或拒絕工作的對象；一個戲劇導演不會考慮聘用一個不會演戲的人；一個需要行銷總監的企業老闆，也不會考慮一個缺乏這方面能力或資質的人，依此類推。

共同的目標決定了關係裡的參與者是誰，而那些參與者都是可取代的。一位木匠可以被另一位取代，一位競選總監可以由另一位代替，一位義工也可以被另一位替換，而且正如許多人已經發現的，配偶當然也可以被另一位頂替。

這類型的關係是我們再熟悉不過的，因爲它們隨處可見，我們也不斷在親身體驗著這樣的關係。它們對逐漸消亡的人類物種有其用處，但是現在卻再也無法給予我們支持了，因爲新物種有著與舊物種截然不同的知覺與價値觀。隨著越來越多人體驗到新人類物種的新知覺與新價値觀，我們也開始能以不同的眼光看待自己與他人、看待這個世界與生命的意義。我們與他人在一起的理由改變了，因此，我們彼此之間所創造的關係型態也隨之轉變。舊式關係是人類物種用來求生存、擴張一己勢力至整個地球的一種手段，但是它們已經妨礙了我們的靈性成長。

邁向靈性成長的旅程

這相當重要，因爲我們當前正在藉著靈性成長而進化。靈性成長之於我們，猶如太陽之於植物，是絕對必要的。我們要尋找的夥伴是能讓我們獲得靈性成長的人，而不是讓我們完成共同目標的人。求生存已經不是我們唯一的目的，對我們也已經不再足夠了。我們渴望更多東西，而在我們努力尋求滿足的同時，我們也重新定義了靈性、關係以及進化這些事。

舊人類、由求生存獲得進化、爲改變環境而設計的關係型態，以及宗教等，都是由同一本質的結構所組成。它們共同孕育而成，也正一起被另一種本質的結構所取代，這種新結構將構成新人類、由靈性成長獲得進化、爲靈性成長而設計的關係型態，以及靈性。舊式結構正在瓦解，新式結構的輪廓則已經漸漸變得清晰、為越來越多的人所見。

靈性關乎的是靈魂，它要求你必須與人類經驗中最高貴的驅策力產生共鳴，例如，和諧、合作、分享、對生命懷抱敬意等。這個目標卻無法由一個人，甚或一群他人為另一個人實現，每一個人都必須為自己的靈性成長負起完全的責任。靈性是一趟邁向自我覺察與自我負責的旅程。舊式關係讓參與者的注意力焦點轉向外在環境與人，進而改變它們，以此幫助了舊人類生存下來。新式關係則讓我們將注意力焦點，轉向內在那些造成痛苦經驗與破壞性行為的內在原因，進而改變這些因素，也轉向內在那些造成我們幸福經驗與建設性行為的內在源頭，進而培養這些因素。

尋求靈性成長的舊人類，會透過避居寺院道場來跳脫外在環境與人事物的干擾，遁入隱居生活。在小密室或山洞裡隻身一人的靜修者，儼然成為追求靈性成長的最著名象徵，他們追求的是超越五官感覺的限制、超越文化習俗的束縛，進入生命中一種不受恐懼所纏擾的自由境界。然而，隨著新人類的誕生，遺世獨立反而造成反效果，因為它會阻礙靈性發展所必要的互動。過去，只有寥寥無幾的人對靈性成長感興趣，而且每一份關係都是圍繞著共同目標而形成的；如今，卻有數百萬的人都深受和諧、合作、分享、對生命懷抱敬意等概念所吸引。在幾個世代之內，所有的人類都將努力追求靈性成長。我們已經創造出與舊型態十分不同的關係了，而其最重要的目的便是支持我們的靈性發展。

人我關係對舊人類物種的發展是不可或缺的，對我們的進化亦同樣不能缺少，只是其中的理由有著顯著的差異。關係能幫助舊物種生存下來，協助我們在靈性上成長，但是隨著新物種的知覺與價值觀在數百萬人身上出現，舊式關係也隨之越來越無法滿足我們了，我們對自我探索、自我覺察與如何自主，越來越感興趣。自我實現、內在的滿足、意義、目的、愛，以及爲生命做出貢獻的喜悅，變成了比職業生涯、生活方式與金錢更重要的優先選項。

我們發覺，爲了自己的痛苦經驗而怪罪他人的作法，越來越令人不滿（無論我們多想這麼做）。與其這樣，不如往自己內在找出造成痛苦經驗的原因，並且著手改變。對於我們所做的事、所說的話及其理由，我們開始認知到情緒與意圖的重要性。我們在尋找自己所做的選擇與經驗之間的關聯，以此改變自己的選擇，進而改變我們的經驗。我們努力成爲我們想要他人成爲的樣子，而不是一味地努力去改變他人；同時，我們也正逐漸改變自己在家庭、工作與玩樂上的關係，將它們轉變爲新的型態。

關係正以令人驚訝的方式出現在每一個地方。這種在關係之功能、本質與經驗上的轉變，其規模巨大無比，而背後的原因甚至更加強大。

Part 1

爲什麼我們需要「靈性伴侶關係」？

1 新人類意識：地球學校的一門嶄新課程

故事的開端

維京人初次踏上北美土地時，他們腦子裡想的是掠奪，哥倫布想的則是新的貿易路線。歐洲殖民者尋找著土地與財富，他們橫越這片大陸，以武力占領自己想要的一切，凡是與他們交過手的人都成了窮人。他們成就了自己想要的目標，但是沒有人預見，他們的支配欲不僅毀滅原住民文化，也摧毀了支持著我們所有人的環境。

移民美洲者，也就是那些原本受到壓迫、以鮮血和英勇作戰贏得自由的人，反過來變成了壓迫者，在北美洲藉著武力侵門踏戶、掠奪資源，有時與殖民者結盟，有時則自己進行戰鬥。剛開始，他們對環境的影響力很小，他們砍樹、墾地、建造城市，但是無盡的森林、乾淨的水源、原始的草原總是不斷呈現在他們眼前。

然而，情況很快出現了變化，工業革命讓這片大陸的文化與地貌完全改觀。電報、鐵路、汽車、飛機、電腦、太空船等，一樣緊接著一樣，全都在兩個世紀之內相繼出現。移民者、來自非洲的奴隸、來自歐洲、亞洲以及後來的拉丁美洲勞工陸續進駐，使這片土地的人口持續成長，飛速擴張，一同融合成爲一個大型（後來演變爲超大型）的、消耗力強大的群體，威脅著這片大陸自給自足的能力。這就是我們當前的處境。這場無止盡擴張的災難，反映的是最早期北美移民的意識狀態，而我們正是他們的繼承者。

這就是我所居住的土地的故事，我父母及其祖先的歷史，他們以自己也不曾料想到的方式，促成了這場巨變。無論是在個人或集體層次上，他們並未審愼思考一己決定的後果，只是一味地努力達成無止盡的目標，依靠的卻是最早期移民進入這片大陸時的意識，也就是一種控制、支配的意圖。

這也是我的地球的故事，以及許多文化與個人等大群體的故事，遠在維京人進入北美洲之前，他們就已經帶著相同的意識創造出同樣的結果。國族、宗教、工業化，以及軍事化不斷出現在人類史冊的書頁上，將它轉變爲一場慢性的衝突與剝削。今天，北美人口急速擴張的毀滅性影響儼然成爲一種縮影，反映出人類人口快速擴張對地球所造成的更具毀滅性的影響。換句話說，這個故事與地點和時代無關，而是與「意識」有關。

意識操控一切經驗

意識，是我們體驗自己與他人的方式，它包括的不只是情緒與思想。例如，我們會將某些人視為朋友、將某些人視為敵人，但是五官感覺無法告訴你，一個人是朋友還是敵人，它們只能告訴你，母親長什麼樣子、聽起來是什麼樣子、她的觸感是什麼樣子，但是你對母親的經驗告訴你，她是朋友，而你的情緒會反映出你的經驗。見到敵人或想到他們時，你會感受到痛苦的情緒；而見到或想到朋友時，你會感覺到愉悅的情緒。當你遇見某個不認識的人，你對那人的想法將會創造出你的經驗，如果你認定他是朋友，你的經驗就會和認定他是敵人時不一樣。所有這些都是意識的一部分，但還不只是如此。

意識就像一個碗，這個碗永遠是滿的，有時候裡面裝了花朵，有時候裝了武器，有時候裡面是你朋友和你鍾愛之人的照片，而有些時候它是讓你飽受驚嚇的經驗。你的一切所見、一切想像，以及關於所見與所想像的念頭，再加上你的情緒，全部裝在這個碗裡面。你所體驗的一切，例如，你的渴望、憂慮、喜悅、失望、感激與恐懼，全都出現在這個碗裡。碗的容量無限大，碗裡的內容物永遠在改變，不變的是這個碗。

想像你的廚房有一只永遠裝滿了東西的碗，有時候裝滿了早餐穀片，有時候盛了雞湯，有時候則是裝了義大利麵。有時候，這個碗盛裝了滿滿的水果，然後是沙拉，接著是切好的洋蔥。碗永遠不會空。儘管你在碗裡發現的東西一直在變，那只碗卻永遠保持不變。如果它裝早餐穀片時是白色的圓形碗，那麼它裝沙拉時也會是白色圓形碗。碗和碗裡的內容物是有差別的。意識就像那只碗，它能包含的經驗數量可以無限多，但是無論它裝了什麼在裡面，意識本身都不會有所改變。

我們的集體經驗也是意識內容的一部分，例如幾個世紀以前，這世界似乎是平的，太陽也是繞著地球轉的，每個人都同意這個看法，因爲事實顯然就是如此；但是，事實現在顯然已經不是如此這般了。學生與學者們會研究自身經驗與祖先經驗的不同之處，但我們的祖先卻是親身生活在那些不同的經驗裡，他們眞正體驗著一個和我們截然不同的世界。異教信仰、希臘眾神、過去兩千五百年來的各種宗教與各式各樣的著作，無一不在改變著那只碗裡的內容。數學、科學、藝術、建築以及統治權的發展，也在改變著碗裡的內容，更隨著它們的演化而一變再變。對於進步的概念、法治、民主、科技等則是該內容的最新變化，然後經過這些改變之後，那只碗依然恆常不變。

要生來不具意識，就像生來不具身體那樣，是不可能的事。每個人都是獨一無二的，無論每個人的身體和你的身體有多麼不一樣，都是受到認可的。即便一個身體的四肢不健全或少了一顆眼睛，或形狀不一樣，或活動方式不同，它依然被認可爲一副身體。長時間下來，身體雖看似同一副，其實在一生當中也曾數度是全新的身軀。老舊的細胞會死亡，被新細胞取代，然後再死亡、再被取代。嬰兒逐漸長大成為學步的幼童、學童、成年人、老年人。柔軟的骨骼與肌肉先是逐漸強壯，反應時間與耐力大幅提升，然後隨著身體漸漸接近它存在的終點而變得衰弱，再次大幅改變。四肢或器官或許會消失、損傷，甚至在出生時即已不存在，但是在它的生命週期當中，無論是年輕或年老，完整或有缺陷，身體依然存在，而且每個人都明白這個道理，也都了解這件事。身體就是容器，但是容器裡的內容物是變化多端的。

意識之碗就像是無論何時何地都受到認可的身體，因為它的基本形式就和其他人一樣。意識也有一個無論何時何地皆相同的基本形式，無論碗裡的內容物改變了多少，有些經驗是永不改變的，這些經驗會由每一個人所共享，無論此人出身何處、說什麼語言或他的信念為何，都無關緊要。每一個具有意識的人都擁有這些經驗，而既然每個人都具有意識，每個人當然也就擁有這些經驗。它們並非僅限於某些文化或某些個人所獨有，它們無法被忽視、被排除或被否認。這些經驗不像一些明顯的經驗（例如，地球是平的），能被不同的明顯經驗（例如，地球是圓的）所取代，它們是永久性的。從出生到死亡，經過一代又一代，它們一直存在著，潛藏於其他所有經驗底下，它們是所有時代、所有地點、所有人的最大公約數。它們是人類經驗的核心，自人類起源以來就從未改變。

這些經驗是由那只碗來決定，而不是碗裡的內容物。它們為我們顯示的是碗的本質，而不是碗裡的東西。這是個不會變動的領域，每一個人類都對它很熟悉，因為我們就活在它裡面。事實上，自第一個人類出現以來，我們一直在探索它，這就是五官感覺的領域。如果一個圓形碗裝滿了水，水永遠不會變成方形。無論什麼東西裝滿了這只碗（意識），它只會成為這只碗的形狀，也就是我們能看見、聽見、品嚐、觸摸、嗅聞的東西。

我們的所知所感，都受制於五官感覺

無論我們想像的或思考的是什麼，都只能以五官感覺的角度來想像或思考。天空、大海、街道、山岳、朋友等等，全部以五官感覺的角度呈現。冷熱、大小、快慢等，也都以五官感覺的角度表現。慷慨、殘忍、仁慈、恐懼、慈愛等，唯有從五官感覺的角度來看才有意義。思想與情緒，只有從五官感覺的角度才能被理解（它們是以荷爾蒙或大腦活動之產物的形式出現）。即使是包含大量符號、不含任何符合我們想像之物的抽象數學，若非因為它能告訴我們一些我們能以五官感覺的角度來思考或描述的事情，它也是不具任何價值的。

在人類經驗的歷史上，除了少數幾個非常著名的特例之外，皆局限於五官感覺的知覺範疇裡。即使我們所思所想的是永恆與無限，也會被迫以五官感覺的觀點來思考，因為我們實在無法想像任何關於永恆或無限的事，除了將它視爲永遠持續或無盡延伸這些千篇一律的概念之外，別無更多。我們甚至無法想像五官感覺之外的永恆是何模樣。當我們思及天堂或地獄時，我們也會以五官感覺的視角來想像它們。事實上，我們除了以五官感覺的角度來思考事情之外，根本別無他種思考方式。

五官感覺與智能是並肩運作的，五官感覺提供資訊，例如，某樣東西是什麼顏色、距離多遠或多近、移動的速度多快或多慢、有多麼嘈雜或安靜，或一個人是掛著微笑還是板著一張臉。智能使用了這些資訊，然後比較、分析、推演、下結論。在五官感覺的合作之下，它讓我們完成了其他物種皆無法達到的壯舉，也就是操弄並控制我們的環境。舉例而言，我們不光是知道如何避免危險，也知道如何栽種食物、暖化屋子、發明電腦、使用網路等不勝枚舉的事。自第一個人類出現以來，我們能夠完成的每一件事都是拜智能之賜。許多其他的生命形式，例如和我們一樣的哺乳類，雖然也同樣擁有五官感覺，卻沒有和我們一樣的智能。只有人類能建造船隻、飛機、太空船、電話、牽引機、公路，以及摩天大樓。

所有這些創造物與我們對它們的想法，以及我們擁有的一切其他東西，都是意識的內容，亦即裝滿那只碗的東西。碗永遠是以五官感覺的形狀出現。有無數的經驗來來去去，不斷改變著容器裡的內容物，但是容器永遠保持不變，日復一日，年復一年，千年復千年。人類歷史將五官感覺能夠探知的每一件事，以及如何運用五官感覺所探知的每件事都載入年代表裡，以幫助自己生存並過得更加舒適。藝術、科學、詩歌、軍事征戰、宗教征服、農業、哲學、道德、工程等，全都是從探索世界與我們對它的了解而來。我們對世界的經驗就是五官感覺的經驗，而我們對那些經驗的理解就是理智的產物。

人類經驗看似是動態的，並且持續在變動，但是自第一個人類出現以來，它其實並未眞的有什麼改變。創造我們對地球之經驗的意識（地球是平的或圓的，在宇宙中央固定不動或繞著一顆較小的星球轉）及所有其他的體驗，打從它的起源到最近，本身都是保持不變的。

新意識的運作正在發生

現在，那只碗的形狀改變了，而我們在那只碗改變之前所學習到的事物，沒有一項能幫助我們，能爲我們在即將初次踏上的全新領域上指點迷津。一個巨大的改變正在發生，它不單是針對我們所經驗之事，也包括了我們能經驗之事。人類意識正在擴張至超越五官感覺限制的領域，在某些案例中，它更在超出五官感覺之外的領域上大爆發。智能無法幫助我們理解這些全新的知覺，甚至也無法將它們清楚地說個明白，因爲智能是設計來與五官感覺一起運作的。儘管我們無法描述或勾勒出那種全新的體驗，它們卻眞實不虛。

並不是每一個人都在同一時間或以同一個速度在遭遇這樣的全新經驗。有些人是在很平凡的情況下，瞥見了過去不曾看見的意義；而對有些人來說，例如不可能發生的巧合這種不尋常的經驗，卻似乎再自然不過了。有些人明白他們的價值觀一直在轉變，或是已經改變了；另一些人則被自己所經驗到的事物嚇壞了，然後假裝自己不曾有過這些體驗。從進化的觀點來看，所有這一切正非常迅速地發生。幾個世代之內，人類物種裡將沒有一個人會受到五官感覺的局限。我們的曾孫們將無法想像有人會受到五官感覺的束縛，一如我們無法想像有人會不具有意識。

五官感覺是一個單一感知系統的各個面向。那個系統的設計是用來察覺任何物質事物的，亦即任何能夠被看見、聽見、觸摸、嗅聞或品嚐的東西。現在，我們每一個人將在自己的時間、以自己的方式，取得另外一種感知系統——我們正在變成「多官人」。這第二個系統將能覺察到無形的智慧與慈悲、智能及其設計、目的與存在。它的知覺並不會取代我們所熟悉的五官感覺，但是會賦予它們一個新的面向，類似於色彩賦予黑白影像一個新向度一樣，只是它們能提供的遠非僅止於此。

有些人發現，他們知道一些關於其他人的事，包括陌生人，而那不是五官感覺能告訴他們的事，例如，天氣如何、那個人是和善還是快樂的、遭遇過什麼不幸、是否結婚或是否離婚了等等。他們有一種直覺，例如，知道何時該在晚上避開某些街道、知道要回家把門鎖好、或知道要購買某些書，之後才後悔當時沒有認真看待這種直覺，或不懂得珍惜。熟悉的巧合事件似乎很正常，例如，一個朋友在我們想到他時打電話來。關心他人的人依然心繫他人，沒耐心的人依然缺乏耐性，同事依然愛生氣或很仁慈，季節一樣四季流轉，嬰孩出生、長者逝世……但是我們對這些事情的經驗變得更加豐富、更為不同了。我們察覺到我們的生活比過去所認為的更有意義。碗的內容和過去可能出現的內容變得不一樣了，因為在那只碗的存在歷史裡，它的形狀第一次有了改變。

我們視自己為物質身體並局限在一段時間內的這種看法，將被新的經驗所取代。在新的經驗裡，我們對自己的體驗是靈魂，也是身心，是不朽的生命存在，也是終將一死的人格。這是個最巨大的轉變。我們正開始瞥見，意識與責任都不會在死亡時劃下句點，而我們所經歷的一切，每一樣都為我們增添了靈性發展的潛能。我們生命中的事件變得具有意義，而非隨機發生的。

我們對宇宙的體驗也正在改變。我們不再將宇宙理解為無生命的，將意識視為無法解釋、短暫存在的。我們開始去體驗這個宇宙，或說至少會認為它是活生生的、有智慧的、慈悲的。生命更開闊的全貌出現了，其中，我們與彼此或任何事物都不再是分裂的。我們與星星、沙灘上的沙子、我們愛的人或恨的人，都不是分隔或毫無關聯的。

超越五官感覺以外的世界

當我遷居至北加州偏僻山谷裡的一座農莊時，也一併帶著自己在都市裡養成的習慣去到了那裡。在都市裡，我每天被數百萬人圍繞，多數人都是我不認識而且從未見過面的。我冒失又無禮，完全不顧慮別人的感受，除非他們身上有我需要的東西。我以爲會有無止盡供應的陌生人出現，供我無禮對待，直到我了解，讓我無禮對待的人竟然快消耗殆盡了！在我位於山谷地帶的新家，我的鄰居寥寥無幾，我知道，如果我想要在那裡結交朋友，就必須改變自己的言行舉止。

成爲多官人也會讓你出現類似的洞見，我們開始將自己視爲永恆裡的老鄰居，我們了解到，我們越快和善地對待彼此，對每個人就越有利。隨著同一個劇團巡迴演出的演員，會對他們共同經歷過的歷史，發展出惺惺相惜的感情。例如，他們會記得在某幾齣戲裡，某個人扮演英雄，某個人扮演壞蛋；在另幾齣戲裡，某個人扮演父親，某個人扮演母親。長久下來，每個人都曾扮演過各種角色，包括戰士、教士、統治者、被統治者、壓迫者、被壓迫者、最好的朋友與殘忍的敵人。無論是黑人、印第安人、棕色皮膚的人、黃色皮膚的人或白人的角色，母親與父親的角色、兄弟姊妹的角色，每個人都曾扮演過。我們也像這些演員一樣，開始認知到彼此在當前這齣戲以外所扮演的各種角色。

一個五官人會將他的生命視為自己當前所知與未來所知的唯一一場戲，一個多官人則會將他的生命視為自己過去與未來出現的眾多場戲裡的其中一幕。他不會將他的演員夥伴與他們所扮演的角色混淆，他們當下在表面上或許是個英雄或壞蛋，但他們其實是他旅途上的同伴，就和他一樣，都在從自己扮演的各種角色裡學習，然後帶著學習到的或尚未學習到的東西，投入未來的下一齣戲裡。

多官知覺會帶來對智能、智慧與慈悲的覺察，而那並不屬於我們，一如朋友的幽默感一樣，不是我們自己的東西。我們會體驗到無形的援手，例如我在撰寫第一本書《物理之舞》以前，預先擬定了章節大綱，但是當我著手開始撰寫時，有許多不包括在大綱裡的想法突然蹦出來，每一次我都將大綱拋在腦後，寫下了那些新的想法，有時我會瀏覽一下大綱，有時則不會。有一天，我突然發現當時所寫好的章節完美地一氣呵成，彷彿是我預先計畫好的；我也發現，那些內容竟然比我更聰明、更有趣。最後我了解到，我在寫書時並非孤單一人！

所有從事創造性工作的人，包括攝影師、作家、音樂家、建築師、藝術家等，對這樣的經驗都不陌生。父母若對孩子說出確切要說的話，會認知到那些話是多麼恰當、表達多麼充分而貼切。古希臘人稱這種經驗爲「與繆斯溝通」。那些啓發創造力的神靈們，經常會召喚繆斯前來。「降臨我吧！流過我吧！」他們會如此呼喊，「告訴我族人的故事！」然後，塑造出西方世界豐富戲劇與哲學的靈感，遂從這些古希臘人的腦袋裡泉湧而出。

當我們成爲多官人，就能以更貼切的詞彙來談論繆斯——祂們是無形的指引與導師。想像有一些朋友對你瞭若指掌，包括你的恐懼、渴望、羞恥或喜悅，他們都無所不知。他們唯一的目標就是協助你獲得靈性成長，而你騙不了他們，也操弄不了他們。他們隨時隨地都有空回答你的任何問題。我們每個人都擁有那樣的朋友，他們的家園就在無形界裡。

基督徒稱無形界爲天堂和地獄，佛教徒與印度教徒稱它爲中陰身，以及其他各種名稱，各地的原住民族群稱它爲看不見的世界。然而，卻很少人曾有過無形界的體驗，因爲多數人類直到最近以來都一直局限於五官知覺裡。如今，我們既然已經成爲多官人，對於那超越五官感覺以外的世界，我們將以親身體驗取代對它們的信仰。

我們對宇宙的浩瀚無邊、我們眞正的本質，以及我們在宇宙間的位置這些新近發現，都將逐漸成爲我們經驗的一部分。如同第一次發現海洋的人，海洋將成爲他經驗裡的一部分，他看見清澈的海水輕柔地拍打著沙灘，感受到雙腳冰冰涼涼的，貝殼與小圓石隨著海浪的沖刷朝他滾來又離他而去。他望向地平線，然而連他所見的那片廣闊無垠，都成爲他眼前海洋的一小部分。他無法思量海洋有多麼深不可測，無法得知到底有多少生物棲息其中，也無法瞥見海洋表面底下有多少山脈。即使他從海灘使勁地游到能力所及的最遠處，他依然無法體會海洋的深廣無邊。

同理，生命的一個更廣闊舞台已經出現在我們眼前，不同的價值觀與目標一一浮現，我們意外地受到了召喚，要去貢獻自己的天賦——那我們過去從不曾知道自己擁有的天賦。我們的新疆界就是宇宙無形界裡的智慧與慈悲，以及我們與它、與彼此之間的關係。從來沒有任何有待探索的疆域像它一般令人興奮，而且充滿了挑戰性，或者像它一般擁有這麼多能提供回報的潛能。這個領域就是新人類的新意識，它和發現北美洲的維京人意識、哥倫布的航海夥伴意識，以及探索北美的殖民者意識截然不同。相較於第一個人類出現以來，那些曾探索過五官感覺領域、征服它並利用它為自己謀利的那些人的意識，新意識完全不同。

這是個全新的疆界，而我們就是全新的探索者。

2

靈魂視野：愛的三個宇宙法則

無形且不可見，不表示就不存在

雪士達山及其毗鄰的山峰沙士提那峰，自海平面拔起將近四千八百公尺，從我居住了十三年的山谷底部地區算起，也超過三千兩百公尺。它們統治著這片大地，在天氣與地勢許可的時候，從數百英里外的地方都可以看見它們。這兩座山峰猶如獨居的巨人，強勢展現自己，不見任何勁敵出現。它們的美令人深深著迷，它們卓然不群的宏偉存在讓我們的心頓時寧靜下來，它們的莊嚴無與倫比。在西雅圖市外圍，有另一座雄偉的山岳雷尼爾山，它也一樣統治著大地、吸引人們的目光、呼喚人們的心靈，以無可匹敵的姿態影響著周圍的一切。這些山脈表面上似乎是各不相關的奇景，但實則不然。雷尼爾山坐落於一條山脈的最北端，這條山脈從該處往南延伸，綿延數千英里直達加州，一直到雪士達山，再繼續往南延伸。

它不像內華達山脈、洛磯山脈、阿爾卑斯山脈、庇里牛斯山脈、喜馬拉雅山脈，以及安第斯山脈，這條山脈幾乎全部位於地表之下，只有最高峰才看得見。雪士達山與雷尼爾山海拔高度超過四千兩百公尺，透露出這條山脈的巨大規模（即喀斯喀特山脈），以及創造出這條山脈的、潛藏於地表下的地質動能規模。同理，各種對五官感覺而言似乎不相干的情況與事件，實際上並非毫無關聯。在無形界將它們連結在一起並製造出它們的那些動能，例如喀斯喀特山脈的絕大部分，都是無形不可見的。多官知覺彰顯了這些動能，讓它們成爲有用的。這些隱藏的「祕密」動能，全與創造和責任息息相關。

第一項是「創造的宇宙法則」。這條法則很簡單：我們透過自己的選擇，創造出自己的經驗。所有人都將自己經驗爲一齣戲裡的演員，而劇本是由另外一人所寫的（或沒有人寫）。如同舞台上的角色，別無選擇地照著劇本演出，他們出生、生活、然後死亡。從生到死之間，有些人會即興演出，有些人會做一些嘗試與試驗，有些人則庸庸碌碌地求生存，但是他們全會出生，也都會死亡。他們期盼著最美好的事情發生，也爲最壞的情況做足了準備。他們會慶祝好運的到來，並爲厄運嘆息。這樣的覺受，皆是由五官知覺的局限性所創造的。五官感覺只能察覺到物質（有形）面的境況，而理智則下結論道：如果物質境況不是由物質之因與物質之果關聯在一起，那麼它們就是沒有關聯的。這就好比下結論說，雷尼爾山和雪士達山是沒有關聯的一樣。

五官人相信，行爲創造結果，而那只是故事裡的一個小小篇章。多官人明白，是一個行爲背後的意圖創造出行爲的結果。意圖是一種意識的品質，它是行爲的理由、行動的動機。例如，爲朋友提供他所需要卻不知道的資訊，意圖幫助他，就會創造出建設性結果；但若你的意圖是想證明自己比朋友更聰明，就會製造出破壞性後果。前者幫助你向他人敞開心胸，後者則封閉了你的心。

第二項動能是「因果的宇宙法則」。它和作爲經驗或實證（五官）科學基礎的「因果自然律」，具有相同的形式；也就是說，每一個因都會製造一個果，而且每一個果都有一個因。因果的自然律連結的是自然界（物質）的因與自然界（物質）的果，這讓有意識地創造物質結果成爲可能，例如登月計畫或流行感冒疫苗的成功等等。如我們所見，因果的自然律是五官人唯一能看見的因果動能關係，這導致的結果是：許多實則密切相關的事件與情況，表面上會看似毫無關聯。

多官人則在創造過程中，看到非物質之因（意圖）的角色，也看到物質之因（行爲）的角色。事實上，他們會看見意圖的選擇本身就是一個創造過程。從多官知覺的觀點來看，因果的自然律是時空、物質領域的一種反映，也是因果的宇宙法則之二元對立性。換句話說，多官人能夠看見爲什麼有那麼多的行爲會製造出看似意料之外的結果，而實際上它們並非意料之外的。

當你覺察到你的意圖（因），你便可以預測它將創造的結果（果）；而當你對意圖沒有覺察，它所創造的經驗就會令人感到意外、感到痛苦。舉例而言，當你企圖剝削一位鄰居，並且眞的壓榨了他，在你的未來，某人便將會剝削你、壓榨你；當你意圖照顧另一個人，並且眞的幫助了他，在你的未來，他人將會照拂你、關照你。因果的宇宙法則在西方稱爲「恕道」（The Golden Rule，黃金定律），在東方稱爲「業力」。在你選擇一己意圖的時候切記這一點，將能讓你創造出一個充滿愛的健康未來。如果你忽略它，保證將來會爲你帶來不健康而且痛苦的經驗。

切記這一點，能讓你找出過去你未曾覺察到的意圖。如果你仔細尋找，每一個意料之外的痛苦經驗，都會爲你回頭指向創造出此結果的意圖，而你或許會感到驚訝不已，你會發現自己過去（或現在）竟然有這麼多隱藏的動機（無意識意圖）。

第三個動能是「吸引力的宇宙法則」。能量會吸引類似的能量，譬如你發怒的時候，就會吸引到火氣很大的人，並且會活在一個充滿憤怒的世界；若你貪婪，就會吸引到貪得無厭的人，並活在一個貪求無度的世界；當你充滿愛心，就會遇見有愛心的人，並活在一個充滿關愛的世界。道理就是這麼簡單。五官人相信，他們的世界將決定他們的信念；而多官人明白，世界會證實他們的信念。如果你相信這世界是個人吃人的地方，你就會變成其中一個吃人或被吃的人，並且活在一個自相殘殺的世界裡；如果你相信這世界到處都是奇蹟，那麼，你就會變成其中一個奇蹟，你也會活在一個充滿奇蹟之人的世界中。五官人認爲「眼見爲憑」，多官人則知道：「我相信時，就會看見。」

行爲製造結果 vs. 意圖創造經驗

有些人現在就擁有多官知覺，其他人則正在獲得它，而所有人類在幾個世代之內將全部變成多官人。隨著我們變成了多官人，我們的經驗也將越來越豐富、越來越有意義且更加見聞廣博。內在過程變得比外在境況更爲重要。多官知覺讓我們的注意力出現一百八十度轉向，讓它不再聚焦於五官知覺，從注意我們的外在轉向留心我們的內在。我們所見之外的東西，變得比眼前所見更爲重要。

我們會體驗到，自己與他人都是一幅更遼闊的生命織錦的一部分，我們的價值觀也會出現意外的轉變。有時，我們的知覺會令自己感到訝異，例如當我們發現了我們無從得知的、關於他人的一些事的時候。譬如我們感覺到有個外表粗暴的人其實很和善，而有個貌似友善的人其實並非善類。朋友在我們想起他們的時候打電話來，或者告訴我們，我們打電話給他們時，他們正想到我們。例如在公車上和不認識的乘客打招呼這種日常的經驗，也變得有意義、適得其所，而且令人感到滿足。

直覺取代了理智，成爲主要的抉擇工具。而五官人至多是對直覺感到有些好奇，那對他們來說是新穎的事物（如果他們曾想過這件事的話）。從多官知覺來看，直覺是來自無形界的聲音，它能夠直接接觸到無形卻眞實的慈悲與智慧之源頭，其範圍遠超出我們能給予彼此的東西。這些是我們的無形指引與導師。無形界對五官人而言是荒謬的，對數百萬個多官人的經驗而言卻是無比重要的，而對於另外數百萬正在成爲多官人的族群而言，它也將逐漸成爲最重要的。多官知覺的新視野是無形界以及我們與它的關係、我們在其中與彼此的關係，以及我們的無形指引與導師。

多官知覺與五官知覺的差別，猶如文盲和識字者之間的差異。情詩、論文、歷史、故事等，對文盲而言皆是他們無法直接接觸的東西，只能透過他人來傳達。他們看見的只是紙上的符號、一行行無意義的文字，既令人興趣缺缺，也沒有價値，因此他們自然無法欣賞它或從中獲益。五官人是文盲（純以譬喻而言）。對多官人有意義且有用的情況或事件，對他們而言並無意義。

物質（有形）界對五官人來說就是存在的全部，縱使他們不是如此思維（例如，他們會相信天堂與地獄，或輪迴轉世），也是如此體驗存在的。多官人則是將五官的領域，從星系到次原子粒子，都視爲無形界的一部分。對多官人而言，五官的知覺並不會消失，它們只是有了新的意涵。

從五官知覺的角度來看，我們是時間與空間裡的身與心，我們的行爲製造結果，我們的影響力透過物質的因與物質的果而傳遞；但是從多官知覺的觀點而言，我們是不朽的靈魂與人格，我們有更大一部分是存在於無形界，我們的意圖創造出我們的經驗，我們的影響力會延伸至我們能見、能聽、能嚐、能觸、能聞的範圍之外。

從五官知覺的角度來看，「壞事會發生在好人身上」，「好事也會發生在壞人身上」。從多官知覺的觀點而言，發生在所有人身上的事都是適當的，無論何時何地皆然。多官知覺認爲「偶然」、「隨機」、「意外的」、「運氣」等，都是無意義的。在憤怒的情緒下所做的決定會製造痛苦的結果，懷著慈悲心所做出的決定會製造慈愛的結果。如果你栽種玉米，玉米會長大；如果你種的是番茄，你收穫的就是番茄。一個不了解自己的生活爲何充斥著痛苦而非喜悅的人，就好比一個不了解爲何長在田裡的是大麥而非生菜的農夫。他不曾覺察到自己栽種了什麼種子，或者自己在何時種下了它、如何種下它。多官知覺使你能覺察到自己所栽種的種子（你的意圖），因此，你能事先知道自己將會收割什麼樣的作物（意圖的結果）。

一個五官人會將他的生命，視爲一部包含了開始、中間與結束的書；一個多官人則將生命視爲包含許多章節的一部書裡的其中一章。他知道自己的一些早期經驗，是之前章節裡所發生的事造成的；而往後章節裡會發生什麼事，將取決於他的決定。

五官知覺好比透過一扇窗戶來觀看，你自己並非你所見的一部分；多官知覺則好比看一面鏡子，你會看見自己，看見如何以建設性的方式改變自己。隨著五官人逐漸轉變爲多官人，他們會受到新目標的吸引，合作變得比競爭更吸引人，分享變得比隱藏更吸引人，和諧變得比爭執更吸引人，懷抱敬意變得比剝削利用更吸引人。而當你開始朝著這些目標前進，鏡中的影像也將出現變化。舉例而言，當你聚藏物品或錢財時，「因果的宇宙法則」將保證讓你體驗到匱乏之苦，而且無法擁有他人可以選擇給予你的東西。當你願意分享的時候，它將保證讓你體驗到選擇與你分享的人所提供的支持。

將生命經驗視爲學習的機會

整個人類族群都在經歷一場轉變，舊有的目標正在崩毀，舊有的勝利方式已不再能令人滿足了。一股新的旋風已經刮起，全新的歌曲正在召喚人們一同前來唱和，一種新的理解也逐漸萌發、綻放。多官知覺正出現在數百萬人身上，有時它強烈而清晰，有時隱微而短暫，這場蛻變的初始階段正深刻地改變著人類的經驗。無論我們是否選擇改變，這場蛻變都會發生，但我們如何對待它又是另外一回事了。

多官知覺不會讓我們變得和善、變得有耐心或關懷他人、體貼他人、心懷虔敬或心中有愛，它只是提升了我們的覺察力而已。我們能看見的將不只是五官知覺能顯示予我們的面向，但我們必須自己決定如何使用這份擴大的覺察力。五官知覺的人會改變環境，或等待他人來改變環境，多官人則會改變他們自己。多官知覺會爲人們照亮通往個人自主的道路，並且在每一刻做出抉擇，決定是否要踏上這條路，以造成健康或不健康的後果，或是造成創造性或破壞性的結果。多官知覺的新視野讓我們不得不重視自己的創造力，並且無法再逃避自己的選擇權。它將生命的經驗蛻變爲一個持續的學習機會，以一種全彩的、配備環繞音效的、永遠都是最新穎的教育環境開展在你眼前，其中還有百千億個學生，每一個學生的學習課程都是量身打造的，這就是「地球學校」。

多官知覺也將讓無盡衝突的非物質因素變得更爲清晰，其中一些衝突包括飢餓與貧窮、普遍的暴虐與剝削現象、暴力與破壞的蔓延（儘管有那麼多同樣暴力與破壞性的努力想要阻止它們）、資本主義執迷不悔的貪婪、一個宗教對另一個宗教的野蠻征服、以神聖之名進行的謀殺等等，也因爲如此，改變這些事的作法也變得唾手可得了。

五官人看待生命的方式是：除了以五官感覺的角度來解釋之外，別無他種解釋，一如五官人科學家，他們認爲意識是無生命的（死的）宇宙裡一種令人費解的東西。多官人將他們的生命視爲一道持續的流動，充滿了來自宇宙的恩典，這些恩典是能讓你獲得靈性成長的相關象徵或潛能。五官人認爲他們的生命是沒有意義的，除非自己歸結出一個原因，或由他人來告訴他們意義；但是對多官人而言，所有的經驗都包含著讓你獲得靈性成長的意義與機會。五官人將一個人的誕生視爲物質界的事件，多官人則將它視爲一場關乎靈性責任的重大事件，視爲一個不朽靈魂的自願投生轉世。

多官知覺提供了獲得靈魂觀點的管道，它們不是靈魂的經驗，卻揭示出一個道理：我們的生命就是一場持續的相遇，不斷在每一刻，與切合當下、永遠即時的經驗面對面，它對參與者的靈性成長而言永遠是完美無缺的，無論他們做出了什麼樣的選擇。

靈魂的視野不會治癒你的痛苦，但是它會將其療癒不偏不倚地、明確地放在靈性發展的脈絡之中。

3 無盡的痛苦：你誤解了什麼是愛

認清「愛」與「需要」的不同

「愛」是所有字彙裡面，一個受到最多誤解與濫用的字。愛，現在是我們進化的引擎，但是它的運作方式卻令人意外而苦惱。多官人類的進化需要學習去愛，探索愛的每一個面向，並且享受愛的每一種可能性。因此，我們現在唯一能進化的方式其實是簡單明瞭的：去發現、體驗，然後療癒我們身上不懂愛的那一部分，然後再發現、體驗、培養懂得愛的那一部分。

「無條件的愛」是一種累贅的描述，好比在說「濕的水」。愛是包含，條件則是排除。無論痛苦或喜悅，成功或失敗，健康或疾病，年輕或衰老，愛只是如其所是。愛不可能失望，因為它沒有任何期待。愛、宇宙、意識和光皆然。宇宙是萬事萬物——星星與浩瀚的太空、身體裡的細胞、街邊的人行道、種子、土壤、我們所有人，以及更多、更多的事物。萬事萬物都是一種生命、意識、光和愛的形式，因此不可能不被愛，也不可能沒有歸屬——萬事萬物絕不可能不是那光的、愛的、意識的宇宙之一部分。然而，每個人內在最深沉的痛苦，仍是需要被愛、覺得不被愛、渴望去愛、覺得無法去愛，以及想要有所依附並覺得有價值。

學習去愛能帶給你無盡的慈悲，讓你能親密接觸到自己人格中不懂愛的部分、不想愛的部分與不在乎愛的部分，這些都是有待療癒的範疇。它們會想要報復、評斷、批評、指責等等，而愛會寬恕並且接受一切，不管是仁慈或殘酷、自私或無私、有愛或無愛的人，皆一視同仁。

「無條件的愛」會將需要與愛混為一談。「愛」本身就是至福，不要求任何事情；「需要」卻是痛苦而有條件的，而且永遠要求更多。比方說，你買了一部自己渴望已久的新車（或新房子、新西裝、新腳踏車），你對那部車的需求（痛苦的）就被你要保護它的需求（痛苦的）取代了。當你終於創造出一段關係，能為自己帶來夢寐以求的安全感、性生活或家庭，你害怕找不到這段關係的恐懼（痛苦的），將會被害怕失去這段關係的恐懼所取代（痛苦的）。這些都不是愛的體驗，而是需要的體驗。對那些有需要的人而言，他們可能會看起來或感覺起來像是愛，但是執著的體驗總是揭露出其他東西。執著的體驗就是有所需要的體驗。

所謂「不求回報的愛」，是偽裝後的不求回報的需要——一個在寂寞裡日益萎靡、或在絕望中載浮載沉的人，空想著要透過另一個人而獲得滿足。痛苦的經驗不是愛，無論它表面上和愛多麼相像。舉個例子來說，我的一位朋友養了一隻小狗，從牠還是幼犬的時候就開始養牠。他每天晚上都期待見到小狗，在週末跟牠玩。那隻狗成了他生活中的重心。有一天下午，牠跑走了，朋友大聲呼叫牠、吹著口哨四處尋找牠。親朋好友都前來協助，就在眾人的口哨與呼叫聲中，小狗突然若無其事地出現了，表現得和以前一樣無憂無慮。我朋友連忙跑過去，氣得臉部扭曲。那隻狗流露出瑟縮的模樣，因爲太害怕而不敢再往前跑。我朋友將牠舉起來，在空中用力搖晃，把牠嚇得魂飛魄散，哀嚎了一下。朋友暴怒地對那隻驚魂未定的狗兒大聲斥責，要牠下次別再亂跑。當他的家人趕過來，想要他冷靜一點的時候，他大聲吼道：「那是我的狗，他媽的！」

後來，他不好意思卻沒有悔意地解釋道：「我愛那隻狗，就和愛我的任何一位家人一樣，所以牠跑走的時候，我才會那麼生氣。我必須讓牠知道，下次不要再這麼做了。」他將「需要」誤以爲是「愛」了。他人格裡的一部分愛那隻狗，但另一部分是需要那隻狗，而且非常害怕失去牠，而那一部分就在狗兒跑掉的時候凸顯出來。

需要會要求投資要有回報，無論投資的是時間、金錢或愛都一樣。狗兒無法提供我朋友人格裡的恐懼部分所期待的回報。朋友雖沒有想到投資或回報的問題，但是他沒有覺察到的自己人格裡的恐懼卻做如是想，以致會在狗兒走失的時候勃然大怒。在他的暴怒底下，是害怕失去重要事物的恐懼。他以爲那是他的狗，其實不然。那是他的狗兒爲他帶來的東西（至少暫時是如此），也就是一種被愛、值得愛、有所歸屬，屬於生命一部分的感受。

無力感所帶來的痛苦

這種對自我價值的追尋，永遠都會帶來絕望，因爲想要被愛卻感覺不值得愛、想要愛卻覺得無法去愛、需要有所歸屬卻覺得被排除在外的痛苦，是令人難以承受的。這就是「無力感之苦」，這種痛苦深深埋藏於人類經驗的核心。無力感是一種感到本質上有所缺陷、天生醜陋、沒有價值的體驗，那是害怕他人若看見你眞正的模樣就不想和你在一起的恐懼，那是一種自我憎恨。事實上，那是一種不配獲得生命的體驗。沒有什麼比它更折磨人了。

即使你認不出無力感之苦，你或許仍會意外地在自己身上發現它。如果你檢視自己經驗的底下，特別是當你感到氣憤、嫉妒、仇視，或沉浸在其他令你如此熟悉而讓你認爲它們「就是我眞正模樣」的痛苦情緒時，你將會發現深層的痛苦體驗。這每一種體驗都能爲你提供關於自己的實用資訊，而最底層永遠都是無力感之苦。舉例來說，在我朋友因愛犬走失而受苦的情緒底下，是他對那隻狗的需要，再往下一層是他對控制那隻狗的需要，再更往下一層則是他想要世界如他所願的需要（狗兒無視於此）。每一層都能短暫地粉飾無力感所帶來的痛苦。

當世界不如我們所願時，我們總是能切身感受到無力感之苦，例如，配偶離開、孩子過世、丟掉工作或覺得遭到背叛。爲了掩飾痛苦，我們出現生氣、嫉妒、想要報仇、沮喪、退縮等各種情緒，卻不會從無力感或痛苦的角度來看待這件事。我們反而大發脾氣，怪罪自己的境遇（就像我朋友勃然大怒，怪罪他的狗一樣），出現退縮情緒、淚眼汪汪、伺機報復，或大吃大喝、埋頭工作、看色情刊物或影片、濫用藥物、喝酒、賭博等等。我們總是將境遇（包括人）視爲痛苦經驗與毀滅性行爲的肇因。我們所見的一切都是外在境遇，而我們完全受到它們的支配。

對無力感之苦的逃避不斷主導著我們的知覺、意圖與行動。我們利用一些人事物讓自己覺得有用、有價值，是完整的、完美的，例如利用配偶、孩子或工作等。無論你利用的是什麼，它都對你的安全感和價值感至關重要。有些人利用的是名聲，有些人利用財富，有些人利用教育，還有人利用的是聰明才智、幽默感、房子或政治見解等。當你利用了任何事來影響、操弄或控制他人，目的是讓自己獲得安全感或價值感，你就是在逃避無力感之苦。

若說人類這個族群就是缺乏安全感的，這是在說一件擺明的事實。我們對無力感之苦作何反應，其中的差異就在於多官知覺出現之前與之後（現在）的人類進化程度的差別。五官人會藉由控制與操弄包括人在內的環境，來避免無力感的痛苦。例如當一個孩子過世，他們會再生一個孩子；事業失敗了，他們會再創立一個事業；一份關係瓦解了，他們會再找一個夥伴。他們選擇衣服、車子、房子等，是爲了讓自己感覺起來更具吸引力、更有能力或更性感。他們會爲自己的長處、聰明才智、美貌、學歷、財富、名聲、家庭、甚至滑雪板等感到驕傲——任何讓他們覺得有價值而且安全的東西，都能讓他們感到自豪不已。他們會強勢主導、取悅、反抗、血拼、大吃大喝、抽菸、喝酒，或做更多事以達到操弄和控制的目的，好讓自己覺得有價值、覺得安全。我們當中最富有的人和最貧窮的人，都同樣會受到無力感之苦的折磨，而所有人都透過努力操弄並控制環境來逃避它。這就是「追求外在力量」。

每個人都想藉由操控獲得安全感

試圖維持外在力量的存在，就好比試圖將水儲存在一個紙袋裡。外在力量可能獲得、也可能失去，可能繼承得來、也可能遭到竊取，可能掙得、也可能被毀滅。舉例而言，一場選戰可能打了勝仗（較多操弄與控制的能力），也可能打了敗仗（較少操弄與控制的能力）；股票的投資組合淨值增加（較多操弄與控制的能力）或淨值減少（較少操弄與控制的能力）；強壯的身體（較少操弄與控制的能力）變得衰弱（較多操弄與控制的能力）；反應敏捷的頭腦（較少操弄與控制的能力）退化了（較多操弄與控制的能力）；一種風格退流行（較少操弄與控制的能力），另一種變得更受歡迎（較多操控與控制的能力）等等。

包括個人與集體的人類歷史就是一部追逐外在權力的編年史，無論它寫得壯闊或渺小，都是一樣的故事，亦即在有能力操弄與控制時感到安全舒適，在缺乏這種能力時感到危險而沮喪，並會投入獲得這種能力的競爭行列。對外在力量的追求並不限於年輕人或老年人、富人或窮人、都市人或鄉下人、受過教育的人或文盲，它是全體人類一致追求的，因為需要歸屬感、需要感覺安全、感覺被愛與感覺有價值，是全體人類共通的特質。一旦你認出外在力量是什麼，就處處都會看見它的存在。每一個文化、宗教與國家都在追求它，企業、城市與社區也在追求它，手足之間、配偶之間與父母之間彼此爭吵的理由，和大企業間鬥爭的理由是一樣的——他們都想要控制彼此。

死亡是外在力量的終極失敗，因此也是最令人害怕的五官經驗。對外在力量的追尋是個沒有結局的故事，是人類經驗裡的黑洞，也是長期缺乏安全感的一種無止盡的表現。

過去沒有人注意到或探索過外在力量的本質或起源，因為在多官人興起之前，人們對力量並無其他的理解方式。外在力量曾讓五官人得以生存下來，而現在，追求它卻只會製造暴力與毀滅，這是個巨大的改變。曾經是良藥的東西，現在已經變成毒藥了。

五官人類的發展潛能是一個不再有物質需要的世界，亦即一個人人都有遮風避雨的住所、都有衣服穿、都能溫飽、都健康的世界。這個潛能並未獲得實現，也已經沒有時間來實現它了。五官人類的階段已經來到了終點，它原本能創造出一個物質天堂，但是卻未能做到。除了他們所達成的建設性成就之外，他們也製造出生態浩劫、恐怖武器、種姓制度、種族滅絕，以及全球性的剝削。如果五官人類曾帶著敬意追求外在力量，它的短暫歷史與它和地球的關係可能會全然改觀。

我在與北美原住民青年舉辦的第一次活動裡，遇見了一位深深感動我的長者。我從未見過一個人身上竟能如此天衣無縫地融合了輕盈、踏實、幽默、智慧、慈悲與清明等特質。他和年輕人一樣靈敏，卻是個已見識過七十個寒暑的長者。他是印第安人與牛仔的綜合體——一個戴著斯泰森（Stetson）❸牛仔帽和一條馬術分牛比賽（Cutting Horse Champion）冠軍皮帶的酋長。在活動結束之前，他收養我作爲他的姪子，我們的關係變得越來越親密，直到他在十年後過世。我非常珍惜他、他的家人，以及我們這段關係。有一次他告訴我：「小水牛總是置身牛群中間，因爲那裡最安全。老水牛會在牛群外圍移動，牠們將自己獻給牠們的兄弟，也就是狼群。」他停頓了一會兒，接著又說：「姪兒啊，我就要像那些老水牛一樣了。現在，我的生命完全是獻給人們了。」他的意思是指所有的人。

原住民智慧帶著敬意向外在力量致意，但是對外在力量缺乏敬意的追求，已經毀滅了大部分的原住民文化。耶穌基督教導祂的門徒要愛他人勝過自己的生命，但是對外在力量缺乏敬意

❸一個歷史悠久的品牌，美國西部牛仔帽的創始者。

的追求，已經將祂的教誨扭曲爲一個幻想似的目標。這個故事不但漫長而且不斷重複。對外在力量缺乏敬意的追求，將人類經驗變成野蠻的暴行。有數百萬人但願自己不曾出生，還有數百萬人希望自己死去。無論是帶著敬意或毫無敬意的追求，外在力量的效用已經結束了，一如五官人類的歷史已經走到了終點。

多官人類的時代已經揭開序幕。多官人能看見五官人看不見的東西，能看見對外在力量的每一次追求，都是在試圖逃離無力感之苦。面對無力感帶來的痛苦，他們能以不同方式來應對，因爲他們能洞見另一種不同的力量。

4

蝴蝶效應：你的意圖決定你的體驗

無意識的行為或決定，製造出難以想像的後果

你並非如自己所想的那般渺小或無力。你不需要等到創造了財富、認同、崇拜或讚美，才能影響你周遭的世界。無論你是否覺察到這一點，甚至無論你想不想覺察到它，你對這個世界的影響力都是至關重要的。一九六〇年代初期，一位在麻省理工學院從事研究的氣象學者，創造了一個能呈現天氣模型的電腦程式，他急著要將已經計算完畢的模擬程式重新列印出來。為了加速這個過程，他只輸入了原來六位數字裡的前三個數字，而原本的六位數是他用來定義模擬當中的初始條件（例如，他將 .506127 簡化為 .506），結果列印出來之後，竟與原來的程式完全不一樣。起初他以為是自己的電腦出問題，後來他想起了自己做過的更動。他沒想到如此細微的變數竟會影響到結果，更不用說產生如此劇烈的變化了。但是他錯了，他的更動製造出天大的不同——事實上，電腦預測了一個截然不同的氣候狀況。

這種對初始條件的敏感依賴性，後來被稱爲「蝴蝶效應」，因爲在天氣預測上的大幅度變化與初始條件上的細微變化之間的關係，呼應了蝴蝶在世界一端揮動翅膀將改變世界另一端的氣候這個詩意的譬喻。蝴蝶效應對你那巨大的創造能力而言，是個很有用的譬喻。多數人都認爲，除了自己直接所在的處境之外，自己毫無影響力，甚至連置身那樣的處境都經常感覺到無力感。「如果我有錢的話……」他們會這麼想；或者，「如果我是個演員，是個億萬富翁，是個運動明星。如果我長得很好看，很聰明，是個教授，或是個大主管，我就能有影響力。如果我有一艘遊艇，或一輛越野自行車，或擁有我看見在打折的那雙鞋，人們就會聽我講話，或至少有一些人會注意到我。」這就是追求外在力量。

你的決定會持續製造出「初始條件」，而那些由不同條件造成的、持續變化的氣候，就是你的經驗。當下的一個小小決定，回顧之後變成了一個不怎麼小的決定。說「是」而非說「不」，會改變你的經驗；將人們推開而非邀請他們更靠近你，會改變你的經驗，即使你並非有意識地做出這樣的選擇。例如，儘管你覺得義正辭嚴、理由正當，然而在憤怒之下所做的行爲都會將人們推開，然後你會感到寂寞，因爲你的憤怒讓人們對你敬而遠之。然後，你又再度感到氣憤，再度將人們推開，絲毫未曾思考過你在憤怒之下做出的行爲製造了什麼後果——它造成了重大的氣候變化。

評斷他人也會讓他人選擇遠離你，即使你不曾表達過你的批判亦然。你可能會斷定某人能力不足，例如缺乏吸引力、笨拙或自我中心，而無論你是否如此明白表示，你的評斷都會將他推開。你和他說話可能依然客氣，面帶微笑，甚至表現出虛假的欣賞態度，但是他仍會感覺到你的言不由衷，以及你內心對他的批評。他或許不會知道你在將他推開，但是他會察覺到，你對他表露的欣賞與他不被欣賞的切身體驗之間是沒有連結的。他可能會發現自己在儘量逃避你。而你對他人幸福的關心，也會吸引他們接近你，無論你是否將它表現出來（吸引力法則）。當你爲他們做事，他們會感受到支持與安慰，儘管你並未面露微笑或刻意討好他們。此外，你自己也可以察覺到，某個看似粗魯的人其實很心存仁善，而某個貌似仁慈的人其實並不值得信任。這些都是多官知覺的例子。

聽從你的直覺

有一次，我在一個沒有月亮的夜晚露營，黑暗吞沒了整片森林，我的帳篷變得很危機四伏。小石頭很容易讓我的腳踝扭傷，大石頭容易讓我的拇指撞傷，掉落在四處的樹枝則容易讓我絆倒。黎明來臨之際或是當我打開手電筒時，踩過或繞過那些障礙物就變得容易多了。多官知覺一如那道黎明（不過我們在它出現之前沒有手電筒可用），現在，你可以利用你的直覺來幫助自己。例如，我有一位朋友想要趕在強烈颱風籠罩整個台灣本島之前離開那裡，他在機場，排隊等著辦理報到手續，卻出現一個不要搭飛機的預感，但是登機時間已經迫在眉睫了，同時颱風也正在逐漸增強，於是他將行李托運，搭上那班飛機。在強大的雨勢和暴風之下，飛行員誤闖了一條關閉的跑道，他以為那條跑道是開放的，於是這架大型客機在準備起飛時撞上了一輛起重機，撞斷了一側的機翼並且引發爆炸，造成多數乘客死亡。我那位朋友花了好幾年的時間進行手術與治療，不斷與病痛對抗，才重新恢復了正常的生活。他「早就知道不要」搭那班飛機的，但是卻忽視了這個訊息。

你可能也有類似的經驗。如果你有預感應該留在家裡卻還是出門了，然後在冰上摔了一跤，你就會後悔沒有聽從你的直覺，就像我的朋友懊悔沒有相信自己的直覺一樣。往窗外看（五官知覺），你只會看見外面結冰，但不會顯現任何你今天比較有可能滑倒的跡象。每個人都曾有過那樣的經驗，都曾說過：「我就知道我不應該那樣做！」或者，「我就知道我應該那樣做！」沒有任何實證的（屬於五官知覺的）飛行前調查能顯示出，駕駛員在那個暴風雨的夜晚較有可能將一條施工中的跑道誤以為是開放的跑道，只能顯示出犯錯機率較高。同理，沒有任何離開前的調查能顯示出，你那一天比其他時間更有可能在冰上滑倒，只能顯示出滑倒機率較高。然而，這些並不是機率的問題。我的朋友「知道」他不應該登機，而你可能也有類似的經驗，知道自己不應該去做正考慮要做的事，但無論如何還是去做了。

例如，你有預感不要對一個朋友提起某個話題，因爲那會刺激她產生某些情緒，例如憤怒、嫉妒或恐懼，但你還是提起了這個話題，破壞了那天與她一起合作的機會。你早就知道自己可以避免那種結果的。這是以另外一種方式在說：你知道自己原本可以用不同的方式來創造，你原本可以做出不同的選擇，隨之產生不同的結果。如果我的朋友在台灣機場做出了不同的選擇，他現在或許依然可以擁有一個和過去一樣健康無病痛的身體。

多官知覺將蝴蝶效應、你的選擇，以及你的創造力量，置於一個新的脈絡下。你不再將自己體驗爲微不足道、渺小、無助的個體，在這個無規則可循的殘忍世界，你開始察覺到另一個不一樣的可能性：你是個擁有力量、有創造力、慈悲且有愛心的靈性（spirit），只是表現得像是個微不足道、渺小且無助的個體，而且在這過程中，還以你的憤怒、嫉妒、凶暴、恐懼與報復心態創造出痛苦的結果。你需要取悅他人或主導他人，需要有優越感或自卑感的體驗，而且強迫性的、身不由己的上癮般的行爲，也阻止你去體驗那個更開闊、更健康的自己，甚至徒然創造出更多痛苦經驗。可以說，你的選擇就和蝴蝶拍動翅膀一樣，必定會留下痕跡。在世界的另一端，晴朗的天空轉變爲灰暗的天色，或是有一場暴風雨靜止下來了。

你的意圖決定了你的生命經驗

蝴蝶效應指的是物質之因（小規模）在物質現象（大規模）上的影響，它闡明的是經常因太過渺小而受到輕忽的「初始條件」，其實扮演極為重要的角色。多官知覺也將覺察力從物質之因擴展到非物質之因，它揭開了供我們探索與運用的新領域。例如，它讓你能夠針對生命中經常忽視的非物質「初始條件」進行實驗，它們是如此渺小，以致你可能不曾認眞考慮過它們，但是它們事實上很重要。這些就是你的意圖。你的意圖決定了你的經驗，無論你對它是否有所覺察，都是如此。當你對意圖沒有覺察，它們所創造的結果就會令你吃驚，而且令你痛苦。

意圖對五官人和對多官人而言，意義大不相同。五官人會從例如「找一份新工作」這種角度來思考意圖，而多官人會更深入，他們會問：「我為了什麼意圖去找一份新工作？」例如，其中一個原因可能是「賺更多錢」，其他原因可能是擁有更多影響力，在離家近一點的地方工作，或過一個更有意義的生活。他們會不斷地問，直到找出眞正的原因為止。他們對最深層的原因鍥而不捨地探問，引領著他們找到自己眞正的意圖。舉例來說，一個為人父母者可能想要賺多一點錢才能送子女上大學，在這個意圖底下，還有一個更深層的意圖。另一個家長打算送孩子讀大學，因為他覺得有義務這麼做，他的家人也都如此期待，或者他鄰居的孩子也要上大學。另一個家長可能想要讓孩子接觸更多語言、文化與學科，激發他的創造力與熱情。這些都是不同的意圖，而它們會製造出不同的結果。

原因底下的原因（有時還有該原因之下的原因），是創造出結果的意圖。那即是決定你生命經驗的意圖和目的。父母送子女上大學的目的若是爲了讓自己（父母）感覺良好，讓鄰居感覺良好，或是爲了逃避家裡的反對，那麼，父母顧慮的是自己本身；而以教育這份禮物支持孩子的父母，考慮的則是他的孩子。一個是接受，另一個則是給予。一個出發的動機是恐懼，另一個則是愛。這兩種父母都啓動了「因果的宇宙法則」與「吸引力的宇宙法則」，因此以不同的意圖製造了不同的結果。第一種父母將會體驗到他所愛的某人利用他獲得自己的幸福（因果的宇宙法則），而且也將吸引到懷著潛藏動機的人（吸引力的宇宙法則）。第二種父母將會體會到無條件被生下來並受到照顧的喜悅與恩典（因果的宇宙法則），也將爲自己吸引到關心他的人（吸引力的宇宙法則）。

對五官知覺而言，這些行爲沒什麼不一樣，都是送孩子上大學；然而若不知道行爲背後的意圖和目的，就不可能知道他們的行爲會創造出什麼樣的結果。當我第一次學習滑雪的時候，我會將雪橇扛在肩膀上，較短的那一端朝前，尖尖的、較長的那一端朝後，但是我很快便發現這麼做有多危險，因爲我一直忘記尖尖的那一端有多長，所以每當我一轉身，它們便快速旋轉，周圍的人們總是要即時閃避，然後發出一連串抱怨。若不清楚自己的意圖，就好比這樣扛著雪橇進入一間瓷器店。你每一次轉身，背後就有一些東西被你打碎，你看不見是什麼原因造成了這樣的傷害，但你卻必須爲這個後果負責。

運用你的創造力卻不知道自己的意圖爲何，就像駕駛一部車子，卻將擋風玻璃漆成黑色。你在行進著，卻不知去向何處。你期待抵達一個目的地，然而在下車時或者車子撞到了什麼東西時，才發現你自以爲會抵達的地方和實際抵達的地方根本不一樣。例如，如果你有取悅他人的需要，你會很驚訝地發現（而且可能已經發生過很多次），他們最後竟都將你推開。當你懷著想要看見他人臉上的微笑或是獲得感謝的意圖，若只是爲了讓自己覺得安全、感到有價值（這就是追求外在力量），那麼當你看見他人對你皺眉頭或你的付出未獲感謝時，你就會體驗到被拒絕的痛苦，到後來（或立即地），你會覺得自己被糟蹋。你想要取悅的強迫性行爲是有對價關係的，如果你無法獲得酬勞，你就會生氣。你期待來到一個能夠獲得感激的情況，不料卻來到了遭到拒絕與憤怒的情境，那可是個截然不同的目的地啊！

多數人都是駕駛著擋風玻璃漆成黑色的車子，比方說，提供妻子一個家和安全感的丈夫，會在妻子無法應他要求提供安慰與性愛時，感到氣憤難耐。好比我那位認爲自己很愛他的狗的朋友，在狗兒無法滿足他的期待（隱藏的意圖）時大發雷霆。那位丈夫也是抵達了一個天差地別的目的地（挫折、憤怒、痛苦），而非他所期待的終點（家庭幸福美滿）。如果你認爲自己的擋風玻璃是透明乾淨的，那麼問問你自己，每當有人對你贈送的禮物不理不睬，或將它丟掉時，你有多少次會感到生氣，或至少有些不高興呢？（「又是毛衣？我已經有一件了，而且你明知我不喜歡咖啡色。」）那些經驗是一個信號，標記著一個你不曾覺察到的意圖，而那個意圖和你自認爲持有的意圖大相逕庭。

有一個很普遍的錯誤觀念是：最健康的意圖就是要讓自己「感覺很好」。暗巷裡的吸毒者會注射海洛因，因爲那讓他「感覺很好」，但是那並無法讓他變得健康，甚至無法讓他走出暗巷。相反地，一個剛開始戒酒的酒鬼會飽受痛苦的折磨，但是卻走在邁向健康的路上。健康的意圖絕對不是追求外在力量。舉例來說，如果你想要透過奢華跑車、美豔嬌妻、漂亮豪宅、昂貴珠寶、理想生活或任何其他東西來獲得他人的注意，因爲若沒有這些，你就會感到不足、渺小且無助，而你的目標是過一個更有意義、更不空虛、充滿更多喜悅與更少痛苦、更多愛與更少恐懼的生活，那麼它根本無法帶領你抵達目標。

那樣的生活是多官人類的潛能，也是進化上的必要條件，所有的人類都正在轉變爲多官人，或很快地將會轉變爲多官人。我們彼此之間的因果關聯並非僅止於物質層面。我們能透過意圖的選擇去影響彼此、影響所有的生命，而藉著我們對意圖的抉擇，我們也能將恐懼的經驗蛻變爲愛的經驗（或選擇不改變），將我們的世界從殘暴的轉變爲慈悲的（或選擇不改變）。我們每個人終究要爲一切所是的幸福安康負起責任。追逐外在力量就是那組總是創造出惡劣氣候的「初始條件」。我們越是將自己視爲微不足道的、無力的，就越是會以不負責任的方式使用我們的創造力，並且創造出痛苦的後果。我們越是將自己的經驗怪罪於他人、嫉妒他人，或對他人或自己發怒，就越是會製造出痛苦的結果。多官知覺的崛起猶如一道前所未有的黎明曙光，逐漸高升的太陽將爲我們照亮一組永遠能在所有地方創造出最佳氣候的初始條件。

5

情緒囚籠：從覺察你的情緒反應開始解套

你被什麼樣的記憶之鎖困住？

西方文明裡最著名的哲學家，或許是柏拉圖（歷史學家普遍一致認同他最具有影響力）。他是蘇格拉底的學生，亞里斯多德的老師，這三人合稱爲「西方哲學三巨頭」（哲學*Philosophy* 一字的希臘文原意是「愛智」）。柏拉圖撰寫了數冊的對話錄（他師從蘇格拉底，也採用了這樣的教學法），但是我最喜愛的是一則描述洞穴的故事。在一個深不可測的洞穴裡，有一群人被鏈條鎖住，他們只能見到洞穴牆壁上的影子，那些影子是由一些被移至一道明亮火光前的模型與雕像投射出來的。有一天，有一個人奮力掙脫了鎖鏈，從洞穴裡逃了出去。他第一次站在陽光底下，看見了眞實的世界，而不是影子的世界，於是，他返回洞穴告訴其他人這個全新的發現：你們看見的只是影子！那不是眞的！如果你們願意離開這裡，眞實的世界就在洞穴外等著你們。

或許，柏拉圖就是那個掙脫了鎖鏈，獲得自由，然後回來告訴我們關於眞實世界之一切的人。無論如何，他很清楚我們也可以打破鎖鏈，獲得自由，而且陽光和眞實世界也在等待著我們——它們一直在等候著我們。如果我們從愛與恐懼的角度來看，恐懼就是黑暗，愛就是光。我不知道柏拉圖是否會使用這些字眼，但我想他應該會同意。恐懼是一座囚籠（洞穴），愛就是從中解放、獲得自由（外面的世界）。縱觀五官知覺的歷史，亦即人類直到最近之前的所有歷史，有一些多官人曾談論、著述並且分享洞穴外世界的一切，也就是對光、愛與自由的體驗。此外，我們規模最大的宗教也在透過各種方式分享這則訊息，只是他們對如何脫離洞穴抱持著不同意見，而這些歧見讓許多人選擇留在洞穴裡。柏拉圖將外面的世界視爲一個具有完美形式的天地，經過充分訓練的理性探詢，就是走出洞穴的方法。

離開洞穴的英雄，並非像顧客用餐完畢後離開餐廳那麼簡單。別忘了，他可是被鎖鏈困住的。如果離開洞穴有那麼容易，其他人早就離開了。只有一個囚徒有此意圖與勇氣掙脫鎖鏈。如果柏拉圖的故事能引起你的共鳴，如果你也渴望一個更廣闊、更光明、更自由、更有意義的世界，那是因爲你也是被鎖鏈纏縛的，否則你在很久以前就會逃離洞穴了。柏拉圖故事裡的英雄身上有鐵鏈纏繞，而你身上的鐵鏈在哪裡呢？是什麼樣的鎖鏈緊緊地纏縛著你，讓你無法擺脫自己所熟悉的經驗呢？而且，或許在你讀到柏拉圖的這則寓言之前，你從未想過外面可能有一個更廣闊、更自由、更光明的新天地。

如果你看不見自己身上的鎖鏈，卻能看見它帶來的後果，你會如何掙脫鎖鏈呢？例如，假設你發現到每次有人對你說話不客氣，你就會被觸怒，或覺得受到輕視，你可以將自己最近受到漠視的經驗與過去的經驗，以及更久之前的類似經驗連結在一起，一直往回追溯至你記憶所及之處。在每一個情況裡，觸怒你的人都不同，但你的經驗卻是相同的。你被囚禁在一個重複發生的經驗裡，因受到纏縛而只能一再重複看見它，而你的鎖鏈在哪裡呢？

想像你變得生氣、不耐煩、想要報復、被拒絕或嫉妒，不只一次，而是一再地重複不休。每個人都會有不斷重複的痛苦體驗，例如，懊悔、罪惡感、憎恨、覺得難以承受，以及感覺有所不足等等，這只是其中一些。每一次有這種經驗發生，你就認爲可以藉著改變導致它發生的人或環境來阻止這種經歷，譬如說，你和自認爲造成你憤怒的配偶離婚，離開自認爲造成你憤怒的工作，搬離自認爲造成你憤怒的社區、國家或家庭，但是無論你改變某件事或某個人多少次，你的憤怒都會再次發作，或不會消失。你被囚禁在憤怒裡，但是你的鎖鏈在哪裡？你住在一個痛苦的世界裡，朋友怒氣沖沖、同事怒氣沖沖、你也怒氣沖沖，但是你卻逃離不了。

想像每一次有人提供你性的享受，而無論那會帶來什麼樣的破壞性後果，你都難以抗拒。你可能會感染愛滋病，將疾病傳染給你愛的人或毀掉你的婚姻，但是在那個當下，這些你都不在乎，因爲你被性需求的鎖鏈纏縛了。想像每一次你看見冰淇淋的時候、同事請你吃甜點的時候、或是朋友吃零食而你也跟著吃的時候，你一邊吃著，一邊覺得無法停止；或者每一次有人請你喝酒、嗑藥或抽菸，而你拒絕不了的時候。有些人雖然也很想要改變，但卻終日活在後悔、嫉妒、自卑、優越、憤怒、恐懼、憎恨或不堪承受的情緒裡。有多少痛苦的情緒、執著、強迫性行爲或上癮行爲，就有多少的囚籠。

覺察你的感受，走出情緒牢籠

五官感覺無法察覺你的鎖鏈，但是多官知覺是獨立於五官感覺來運作的。例如，五官感覺對於憤怒的探索可能會追溯至荷爾蒙指數、呼吸或循環系統的數字，以及許多與憤怒相關的生理變數，但是它無法找到那條鎖鏈。一場理性的探詢會將過去與目前的憤怒經驗連結在一起，將憤怒前後的各種相似性、差異性與思想分門別類，但是它依然無法找到那條鎖鏈。多官知覺能讓你看見你的鎖鏈，然而使用的方式相當驚人——你會感覺到它們。

它們不是以明顯的觸覺自行顯露，而是透過你的身體在特定情況、在特定部位出現的感受。多官知覺能讓你變成一名偵探，一直尋找你鎖鏈的相關線索，最後，你將能夠拼湊出一個清楚明晰的面貌。譬如說，你可能感到胸口一陣劇痛或緊縮、額頭有壓迫感、胃部有悶悶的灼熱感，那就是鎖鏈的體驗。有時候，你胸口的疼痛是悶痛而非劇痛，胃部是絞痛而非灼熱感，然後你的喉嚨可能會有緊縮感，那是另一條鎖鏈的體驗。有時候，你的感受是舒服的，而有時候，某個部位有疼痛感，其他部位則是愉悅感。你對這些感受投以越多的注意力，特別是在你感到煩擾的時候，你對自身那獨一無二、持續變化的內在風景就會越加熟悉。

不同的情境會創造出不同的感受，由於你的情境總是不斷在變化，你身體的感受也一直在改變。例如，想像你在小餐館裡巧遇一位童年好友，你的心扉驟然開啟，臉上露出微笑，你走向前去，渴望與對方重逢敘舊。如果你留意身體的感受，你會察覺到美妙的覺受，例如，你的胸口、喉嚨與太陽神經叢（腹部）部位，都會感到放鬆、溫暖而敞開。想像你回到家裡，收到一封國稅局稽查單位的來信，如果你留意身體的感受，你會注意到這時的感受與看見老友時有多麼不同。國稅局的信和與老友重逢兩者都是意外事件，但它們在你內在製造的感受卻天差地別。

要區別痛苦感受和愉悅感受（如果你知道如何監視自己的內在風景），然後認出你的鎖鏈（它們讓你痛），是一件簡單的事。一開始，痛苦的感受會像是由外在情境造成，例如收到稽查通知信函等，但是過一陣子之後，你會有一個非常重要的發現，這是你生命中最重要的發現之一：你的痛苦感受會復發，但是它們的明顯原因卻經常改變。在你的前一次婚姻、前一個工作或居住城市折磨著你的同一種痛苦感受，無論你去到哪裡、和誰在一起，都會再度出現。

每一次痛苦的情緒出現，你就做出和上次一模一樣的反應，例如，狂怒、嫉妒、害怕、想要報復、覺得不堪承受等。如果你在發怒的時候習慣性地大吼大叫，你就會再次大吼大叫；如果你習慣性地退縮，你就會再次退縮，以此類推。換句話說，你的行爲是可預測的。你的所作所爲和你上次生氣（或嫉妒、想要報復、害怕等）時的反應如出一轍。你活在牢籠裡。

有些人困在憤怒的囚籠裡，有些是嫉妒，有些則是報復心等等。多數人都是數個牢籠裡的囚徒，他們經常會假釋出獄（有某些時刻不處於憤怒或嫉妒等情緒裡），但是那並不持久，不久之後，他們又會淪落至牢房裡，成爲累犯的機率非常高。多數人一輩子都活在囚籠裡，然後死在那裡，至死都依然憤怒、嫉妒等等。依柏拉圖的用辭，他們過的是一種「未經檢視的生活」，亦即被鎖鏈緊緊捆綁在深深的洞穴裡，只能看見影子。當你將自己的憤怒、嫉妒或任何痛苦經驗，歸咎到你的配偶、朋友、同事、老闆或宇宙頭上，你就等於被鎖鏈纏縛於洞穴之中。你的憤怒、嫉妒、報復心、恐懼和其他痛苦情緒都是你的鎖鏈，然而，怪罪他人或環境，就和你不喜歡影子的樣子或它們移動的方式，而對著影子大吼或退縮一樣，一點幫助也沒有。你的鎖鏈依然根深柢固，動也不動。若你將焦點放在影子上，就無法看見你的鎖鏈，而你無法改變自己看不見的東西。

人或環境會觸發你的憤怒、嫉妒與恐懼，若要改變那些經驗，你必須將注意力轉向那個受到觸發而出現的東西（你鎖鏈的痛苦經驗），將注意力從觸發情緒的東西（影子）上移開。在你感到煩擾時，轉而檢視你的內在，而不是向外看（試圖改變人或環境），如此，你便能進一步探索自己內在受到激發的事物。而直到你改變那個東西之前，你是不會改變的，你會繼續咆哮、哭泣、退縮，也會繼續要求道歉、覺得遭到拒絕、感到優越、感到自卑，做出各種你已經再熟練不過的破壞性行爲。一旦你熟悉了纏縛你的鎖鏈爲何，你就會清楚知道自己到底需要改變些什麼了。

直接探入情緒的源頭

聽來奇怪，諸如憤怒與嫉妒等囚牢，當下經常是很吸引人的。我在加州州立監獄聖昆丁舉辦我的第一個工作坊時，其中一位獄警是一位說話尖酸刻薄的中年女性。她說：「他們就是想要吃牢飯。」根據她的評估，他們在外頭無法生存，回牢房能讓他們獲得庇護，而她討厭提供這樣的庇護。我遇到的囚犯都被聖昆丁監獄嚇壞了，然而根據統計，其中有許多人確實會再回來。理由很多，例如，舊習慣那地心引力般的拉力、社會對前科犯的不信任、沒有能力找工作、遭到拒絕等等，讓他們只能回到熟悉的、制度化的聖昆丁監獄，儘管那是個令人畏懼的環境。

當你痛恨自己、認爲自己有著無藥可救的缺陷、不值得愛、無法去愛、永遠被排除在生命、愛與人群之外的時候，比起細細體會身體的感受，讓自己生氣（或嫉妒、滿懷報復心、不堪承受等）反而是較不痛苦的作法。換言之，在那個當下，變得生氣、嫉妒或滿懷報復心，或覺得自卑而需要取悅他人，或覺得優越而且理所應得，或暴飲暴食、飲酒、賭博等，都比體驗無力感之苦要好過多了。讓自己沉浸在憤怒、嫉妒或報復心當中，都是為了逃避這種核心經驗，而因憤怒、嫉妒或報復心而做出的各種行為，甚至能讓你逃得更遠。你逃避無力感之苦，奔向一個能暫時庇護你的囚牢，然後再投入那些甚至會將你囚禁得更牢固的失控行為。

直接體驗無力感之苦，亦即潛藏於那些源自憤怒、嫉妒、義正辭嚴、麻木不仁的破壞性戲碼底下，而表現於身體的痛苦感受，能讓你直接探入這些經驗的源頭。若你能鼓起勇氣、運用技巧，直接去體驗那份充斥於你整個人生的最主要痛苦，那份你為自己製造出來的、導致每一個破壞性結果的折磨，就不會再有任何妖魔鬼怪能恫嚇你了。①那麼，你生命中最重要的事，將會是以新的覺察力做出一連串選擇。如果你已經不再需要逃離那些從出生以來便一直在折磨你的自我厭惡、自我憎恨與絕望感，不再受到它的控制，你會選擇什麼呢？這是你生來就必須提問並且回答的問題。這是一個持續不斷的神聖探問，它將會在你開始嘗試走出洞穴、迎向陽光的路途上，填滿你的生活。

打破鎖鏈有賴你打破舊習慣、揚棄你對自己和他人的舊評斷，嘗試一些不同的意圖與行爲。它需要你好好檢視自己的憤怒、恐懼、狂暴等在特定情境下被誘發的動能，然後決心改變，而非一味地認爲自己天生就是愛生氣、愛嫉妒……，而且永遠就是這副德行。它需要你鼓起勇氣去體驗你所有的感覺，一刻接著一刻都這麼做。當特定情境出現時，你不需要被囚禁在憤怒或其他難受的情緒裡，你可以打破鎖鏈，然後離開。

柏拉圖故事裡的英雄就是這麼做。他將洞穴、火和那些影子全拋在腦後。當你體驗身體的痛苦感受時，若能夠在每一次「適當應對」（有意識地做出選擇），而非表現出無意識的「情緒化反應」（咆哮、哭泣、退縮、暴食、賭博等等），鎖鏈的力道就會減弱。當你能夠再度選擇適當應對而非無意識反應、能夠創造出建設性而非破壞性後果、能夠選擇一個你願意負責的結果、能夠創造健康與喜悅而非痛苦與失調時，它的力道將會進一步削弱。到最後，你便能打破它，而遲早，你會以這種方式打破你所有的鎖鏈——透過一個接著一個的選擇。

那就是脫離洞穴、獲得自由的方法。

原文註：

① 要發展「體驗你內在的『鎖鏈』」這項技巧，我建議你閱讀由我和我的靈性伴侶琳達·法蘭西絲所著的《靈魂之心》一書。這本書解釋了經驗上的情緒覺察，幫助你一步一步地創造出這份覺察力。請務必進行書中的練習。如果你只是閱讀練習題之間的內文，你讀完這本書時會知道很多關於情緒覺察的事，但是你依然無法在情緒上有所覺察，這對你沒有幫助。

6 無意識模式：導致破壞性結果的互動慣性

一切情緒的選擇都操之在你

想像自己是一個團隊的指導教練，要參加一個名爲「人生」的比賽。你有數名隊員，但是一次只能派一個上場。此刻在場上的選手，就是代表你出賽的人。無論該選手在做什麼，都彷彿是你自己在做。如果該選手優雅又有風度，你就會看起來優雅又有風度；如果那名選手粗魯又自私，你看起來也會是這個樣子。你的每一名選手都是世界級選手，其中有一名是憤怒專家，無論發生什麼事，都能激怒他。他總是不斷在叫囂、退縮、爲了某事遷怒他人。他不需要暖身，總是蓄勢待發，隨時能上場，你一叫喚他的名字，他立刻能將最頂尖的憤怒帶到賽場上。另一名選手是嫉妒，而另一名總是想要報復。你的隊員名冊很長，另一名選手是耐心，沒有什麼事能讓他失去耐性，每當你呼喚他的名字，他無論如何都能將無限的耐心與耐力帶到場上。另一個是感謝，不管發生什麼事，他都心存感激。另一個是滿足，另一個是關懷，其他則是仁慈、鄙視、不耐煩、覺得不堪承受、焦慮等等。每當你想要展現滿足、關懷、仁慈、鄙視、不耐煩、覺得不堪承受或焦慮，你可以呼喚他們的名字，放心地由他們爲比賽帶來一場完美的演出。

你的責任是在每一刻選擇派哪一位選手上場。你可以和其他人討論，但是你自己必須做出最後的決定，而且無論你選擇哪一位，都必須爲其結果負責。如果你選擇展現憤怒，你就會體驗到憤怒的結果；如果你選擇展現仁慈，你就會體驗到仁慈的結果，依此類推。你的選手在賽場上創造的結果永遠意義重大，因爲每一名選手都是他所擅長的領域裡最優秀的，你永遠都在將自己所擁有的最厲害的嫉妒、仁慈、鄙視、耐心、報復心或感謝派出場。賽場上永遠不會空無一人，總是有一個選手在上面，盡全力表現。你的所有選手都興致勃勃地想要上場大展身手。

你的選手總是盡力呈現最佳表現。因此，舉例來說，當你想要表現憤怒時，他會盡力製造出憤怒所能帶來的最佳結果——孤立、寂寞、膚淺的關係等等。你無法阻止自己去體驗你的選手所創造的結果，因爲總是會有一人在場上。然而，你對那些選手越是能夠觀察入微、密切注意到他們會創造出什麼樣的體驗，你的教練指導技巧就會越高明。例如剛開始的時候，表現憤怒或許是你最鍾愛的選擇，但是一段時間之後（有時是過了很久之後），你開始嘗試表現耐心，或者嫉妒，或者鄙視、感謝，同時也注意到你的選擇所帶來的不同體驗。

你身邊的每一個人也都是教練。和你一樣，他們也不斷在選擇該將哪一名選手派上場。他們的選手從不會出現在你的賽場，你的選手也不會現身在他們的場合。你會看見他們選擇的選手，他們也會看見你的選手，但是他們的選手只會出現在他們的賽場，而你的選手也只會出現在你的賽場。譬如說，你附近的一個教練可能想展現憤怒，這對你的一些選手來說可能是件特別刺激的事。你板凳上的憤怒、憎恨與優越感可能會躍躍欲試、想要上場展現身手，而且會在你面前大力推薦自己。

現在，我們假設你已經對自己團隊裡的所有選手有所認識了，但不可思議的是，許多教練卻非如此。多數的教練認識團隊裡的部分選手，但並非全部都瞭若指掌。你所認識的選手總是在等著你叫他的名字，而那些你不認識的，總是會利用你的缺乏覺察，在自己高興的時候逕自跳上場。這種情況彷彿你暫時沒有覺察到比賽的進行（這稱爲無意識），但比賽卻依然繼續進行。無論你是否覺察到它，它一樣不斷在進行。你的其中一名選手總是會在場上，總是盡力展現他最好的一面，總是在爲你創造出什麼結果。

爲自己的情緒負責

那就是爲何有些人經常生氣、嫉妒或懷恨在心、評斷自己或他人、愛說閒話等等，因爲他們尚未完成教練的學習功課。某些選手上場比賽時，他們仍無法覺察到這件事。舉例來說，當另一個教練選擇派憤怒出場（或是沒有覺察到他的憤怒選手已經跳上場了），你的憤怒（或是你沒有覺察到他）就會自己跳上場，開始全力表現。如果這件事發生時，滿意這名選手在場上，他就會被推到邊線，然後由憤怒開始主導整場比賽。

你對自己的選手認識得越多，對賽事的掌控度就會越高。你若能認識自己所有的選手，並且熟悉他們的一切行爲舉止和他們製造的結果，就能呈現一場最佳的賽事。你所有範圍裡的各式各樣能力都聽令於你。然而，在深入認識這些選手的過程中，你可能會決定永遠不再派其中一些選手上場。事實上，你想要讓他們從團隊裡退休。如果你發現某些選手所創造的後果總是讓你體驗到痛苦，那麼你會開始避免派他們出場，並開始選擇製造不同結果的選手。如果你發現某些選手創造的結果總是喜悅的，那麼你會開始更加頻繁地派他們出場，最後，只有他們會成爲你想派出場的選手。無論其他教練如何指導比賽，你都只會選擇那些能創造你想要結果的選手上場。

你決定讓他們退休的選手並不會心甘情願地離開團隊，他們已經習慣在自己想要的時候上場出賽。在你有所覺察之前，他們已經跳進賽場了。你根本還來不及反對，他們就已經主導了全局。在你覺察到他們之後，他們會強硬要求展現自己。你越是堅持選擇其他選手，他們的要求就越堅決，不肯退讓。如果那名選手是憤怒，他就會變成暴怒；如果是嫉妒，他的嫉妒會更加猛烈。讓這些違抗命令的選手上場表現是件很誘人的事，如此一來，就不用去感受他們強烈的嫉妒、暴怒、報復心等等，那是很難受的。然而當你遭遇到他們，他們在場上製造的結果永遠是令人痛苦的。

你要不就是在沒派他們上場時，面臨他們的嫉妒、暴怒、報復心等所帶來的痛苦；要不就是派他們上場，然後面臨他們製造的後果所帶來的痛苦。經過幾季的教練生涯之後，你的經驗會告訴你，沒有派這些選手上場時雖是沉痛的決定，但他們在場上爲你製造的痛苦更巨大。你可以暫時躲避他們的痛苦（透過選擇一再派他們上場），但是你一派他們上場，結果都是爲你帶來更多難熬的體驗。最後，你將會發展出一種能力來面對這些難纏的選手，並且告訴他們一則消息，而他們會卯足全力去做一切事情來避免聽到這件事，那就是：「你今天不上場。你要坐在板凳上。我會派仁慈、耐心、感謝或欣賞上場。」（或任何能爲你創造建設性的、讓你獲得美好感覺結果的選手。）

你越是能拒絕派那些製造破壞性與痛苦結果的選手上場，他們的反對就會越激烈。他們會氣得猛跺腳，在場邊大聲咆哮、口出穢言、貶低你，刻薄地批評你、聲淚俱下、做盡一切能使你從比賽中分心的事，以說服或操弄你再度派他們出場。但是若沒有上場的機會，他們對比賽就會開始生疏。這不會迅速發生，但是肯定會發生。他們會因爲缺乏練習而能力變弱，注意力也會開始渙散。他們會繼續強勢地堅持他們的存在，而且通常會持續一段長時間，但同時也會逐漸失去力量和技巧。他們會漸漸喪失恫嚇人與令人分心的能力，即使他們依然會帶來嚇人與痛苦的體驗。他們所帶來的恫嚇與痛苦能幫助你發展出一種與他們共存的能力，能夠看見、聽見、感受到他們使勁想要回到場上的努力，但你卻不爲所動，依舊選擇派其他選手上場。

這個時候，你已經開始能掌握賽局了，能在每一刻挑選最佳選手上場，並且在每一次選擇後，爲該選手製造的結果負責。

不勇於面對情緒，就只能受制於情緒

爲你創造破壞性與痛苦結果的選手，那些拒絕被晾在場邊、直到你覺察到他們、將他們帶出場外的選手，就是你人格裡的恐懼部分。他們每一個——憤怒、嫉妒、狂暴、報復心、焦慮、恐懼、優越感與自卑感、取悅他人或大聲咆哮的需要、血拼不需要的物品、吃進不需要的食物的需求、抽菸、賭博、看色情刊物或影片、喝酒、嗑藥等等，全是源自於恐懼。你人格裡的恐懼，若要列出一份清單，將會和你的痛苦情緒、執迷、強迫性行為與上癮症的清單一樣長。這些全都有三個共通點：

1. 他們表達出恐懼。
2. 他們是痛苦的體驗。
3. 他們製造出痛苦與破壞性的結果。

他們對你的靈性發展也是極其重要的。

你人格裡根基於恐懼的部分，就是你生來必須療癒的地方，而那正是你通往靈性成長的途徑，而非障礙。你不可能在靈性上獲得發展，卻依然維持著報復心、暴怒、嫉妒、困在性上癮的能量流裡、不停地狂吃或覺得受不了等等。只要這些選手能夠逕自決定（未遭到你的阻止）何時上場表現，你就無法獲得靈性成長。你可以靜心、祈禱、觀想、聆聽佈道、獲得啓發、閱讀經典，但是如果你的憤怒、嫉妒、報復心與恐懼（譬如你的義正辭嚴、你的評斷和想要他人同意你的需要）依然在你的覺察範圍之外，更不用說在你的控制之下，他們將會隨時在你生活上爆發，製造出破壞性與痛苦的後果。而每一次你遭遇到這樣的結果，你人格裡的恐懼部分就會再度介入這場賽局，甚至製造出更多痛苦體驗，沒完沒了。佛教徒將這種過程稱爲「輪迴」、苦海或是生命之輪。

痛苦的經驗會無止盡地激發你人格中的恐懼部分，而這又製造出更多痛苦經驗，直到你介入爲止。沒有你的介入，你的生命將會機械化地開展，一如過往，從一個痛苦經驗進入另一個痛苦經驗。你看似無能爲力、任憑宰割，祈求著好運到來，然後迫切渴望找到避免更多痛苦的方法，而這些其實是一個受害者的體驗。換句話說，拙劣的教練並不了解他們在「人生」這場賽事裡的核心角色。他們彷彿是一個被動的旁觀者在一旁觀看，絲毫未曾覺察自己可以選擇該讓哪些選手上場、不該讓哪些選手出現。

靈性成長有賴於找出、體驗並且挑戰（選擇不表現）你人格裡的恐懼部分。你越是不理會他們（抑制、壓抑或否認你的痛苦情緒），他們越是想要表現，你也將遭遇到更多的痛苦結果。當我初次了解到，「靈性成長」需要我去覺察到我所體驗的一切，包括我的痛苦情緒與各種諸如不足、醜陋、不可愛與羞恥（我團隊上的選手）的感受，我感到非常絕望，覺得被打敗（更多的選手）。我想要超越我的痛苦經驗、躍升於他們之上、繞過他們、以靜心或祈禱的方式將他們驅離，或以任何方式逃避他們的最後希望，全都粉碎了。那份領悟是我第一次瞥見自己的教練身分，而我不喜歡那樣的角色。我當時依然想要依賴某人或某件事來爲我移除生命裡的痛苦與空虛，而且我也不想好好檢視自己應該承擔那份工作的可能性（眞實狀況）。

和那些讓你擁有美好體驗、能夠創造健康結果的選手接觸，是件令人愉快的事。他們是你人格中的慈愛部分。當他們活躍的時候，你會變得有耐心、關懷他人、喜悅、滿足、和善、對他人感興趣，並且對自己的生命心存感激。你沒有恐懼的記憶，你知道你活著有一個目的，而你現在所做之事完全符合該目的。你擁有所需的一切，而你全然地投入當下這一刻。

你無法同時將人格裡的慈愛與恐懼派上場。例如，派耐心出場，就會讓不耐煩退到場邊。你派耐心出場的次數越多，他就會變得越強大，同時讓不耐煩失去力量。一段時間之後，不耐煩會開始萎縮，他的需求頻率與強度會逐漸減弱，最終喪失強勢凌駕你的能力。然後，他會變得微弱不堪，甚至對你不再有任何影響力。他會持續抗議自己老是坐在板凳上，但是他再也無法上場了，除非你決定派他上場。

隨著你覺察到自己的教練身分，你首先注意到的一件事就是你人格裡的恐懼部分有多少在團隊上，以及他們上場的頻率有多高，這會是個令你意外而且苦惱的發現。舉例而言，如果你認為自己是一個溫和又關懷他人的人，當你發現團隊裡的選手（人格裡的各個部分）竟然有狂暴與野蠻時，會感到訝異不已。譬如說，如果你對娼妓這個概念感到憤慨（如同許多義憤塡膺地提倡反娼妓的神職人員），而你發現自己團隊裡的選手有一個是性上癮時，絕對會大吃一驚。

有時候，一個失去覺察的教練會瞥見團隊裡竟有一些他意想不到的選手，遂拒絕再次正視他，因為他不想證實自己不願意相信的事。而他越是拒絕，那些選手越是會在自己高興時擅自跳上場，於是他就必須承受更多痛苦結果。遲早他會發現，自己的痛苦經驗與自己所選擇的選手之間，有著密切關聯。儘管他還不想承認有一些選手會製造痛苦經驗，但他會開始和每位選手安排一次熟悉彼此的會面。

要熟悉這兩者之間的關聯，通常需要一段很長的時間，而且是在體驗過許多痛苦結果之後。但其實沒必要如此。如果你了解「人生」這場賽局與你在其中扮演的教練角色，你就無須等到那些累積的苦惱與無數的痛苦結果壓垮你之後，才開始探索痛苦與如何選擇選手之間的關聯。

多官知覺會讓你清楚知道自己身爲教練的角色、能力與責任。它不會要求你派某位選手上場，或創造某些結果，甚至不要求你熟悉自己的團隊；它所做的反而是爲你揭露你從不曾體驗過的生命潛能，帶給你從不曾經歷過的挑戰，並且給予你從不曾想像過的報酬。

7 幸福的障礙：你人格裡的恐懼面向

阻礙你得到喜悅的是內心恐懼

打開百葉窗、捲起窗簾、拉開門簾，能讓光照進一個黑暗的房間。但是光並非由移除障礙物所創造，它與障礙物是一起共存的。當障礙物消失的時候，光依然存在。燦爛的陽光掃除黑暗、根除絕望，以斬釘截鐵的明確姿態呈現它所照耀的一切——有誰不曾感受過這種喜悅呢？這就是從悲傷進入接受、從無知進入真知、從懷疑進入信任、從恐懼進入愛的旅程。它是撥雲見日、雲開霧散，以生氣煥發的色彩取代灰暗的色調。那些阻礙溫暖、色彩、真知與確定的事物已經消失，而就在同一個地方，所有缺少的東西全部出現了。即使是漫漫長夜也已經走到了盡頭，而那些距離太陽最遙遠、處於深深黑夜裡的人們，也會在隔天正午處於最接近太陽的位置。遮蔽陽光的障礙物來來去去，太陽光卻持續存在。

努力創造喜悅正如同努力創造陽光，不僅不可能，也沒必要。從黑暗到光明的旅程有無數種形式，但是每一種形式的核心都是移除喜悅的障礙後所帶來的蛻變。阻礙你獲得喜悅的障礙，並非你自認爲需要或缺乏的東西，例如，金錢、性、肯定、影響力或其他任何東西。你的喜悅障礙是你人格裡的恐懼，它們需要這些東西才會覺得安全、覺得有價值。是恐懼阻礙了你體驗喜悅，一如百葉窗和窗簾阻擋了陽光射進房間。

米開朗基羅（一四七五～一五六四）是義大利文藝復興時代最偉大的人物之一，或許也是藝術史上最偉大的雕刻家。他最知名的作品之一就是大型雕刻《大衛像》：一個年輕的以色列人準備好要對抗巨人歌利亞的模樣。大衛手上只拿著一副彈弓，另一隻手拿著一顆石頭，臉部表現出警覺與緊張的神情。他年輕的強壯身體呈現出健美的體格。我曾見過這座令人驚歎的雕像。他的皮膚光滑，肌肉紋理雕刻得非常細緻，捲髮與憂慮的臉龐栩栩如生，著實令人難以想像這僅僅是石頭與雕刻技巧的結合。

米開朗基羅在手上的鑿子落下之前，就已經在這塊巨大的大理石中看見了這副美妙的形體，然後帶著滿腔熱情，努力將俘虜了這具形體的石頭移除。這就是米開朗基羅的雕刻經驗。他看見了一副囚禁在石塊裡的軀體，而透過排除多餘的石頭，他釋放了它。他在二十幾歲的時候完成了他的第一件作品《聖殤》，那或許是西方世界最知名的雕刻作品，現在依然存放於原來的地方——梵蒂岡的聖彼得大教堂。從那時起，直到他八十多歲的時間，這個聰明且富有創造力、飽受折磨、脾氣暴躁的男人，從石頭裡釋放了一些堪稱人類藝術史上最優雅、最具內涵的人體雕塑。或許當他用力敲打著那些囚禁它們的石塊時，他是想要毀滅那個囚禁了他的年少，讓他死在其中的牢籠。隨著他的年紀漸長，暴躁的脾氣並未消失，個性也沒有變得較爲溫和。由於不滿意一件作品，他將怒氣轉而發洩在最後的幾件雕塑作品之一、也是他爲自己墳墓雕刻的《翡冷翠聖殤》，他將耶穌基督雕像的一條腿、一隻手臂以及聖母瑪利亞的手以鐵鎚敲斷。孤獨、哀傷、憤怒始終與他爲伴，貫穿著他的一生，直到他過世。

米開朗基羅的一生大多活在藝術家的痛苦刻板形象裡：孤立、喜怒無常、內心煎熬。而現在，這些特質已經被一些對藝術家的更正確觀感所取代了：覺察、負責、直覺的、有足夠的勇氣完全地活在當下、有足夠的智慧清楚看見自己與他人，並且有足夠的慈悲關懷所有人。你在自己內在看不見的，你會在外在看見。你鄙視他人的貪婪或色慾薰心，而那正是你否認自己所存在的內在特質。你爲自己的悲傷而怪罪他人，那是你不想處理並將之推開的內在情緒。你奮力想要拆除眼前的牢籠，其實反映的是你內心那座囚禁你的眞正牢籠。直到過世，米開朗基羅都持續不斷地在移除那些囚禁了大理石塊內在美的石頭；但是直到過世，他依然是自己的憤怒與嚴苛評斷的囚徒。他在一封信裡這麼寫著：「我……沒有朋友，也不想要任何朋友。」他的自我批判是毫不留情的，而且隨著他的年紀而益發激烈，以致他後期的雕刻作品鮮少有完成的。

在這難以相處的人格裡，同時存在著神性的敏感、慈悲、智慧與知覺，以及一個天才的才智，這些都大量反映在他的詩作與通信裡；然而，他的人生卻幾乎沒有任何敏感的人際關係與慈悲的作爲。他獨自居住，晚年甚至更加與世隔絕，而且一生中經常與僕人、藝術家同伴（例如，達文西）和教宗爭吵。他在大理石裡看見的美也存於他的內在，但是他從未像釋放石頭裡的形體那樣，將它們揭露出來、展現出來或與人分享。他不曾挑戰過自己的憤怒或想要反抗、挑剔、強烈主張自己的需要。他選擇了孤立而非夥伴關係、輕蔑而非欣賞、爭吵而非溝通。換句話說，他選擇了恐懼，而不是愛。這樣的選擇並非總是一種顯而易見的抉擇，但那依然是一種選擇。

恐懼和愛，你選擇何者？

諸諸如咆哮、遷怒、評斷、尋求報復等看似無法抗拒的衝動，就是你人格裡基於恐懼所產生的經驗。它們之中有些感覺是如此熟悉，以致你會覺得那就是「眞正的我」。例如，「我很生氣，我一向愛生氣，我也永遠會生氣。」還有，「我從不打斷人說話，我總是讓他們先說、先做、先決定。」這些都是你人格裡製造出破壞性與痛苦結果的部分，當你遭遇它們時，就重新激發了那些同樣的部分，然後你再度變得怒氣沖沖、大吼大叫、覺得自己微不足道、拖延等等。你可以選擇不大吼大叫、不拖宕，如同米開朗基羅可以選擇不爭吵、不退縮——如果你在當下覺察到這樣的可能性的話。

多官知覺能讓你見到這樣的可能性，也就是在你人格裡的恐懼和慈愛之間做出選擇。你身體的特定部位所感覺到的痛苦感受、充滿批判的思想，以及你想要操弄並控制外在環境的意圖，全都在告訴你，你人格裡的恐懼部分正在活躍。若能在煩亂的時候選擇人格裡的慈愛而非恐懼，就能為你釋放出喜悅，這情況就如同米開朗基羅的鑿子與木槌釋放了他在大理石塊裡看見的美麗。你人格裡的恐懼部分（你的恐懼）就是石頭，你人格裡的慈愛部分（你的喜悅）就是那份美，在你將它釋放之前，它會一直被囚禁。

你人格裡的恐懼能創造外在力量。當你允許恐懼為你說話或行動，它就會製造令你痛苦的結果。例如，我多年來都帶著鄙視、好評斷與嫉妒的心態將同事推開，這也在我們之間製造出令我難過、困惑的距離感。優越感一直是我用來掩飾痛苦以避免面對自己的方式之一，遮蓋我懼怕生命與人群的痛苦。我會挑他們的毛病、批評他們的不足，覺得自己更好。我被囚禁在恐懼裡，猶如「大衛」被囚禁在大理石塊中，直到米開朗基羅釋放了他。

性，是我用以掩飾無力感的另一種方式。無論我的性生活有多麼活躍，我永遠渴望更多；即使我已經筋疲力竭，依然覺得不足。我會想像自己是個很有男人味、受人崇拜、十足性感的人。而我在性愛上的邂逅和對它的瘋狂追求，阻礙了我去承認自己其實覺得自己很醜陋，是個有缺陷、不可愛而且無法去愛的人，更遑論去體會這一點了。每一次在性愛上的邂逅，都能讓我暫時從這些痛苦的經驗中解脫，然後再次展開追求。一如以往，就像大衛被囚禁在大理石裡，我無疑被囚禁在人格的恐懼裡，只是沒有任何雕刻家來釋放我。

你人格裡的恐懼部分，最多只能讓你暫時舒緩無力感之苦。例如，如果你渴望一部新車（或新衣服、新房子、新伴侶等），你會在獲得它時感覺好極了。有所匱乏與無價值的感覺消失了，你覺得自己更有吸引力、更加充滿活力、更機智、更性感。你的絕望、沮喪、渴求、欲求與需要，消失無蹤了。可以說，只要將你人格裡的恐懼想要的東西給它，爲你帶來了陽光，然後雲霧就會消失，這就是快樂。你覺得從痛苦中解脫的感覺棒極了，但是這樣的解脫並不持久。如果你的新車遭竊、你的新房子被白蟻攻占、或是你的新伴侶不想跟你在一起了，陽光會瞬間消失，你的天空會再度變得愁雲慘霧。當你人格裡的恐懼部分獲得它想要的東西時，無力感之苦會立刻消失（快樂）；而一旦它無法獲得想要的東西，或失去所擁有的東西時，痛苦會立刻回來（快樂消失）。

這樣的快樂取決自外在於你的事物，那是你無法控制的，但你人格裡的恐懼卻不斷想要掌控它，這就是追求外在力量。當它們成功，你就快樂；當它們失敗（一段關係瓦解、你丟了工作、你被一名店員激怒了等等），你就不開心（無力感之苦重返）。

你人格裡的慈愛部分很滿足、心存感謝、有耐心、懂得珍惜、關懷他人等等。它們對別人感興趣，不會隨便評斷他人或自己。它們不會受到恐懼的監禁。你對它們的體驗越多，就能體驗到越多的喜悅。你若能持續體驗它們，就能持續體驗喜悅。日升、日落、海洋、山嶽、另一個靈魂的美、一次碰觸裡的溫柔、一抹微笑散發出的溫暖，這些若能不受到恐懼的扭曲，就是喜悅的經驗。喜悅就是知道自己為何活著，對活著感到感恩，那是在無止盡的當下感到圓滿。宇宙與喜悅一同唱和。你若能將自己從人格裡的恐懼中釋放，你也會一同加入唱和。

喜悅是恆久的，快樂是暫時的

在你人格裡的恐懼活躍時，若能根據人格裡的慈愛來行動（例如，在想要大聲怒吼時選擇傾聽，因為你不想受到憤怒的控制），就能挑戰那些恐懼。而你越常對它們提出挑戰，它們就越無法控制你。你依然會生氣，但是你越常挑戰自己人格裡表現為憤怒的恐懼，你因憤怒而行動或說話的衝動就會降低，也會有更多的自由去根據你人格裡的慈愛來行動或說話。最終，你人格裡表現為憤怒的恐懼，對你的掌控將完全消失。

要挑戰你人格裡的某個恐懼，你必須去體驗無力感之苦，同時去選擇有別於它習慣選擇的東西，例如，選擇不怒吼、不輕蔑、或不在情緒上退縮。每一次你挑戰自己人格裡的某個恐懼，就是在你的囚牢牆上鑿出一塊缺口。米開朗基羅並非只是隨便吹幾口氣就創造出偉大的雕刻作品，他一次一槌、日復一日，經常是晝夜趕工地一次用鑿子敲掉一些大理石才完成了作品。你也將以同樣的方式釋放你的喜悅，你的意圖就是你的鑿子，你的意志就是你的木槌。你每一次選擇根據人格裡的恐懼來反應，都只是讓囚牢的牆面保持完好無損；而你每一次選擇根據人格裡的慈愛來行動，就是讓大理石掉落一些碎片，讓囚牢的牆變得更薄，一步步揭露出你內在的喜悅。

你越能夠減弱你人格裡的恐懼對你的控制，就越能夠體驗到喜悅。沒有人能替你做這件事，你也無法爲別人做這件事。當你選擇控制或操弄他人（追求外在力量），你只是在讓禁錮你喜悅的大理石變得更牢固；而當你選擇改變自己（創造眞實力量），你就能釋放它。你釋放的喜悅越多，就越能夠成爲你經驗的一部分，最終只有喜悅留下。

喜悅是恆久的，快樂是暫時的。喜悅依靠的是發生於你內在的事，快樂依靠的是發生於你外在的事。要爲你的生命帶來喜悅，你必須讓自己成爲一名藝術家，讓自己的生命成爲你的藝術作品。

你無法創造喜悅，並且你也無須這麼做，有個更簡單的方法——你只需要移除障礙喜悅的東西就行了。當你生命中的百葉窗、窗簾、遮蔽物（人格裡的恐懼）打開了一點點，讓你得以向外窺探（嘗試創造真實力量的實驗），喜悅將會自己進入你的生命之中。而當你將它們全部拉開（挑戰你人格裡的恐懼，直到它們對你的控制瓦解），喜悅便會像陽光一般湧入你的生命裡。喜悅或快樂是一種選擇，它在每一天、每一個小時、有時每分鐘裡就會發生許多次，只有你能選擇要在自己感到憤怒、嫉妒、想要報復、覺得焦慮的時候，挑戰並治癒你人格裡的某個恐懼（適當應對），或是選擇強化它（情緒化反應）。唯有你能在自己有耐心、覺得感恩、關懷他人或懂得珍惜的時候，選擇培養並發展你人格裡的慈愛（依此行動），或選擇削弱這些部分（忽視它）。

快樂要求你改變環境，包括改變他人。

喜悅要求你改變自己。

8 眞實的力量：放下對外在事物的操控

眞實力量的體驗

你越常培養人格裡的慈愛並挑戰恐懼，你的人格就會與你的靈魂越趨向一致。最終，你人格裡的那些恐懼會失去對你的控制力量，而那些慈愛將能夠無限地創造。恐懼會消失，你的經驗會變得有意義。你的注意力將會放在那永恆當下的無盡奇蹟之中。你的關係會發生蛻變，你和他人的「連結」會如同你和胳膊、手掌和心的「連結」一樣，你是它們的一部分，它們是你的一部分。當它們受傷的時候，你可以感覺到；而當它們是健康的，你也是強健的。

謙虛、清明、寬恕和愛取代了恐懼，世界成了一個友善的地方。你能看見他人的掙扎與靈性潛能，也能看見他們生命裡的複雜與豐富樣貌，即使他們自己並未覺察到這些。優越感消退，欣賞與感謝生起，自卑感於焉消失了。你的靈魂能量輕鬆地穿透了你，進入地球學校，如同音樂家的氣息穿透笛子一般。無論是你或他人，都分辨不出你人格和靈魂的分界線在哪裡。感恩、喜悅、意義與祝福，塡滿了你的每一天。你的生命季節來來去去，帶領著你向前進，一如河流返回大海。

你會聽從直覺，有意識地選擇你的意圖，帶著一顆力量飽滿的心向前進，行動時不再執著於結果。你不再自認爲知道宇宙運作的方式，或質疑根據一己選擇而塑造自身經驗的智慧與慈悲。你盡力做好自己的本分，然後信任無形的指引與導師會幫助你。你爲自己的選擇負責，然後努力以慈悲和智慧爲生命做出貢獻。每一刻都是完整而圓滿的。你以因（意圖）與果（體驗）的角度來思考，而非對與錯、好與壞、幸與不幸。你知道，你的經驗涉及了「業」的因素，因此，你並不會將它視爲針對你個人發生的事。你毫無期待地付出，也毫無保留地接受。你所需的一切都已經給了你。這就是眞實力量。

許多人對眞實力量有過自然生起的短暫體驗，例如在烹飪、照料孩子、在畫布上作畫或照顧父母的時候。眞實力量的體驗是你的生命能爲你帶來的事情當中，最令人心滿意足的，它們是人類經驗裡的甘露。你活在宇宙的完美之中，完全投入並且覺察，而這些經驗可以有意識地創造出來。創造它們，就是我們新興進化過程裡的必要條件。

隨著靈魂在數百萬人的覺察之下變得清晰可見，人類的經驗裡將發展出一個新的重力中心。眞實力量的創造，取代了外在力量的追尋。透過和諧、合作、分享與對生命懷抱敬意等方式讓人格與靈魂一致，已逐漸成爲我們的新標竿，指引著我們在人生中前行。若沒有這顆新出現的明星，那麼潛藏的暗礁、狂野的海浪、颱風與不需要的靜止，將會使我們耽擱、分心，使我們遠離共同的目標，亦即過一個清晰、謙卑、寬恕與愛的生活。憤怒、嫉妒與報復心的暴風會撕裂我們的風帆、折斷我們的桅杆，讓船隻支離破碎。冷漠、死氣沉沉與絕望會讓它們隨波逐流。優越感與自卑感、自認理所應得與取悅他人的需求，會將整副羅盤與船隻扯離航道。

從求生存蛻變到靈性成長

正在重塑人類經驗的重大意識蛻變，揭開了生命更浩瀚的樣貌（無形界），提供我們一個新的潛能（眞實力量），指出了一個新的進化必要條件（靈性成長）。沒有人能測度這件事到底有多麼重要。除了人類的起源之外，沒有什麼事能與它相提並論。一個追求外在力量的五官人種（藉由操弄與控制環境求生存），正在成爲追求眞實力量（透過讓人格與靈魂一致而進化）的多官人種。

雖然這種蛻變十分壯觀，但是它並不會讓你變得有耐心、變得關懷他人或有愛心。如果你在成爲多官人之前，生活就飽受憤怒的煩擾，它將會在你成爲多官人之後持續擾亂你的生活。如果你在成爲多官人之前剝削他人，你在成爲多官人之後也會繼續壓榨別人。如果你飽受嫉妒的折磨，多官知覺並不會減輕你的磨難。多官知覺能讓你看見更多、體驗到更多，但是它無法將你從一個沒有力量的人格轉變爲擁有力量的人格，因爲那是你的責任。

這是第一次，人類的進化必須包含有意識的選擇。更確切地說，是你的有意識選擇。只有你，能選擇在煩亂時體驗無力感在你體內帶來的痛苦，例如，感到不堪承受、不足、愧疚或怨恨等，並且去挑戰你人格裡的恐懼部分（適當應對），而非表現出情緒化反應。只有你，能做出不同的健康選擇，不飲食過量、抽菸、看色情影片或刊物、血拼、賭博、喝酒、濫用藥物，或從事愚蠢的性行爲。只有你，能選擇利用你的情緒獲得靈性成長，包括最痛苦的情緒，而非以執迷不悟的念頭、強迫性的行爲與上癮行爲來掩飾它們。

多官人的挑戰來自靈性成長，一如五官人的挑戰來自求生存，然而它們的方式是不同的。求生存不需要有意識的選擇。夜晚在寮國的叢林裡巡邏，我不需要選擇生存，我謹守著自己所受的訓練與任務，如同一個人在波濤洶湧的大海裡緊抓住一條救生索，所有的念頭、所有的選擇、所有的覺察力，完全聚焦於面臨死亡的迫切感上。要挑戰並且療癒你人格裡的恐懼，你必須做出有意識的選擇；如果你不去挑戰並且治癒它們，你就無法獲得靈性成長。

多官知覺將你的選擇，置於你的進化舞台與人類進化舞台的中央。意圖的選擇成了你的工具，你變成一位音樂家，你的生命就是那音樂。如果你聽見的音符是冷漠、堅硬、不和諧的，你可以在不中斷音樂的情況下改變曲調。你永遠無法中斷音樂，但是你可以選擇音樂。如果那些音符能啓發你、爲你呈現美麗的視野，那麼，你可以更常演奏它們。

當你跟隨著靈魂想要去的方向前進，你就是爲生命注入意義；而若你朝著別的方向前進，你生命中的意義就會一點一滴枯竭；若你朝著相反的方向前進，你的生命會了無生趣。你的靈魂想要和諧、合作、分享並對生命懷抱敬意，它想要你在生命中創造這些特質，成爲地球學校裡其他同學的一盞明燈，也讓它們成爲你的一盞明燈。貢獻你與生俱來的天賦，亦即朝著你靈魂想要你行進的方向前進，會爲你帶來更多可以貢獻的禮物。宇宙的創造力是取之不竭的，因此，你的創造力亦然。

你的力量足以改變世界

療癒你人格裡的恐懼並培養慈愛，能讓你以自己的力量改變集體意識。與其在集體恐懼的壓迫下爆炸，你可以運用自己的意識來改變集體意識。每一個偉大的靈魂都曾走過這條路，而現在，我們的進化要求我們每一個人選擇這條路。我們內在的東西就在整體裡，因此，我們每一個人終究要爲整個世界和人類負責。你在自己身上創造的改變，也就是你在這個世界創造的改變。選擇合作而非競爭、分享而非積存、和諧而非爭執、對生命心存敬意而非剝削它，這些都能改變你，同時也能改變世界和人類。

「我會造就什麼不同的結果？爲什麼我要在他人對我殘忍時，心存仁慈呢？我的選擇怎麼可能改變世界呢？」當你問自己這些問題，其實是在剝奪自己的力量。從多官知覺的觀點而言，這些問題變成了：「我的選擇怎麼可能無法改變世界呢？」你想要等待社會出現某種「群聚效應」（critical mass）❹來改變這個世界，因而喪失了自己的力量。你在等待的時候並不會有任何改變，你人格裡的恐懼依然未接到任何戰帖，集體意識裡的恐懼也依然未受到任何挑戰。你爲了創造眞實力量而非追求外在力量所做的一個個選擇，每一個都會影響整體的健康狀態，如同身體某一部分的健康會影響其他部分一樣。

在地球學校裡，沒有任何一個個體與學校裡的活動是分開的，即使是項最令人厭惡的活動亦然。讓年輕的沙烏地阿拉伯人駕著載滿人的客機撞進世貿大樓與五角大廈的那股仇恨，是由我們的仇恨助長的。他們自覺正義凜然與罔顧人命的心態，是由我們自覺正義凜然與不顧他人的心態助長的。那些剝削地球及其中生命的人，是由我們想要以最少的代價，從環境、員工、工作、朋友、伴侶或鄰居身上獲得最多的心態所滋養的。

當你創造出眞實力量，你便能夠決定何者對你是健康的、何者不是；何者有助於你、何者則否。你能夠決定你的哪些感受、思想與意圖是源自於愛，哪些是源自於恐懼。你成爲自己生命的權威，你的生命也成爲一場持續的靜心。每一個經驗都提供你機會去創造眞實力量，或去追求外在力量。

創造眞實力量的旅程就是你生來必須踏上的旅途，只有你能決定何時啓程，也只有你能將它完成，但它不是一段你可以獨自一人去走的旅程。

---

❹指社會上一件事達到臨界量或轉捩點，足以讓群衆的行為發生改變。

❖靈魂療癒摘要1❖

為什麼我們需要「靈性伴侶關係」？

我會在本書每一部分結束時或我覺得有用的地方，放上「靈魂療癒摘要」。這些摘要會扼要地說明之前的內容，有時會提供一些前面章節沒有出現過的觀點，有時也會引導讀者進入接下來要探討的內容。希望你覺得這些摘要對你有幫助，它們的目的是讓書中的觀念與例子更實用、更切題。我的其中一位靈性伴侶是一家大型電子公司的資深執行長，他會在工程師團隊興奮地向他提出一個新概念或產品時，告訴他們：「用我媽也能懂的方式解釋給我聽吧！」我希望這些摘要能幫助你向你母親（或你的配偶、孩子、朋友、同事等），解釋自己所學到的內容。

為什麼我們需要「靈性伴侶關係」？

- 人類意識已經改變了。

- 我們可以體驗到五官感覺以外的東西。
- 這就是多官知覺。
- 在幾個世代之內，每個人都會是多官人。
- 這是一個重大的改變，它從未在整個人類物種發生過。
- 我們可以同時感覺到自己既是人格，也是靈魂。
- 我們可以知道過去無法知道的事情，例如意義、資訊、過去事件發生的原因等等。
- 每個人都覺得自己沒價值、有缺陷，這是件痛苦的事。
- 意圖非常重要，它們會創造結果。
- 我們對自己創造的東西要負起責任。
- 快樂取決於發生在我們外在的事。
- 喜悅取決於發生在我們內在的事。
- 我們人格裡的某些部分讓我們覺得沒有價值、有缺陷。
- 我們可以改變那些部分，而非改變他人。
- 這就是創造眞實力量。

● 我們每個人都有責任創造眞實力量。

地球的生命基本規則已經改變了，而且這些改變是永久的。舊有的做事方式已經不再適用，或說它們仍然可用，只是會製造出我們不想要的結果。建立關係的舊方式也已經不再可行了。嶄新的意識爲我們帶來了一種新型態的關係，它和舊型態的關係大不相同，如同新的多官意識之於舊的五官意識一般。這種新型態的關係，很快會在本書與你的人生中接著出現。

Part 2

什麼是「靈性伴侶關係」？

9 非典型友誼：鼓勵你檢視人格裡的恐懼面向

朋友關係的連結，貴乎深刻持久

一段成熟的友誼，是五官人的終極成就。這樣的關係有別於所有其他立基於五官知覺的關係形式，包括婚姻與家庭關係。成熟的友誼是從一段發展過程中成型的，它沒有捷徑，換句話說，它需要的是付出、相互的關懷與承諾。泛泛之交的友誼很常見，也很短暫，它們是一種基於有限的觀感與了解，而對新朋友或一群朋友所產生的相互吸引經驗，例如，家長們在家長會上相遇、男性在體育賽事中遇見同好、或學生在課堂上認識同學，然後彼此之間產生一種讓所有參與者感覺更好、更安全的吸引力。製造這種安全經驗的總是一些共通點，例如，共通的宗教信仰、靈性修持、運動嗜好、或遭遇相同的育兒狀況等。經常還有更大的共通點存在，譬如種族、國籍、性別、文化，以及經濟狀況。一個富有的白人商人和一個深膚色的新移民農人發展泛泛之交的友誼，會比和一個富有的白人商人更少見，反之亦然。

膚淺的友誼並不持久，它們來來去去，而且通常變化迅速，會被其他同樣不深刻的關係所取代。發現某個交情普通的朋友是一名男同性戀或女同性戀、是民主黨支持者或共和黨支持者、穆斯林或猶太教徒、貧窮或富有等等，通常就足以終結這段關係。當泛泛之交對彼此的了解越多，和一開始資訊不足的觀感所呈現的形象，差別就越大。新的覺察力會讓一些泛泛之交感到不自在，距離感也會開始在彼此之間浮現，雙方想要維持這段關係的動能會逐漸減少，終至消失。朝向親密與開放關係的動力，被一種更為正式、更無意義的互動所取代。一段膚淺空泛的友誼比一般的友善行為更高一層，那是一種對友善行為的相互欣賞，並且因為共通經驗的出現而受到強化，這樣的經驗能讓這份關係顯得安全，而且能夠互相支持。

泛泛之交的友誼可比擬為兒童之間的互動。孩子們很容易因為玩具是誰的、或誰得到較多糖果這種事，而對彼此感到不高興。他們會一起奔跑、一起玩耍，直到發生一場誤會，然後觸動了憤怒、失望或恐懼的情緒。之後他們的行為會迅速改變，而且轉變經常十分劇烈。這種情況也會發生在成人之間，尤其是當他們發現彼此出現了意料之外或他們不想要的差異時，例如，其中一人在喝了酒之後會拉高嗓門、變得很粗魯，而且他經常酗酒；有人抽菸，而且身上都是菸味；或是（或不是）對方是個素食者等等。泛泛之交的友誼在最好的情況下會回歸友善行為，在最糟的情況下則會轉變為彼此互相批評、敵視。每個人的人生都充滿了短暫無常的泛泛之交式友誼，而每一段關係都是因為受到同質性提供的安全感所吸引，都是對同質性的一種試驗性探索，一種想要在同質性裡找到庇護的嘗試。

當一段友誼有一個意外差異與新的觀感出現，而想要持續這份連結的欲望大於想要結束它的欲望時，它就會開始邁入成熟階段。例如，他前來探視你臨終的母親，或在你陪伴母親時自願為你採買日常用品，或為你找到了你想要買給孩子卻苦尋不著的玩具。這些都是很奇妙的舉動，是將泛泛之交的關係轉變為一段真正友誼的新元素。一個人很關心對方、積極主動地支持對方，而如果對方敞開心胸接受，這份支持就打開了一道大門，讓你們進入彼此的生活當中，即使那可能是短暫的。支持對方的幸福安康這樣的選擇，創造出一種過去不曾存在的潛能。

這份由一方給予並獲得接受的支持，或許看似很小，例如，一張生日卡片或願意繞路開車送對方一程，但是其背後的意圖卻很大。意圖區分了愛和恐懼，將愛注入這份關係裡，即使這位朋友並未從愛彼此的角度來思考。對這種類型的朋友來說，見面不再完全是無意識發生的，例如在咖啡店偶爾遇見或在工作場合碰到，他們的見面會是事先計畫的、充滿期待的。你們會打電話給彼此，開始以彼此都自在的方式分享自己的事，你們開始認識彼此。

重新定義「真正的友誼」

我們的孫女是排球隊的一員，球隊每天都有練習的行程。琳達和我會在我們拜訪她時去看她比賽，也在比賽場合見過一些隊員的父母。我們彼此的互動大多符合友善行爲的例子，但是有些正發展爲泛泛之交的友誼。我們很樂於在比賽場合遇見一些家長，他們也很開心能見到我們。每一段泛泛之交的友誼都有潛能逐漸成熟，形成一段更持久的情誼，而這只需要其中一個朋友將對方的需要當成和自己的一樣重要——至少是能暫時如此。

泛泛之交彼此越常相處，他們對彼此的了解就越多。例如，他們會看見彼此的憤怒、嫉妒或閒聊的需要，也會看見他們的溫柔、敏感或缺乏這些特質。然而，他們對彼此的關懷卻能讓他們接受這些行爲，雖然他們之前可能會拒絕接受。他們在彼此身上看見了掙扎與成就、脆弱的時刻與充滿防衛心的時刻、開放與喜悅的時刻。隨著他們對彼此的關懷逐漸加深，他們也更了解對方的恐懼與渴望、價值觀與偏見。他們之間的差異與共通之處變得更加清晰了。他們和對方一同體驗挑戰和喜悅，最後他們會接受彼此。在某些例子中，則更加會珍惜彼此。他們會支持對方，時間或距離都不會減少他們之間的親密感。他們安住於對方的心中。

這對一個五官人的能力所及範圍來說，已經是最接近「一輩子的朋友」了。然而，這樣的友誼仍是受到局限的。一方突然的墮落，陷入酒癮、藥癮、情緒不穩定或暴力，都能在朋友間製造出鴻溝。當雙方的價值觀改變或出現分歧的時候，即使是成熟的友誼關係也會褪色。例如，一個朋友仍是單身，是個性獵食者，另一個朋友則結婚了，將自己完全奉獻給家庭，他們之間的連結依然存在，但是一段成熟友誼之間生氣勃勃的體驗，已經被一種感情上的執著所取代，轉變爲執著於一段不再存在的關係。

友誼是一種爲五官人種而設計、也是爲其進化目的而存在的舊式關係。它讓透過追求外在力量而進化的個人建立起關係、深刻的連結，產生相互欣賞與情感上的親密感受。那是一種愛的自然表達，是爲那些受限於五官知覺的人量身訂做的關係型態。它和所有的舊式關係一樣，能增強對外在力量的追求，它所屬的互動類型，是根源於需要結合他人以完成獨自一人無法完成的目標。

朋友會期待對方幫助他們避開無力感之苦，他們會在彼此悲傷的時候、慶祝成功的時候相互支持，但卻不會檢視悲傷與快樂的內在原因。他們只能看到物質之因與物質之果。他們會在改變物質環境這方面尋求痛苦的終結，例如，幫助朋友重建一段關係或找到一份新工作，卻不會去探究製造痛苦的破壞性結果的人格面向。他們會爲彼此的苦惱找到正當的理由，例如說：「我不怪你生氣，要是我也會生氣。」還有，「多麼殘忍啊，你爲她做了那麼多事，居然落到這樣的下場！」他們會認可人格裡恐懼的經驗，「你當然會覺得不高興，任何人都會。」以及，「覺得害怕（寂寞、想要報復等等）很自然。」他們會出現同理與同情的心理，例如說：「我也經歷了喪母。」「眞是糟糕，她就這樣離開了！」以及，「他怎能這樣背叛你！」

五官人鼓舞彼此的方式，就和人格裡恐懼部分的各種經驗一樣五花八門。他們會提供建議（「我老婆走的時候，我……」），會試圖解決彼此的問題（「你應該去見見我的醫生。」），然後照顧對方（「一切都會沒事的，等著看就好了……」）。朋友之間會以成與敗的角度來思考，而非因與果、選擇與責任。當一方失敗時，其他人會安慰他、鼓勵他，卻不會幫助他從經驗中學習；而當他成功時，他們會和他一起慶祝，卻不會幫助他從經驗中學習。他們經常對意圖毫無覺察，包括自己的或他人的意圖，因此，他們無法連結意圖的選擇與結果之間的關聯。好運氣（朋友會為此慶祝）或壞運氣（朋友會為此悲嘆）會在缺乏明顯原因的情況下，造訪每個人——祝福或詛咒會隨機降臨，而無論那位朋友是受到祝福或詛咒，都沒有明顯的關聯。

朋友的關係局限於個人觀點，也就是說，他們會將彼此的互動視為是針對個人的，他們會因對方的行為而覺得受到冒犯或感到欣慰。而除了歸因於外在境況之外，他們不會去探究冒犯感或安慰感的真正根源，也不會考慮業力的因素。他們要不就是贊成（評斷），要不就是不贊成（評斷）彼此。這是一個人格裡的恐懼部分與其他人格裡的恐懼部分互動，創造出一種受到共同思想、信念與行動所支撐的安全經驗。好比基督徒彼此在一起，會覺得比和非基督徒在一起更自在；白人彼此在一起，會覺得比和其他人種在一起更自在；運動員彼此在一起，會比和知識分子在一起更自在等等。

朋友之間相互支持，但是他們的支持和多官人要求的支持不同。朋友間會將支持視爲達成目標這個過程中的協助、哀傷時的安慰、痛苦時的同情、沮喪時的同理、快樂時一同分享的愉悅。他們會期待彼此的特定行爲，並在期待落空時出現情緒化反應。他們不了解也看不見自己的反應是在試圖操弄對方，譬如流淚、生氣、嫉妒或情緒退縮等，因此，這些情緒化反應（人格裡的恐懼）的內在因素依然未受到任何挑戰。朋友之間會假設情緒低落的原因來自外在，而且也會努力（互相操弄）避免觸發對方的情緒化反應。譬如他們學會了運用謀略，遊刃於彼此人格裡的恐懼之間，盡可能不去提及會觸發憤怒、悲傷、退縮或嫉妒情緒的話。他們在一起時會覺得舒服自在，也會小心翼翼地不去破壞現狀，以免危及彼此都珍惜的安心感。

當朋友之間透過道歉、解釋、同情或同理心來溝通，他們會變得更親密，彼此共享的安全經驗與舒適感也會加深。然而，他們人格裡的恐懼並未獲得認識或療癒，因此，未來勢必會再度出現情緒化反應。每經歷一次情緒反應，都是對友誼（本來就只是朋友關係）的一次威脅，而非一次發現並療癒其內在原因的機會。

既然我們已經逐漸成爲多官人，友誼關係的局限也正逐漸浮出檯面，變得清晰可見。五官人類的目標（求生存），不同於多官人類的目標（靈性成長）。五官人類達成目標的手段（外在力量），也不同於多官人類達成目標的手段（眞實力量）。隨著我們正在從五官人類過渡至多官人類，人類經驗裡的一切也都將出現變化，包括我們的各種關係。在這過程中，友誼關係將會被一種新式的、靈性正確的關係所取代，那樣的關係是爲多官人類的進化而設計的，也是爲達成此一目的而建立的。

比友情更具療癒效果的情誼

我曾經住在一個小型的山中社區，加入一個一週聚會兩次的男性團體。團體裡只有四個人，漸漸地，我們變得密不可分。我們珍惜彼此相聚的時光，我們會一起騎登山越野車、滑雪、健行、探索荒野。我們和彼此分享住家、一起用餐，也會打電話找對方幫忙，例如我旅行回家發現水管結冰的時候。我們會爭執、和解、同情、同理、哄騙和安慰彼此。簡單來說，我們分享彼此的生命，也大大豐富了彼此的生命。

當團體裡的一個人搬家時，我們這個團體也隨之瓦解了，但是我和他的友誼依然堅固、親密。我覺得自己了解他，他也了解我，因此當我聽見他上吊自殺的消息時，整個人驚呆了。我無法回答電話那頭的說話聲（來自我們團體裡的其中一人），也無法將電話放下。我想吐，同時我也知道那是因爲我根本無法消化自己聽見的噩耗。接下來的幾個小時裡，我內心波濤洶湧，首先是哭泣，接著是強烈的憤怒。「你爲什麼要這麼做？你以爲世界上只有你一個人嗎？

你以爲別人都沒有感覺嗎？那我們呢？我呢？你甚至連再見都沒有說。」接著，我被一股哀傷的巨浪淹沒，我不停地哭泣，不願意停止，也停不下來。

就在那天的前一晚，琳達和我才參加了一場印度西藏僧眾的演出，被他們的唱誦力量深深感動。聽聞朋友的死訊之後，儘管時間已經很晚了，我還是很想前往拜訪他們。我們打電話給邀請他們來的單位，他們請我們過去。我們抵達時，僧眾依然很清醒、精力充沛。我盡力向住持解釋朋友自殺了，以及我們爲何會出現在那裡，雖然我自己也不知道爲什麼。我實在開不了口，因爲洶湧的哀傷幾乎讓我窒息。我只能暫停一會兒，努力調整呼吸，然後重新開始說話。我說完之後，一直專注傾聽的住持只對我說：「既然你已經無法再爲你朋友做些什麼了，何不放鬆一下呢？你要和我們共進晚餐嗎？」我完全沒想到他的這番話對我有多麼大的影響。一會兒之後，我的哀傷減輕了。他的邀請非常恰當，也觀察得清楚入微。儘管一部分的我（某個恐懼部分）想要再度沉浸於哀傷之中，我還是決定留下來吃晚餐，琳達也同意這麼做。

那是個對我很重要的決定。僧眾帶著我朋友最棒的一張照片回到印度，放在他們寺院裡一年。我至今依然難忘那一頓意外的深夜晚餐，就在我最鍾愛的一位朋友結束自己生命的那一天，琳達和我與二十位笑得開懷、心情輕鬆的同伴一同用餐。我不知道那些僧人是否以挑戰人格裡的恐懼這個角度來思考，但是他們的確幫助了我去挑戰自己的恐懼。我依然有更多的眼淚要流、有更多的悲傷要去感受、有更多人格裡的恐懼要體驗，但是我學到了一個教訓。我親眼見證了我的哀傷並未使僧人感到沮喪，他們反而用他們的喜悅提振了我。此外，我也見到我的生命不需要走上歷經數年的痛苦與悲傷那條路，我可以選擇一條不同的路——事實上，我在那個當下就這麼做了。

快活的僧人們遠遠不只是我的朋友，儘管我們過去從未見過面。他們給了我一種截然不同的東西，而那使人如沐春風，比友誼更具療癒效果。他們並未安慰我（「像這樣的悲劇一定令人難以承受」）、或同情我（「我的兄弟今年也過世了」）、或給我建議（「最好的方法是向前看，而不是回顧過去」），或以任何方式支持那股流遍我全身，削弱我、癱瘓我、吞噬我的恐懼；他們反而向我展示了一種彼此在一起的新方式，那種方式比一般的友誼更有助益、更喜悅、更能賦予人力量。我本來就知道這種方式，甚至也會書寫這種方式，但是他們幫助我切身經驗了這個過程，彷彿我從未體驗過。

這種方式有一個名稱。

10

非典型伴侶：支持你療癒人格裡的恐懼面向

別等待別人爲你改變，唯有你能療癒自己的恐懼

靈性伴侶關係是一種爲了靈性成長的目的，而在平等個體之間形成的夥伴關係。它和之前所有的關係形式大不相同，也有不同的目的。靈性伴侶在一起是爲了幫助彼此獲得靈性成長，而非增強他們物質方面的舒適度與安全感。靈性伴侶關係是一種媒介，讓多官人用以創造眞實力量，並支持彼此創造眞實力量。它們是我們這一全新進化過程裡的基礎。

靈性伴侶比較感興趣的是彼此，而非共同的目的。他們彼此的共同目標是靈性成長，每個人也都知道必須靠自己去達成。他們的承諾就是對自身靈性發展的允諾，是要朝著充分發揮一己潛能之路邁進的決心，是要貢獻他們與生俱來的天賦。靈性伴侶的旅途是帶著完全療癒自己的意圖，走向最深的恐懼，亦即他們對無力感的體驗。他們是神話裡的英雄，要出發尋找巨龍，將牠屠殺，然後挖掘出寶藏，恢復大地的興盛。

你的巨龍就住在你內在，牠們想要的時候就會從窩藏之處現身。例如在某人冒犯你、讓你

生氣的時候，那條龍就會跑到外面爲所欲爲。或者當你出現退縮情緒並暗自評斷某人時，另一條巨龍就會跑出來。又或者，牠們會出現在你無法停止批判的念頭、暴力行爲或性幻想，或無法抗拒酒精、食物、性、色情片或購物慾時。有許多條巨龍，有些確實非常剽悍，牠們全都足以恫嚇你，讓你嚇得立刻逃之夭夭（藉由發怒、挑剔、飲酒、性行爲、抽菸等方式）。沒有人能替你屠殺那條巨龍，你就是自己一直在等待的那個英雄。直到你接受自己的這個角色之前，你會一直空等。而你等待得越久，你的巨龍就會在你生命中益加瘋狂地大肆破壞，任意製造混亂與痛苦。

那條巨龍不是你克制不了的評斷、強迫性的活動或上癮的行爲，這些只不過是告訴你，有條巨龍正處於活躍狀態、正在爲你做選擇。它們只是一種指標與信號，告訴你，有條巨龍正在外頭撒野。你若想要屠龍，就必須深入牠的巢穴，亦即你的內在，然後當面向牠提出挑戰。那就是你何以無法透過貼著尼古丁貼片來戒除菸癮，或無法經由改變飲食來停止過食的原因，因爲你尚未深入巨龍的巢穴、對牠下戰帖。你僅僅挑戰了牠的活動，但是巨龍依然存在。舉例而言，一個有菸癮的人在放棄香菸之後開始暴飲暴食，或一個暴食者在放棄食物之後開始抽菸、喝酒、賭博或濫交，我們會說這樣的人有一種「上癮人格」。但情況並非如此，其實是那條巨龍化身爲不同的樣貌出現。你無法藉由改變你的行爲來抓住牠，那就好比你想要用手指接住一滴水銀。巨龍會先以一種樣貌出現，例如酒癮，然後再以另一種樣貌出現，例如賭博。

在神話裡，巨龍可以任意來去，破壞一切美好的事物、殺死每一個與牠對抗的戰士，直到有一個願意冒著生命危險拯救國王與整個王國的英雄挺身而出。如果有人能屠殺那條巨龍的話，那麼只有他能辦到，而且他必須獨自完成任務。那就是英雄的旅程。唯有那些具有勇氣、敢做出承諾的人，才有資格踏上這趟旅程。這趟旅程永遠是漫長而艱辛的，而且令人心生恐懼。英雄會遭遇到從未體驗過的挑戰，他必須發揮自己的力量，一次又一次運用清明的頭腦和決心面對挑戰，直到最後一條巨龍死去爲止。然後，他會凱旋返鄉，大地也恢復了平靜與繁榮。

你的巨龍就是你人格裡的恐懼部分，而只有你一個人能去體驗並且療癒它們。當你的痛苦根源來自內在，你就必須進入內在去尋找它，然後改變它。無論你是年輕人或老年人、男人或女人、是否有宗教信仰，完全發揮一己潛能的旅程都將會是漫長艱辛、令人生畏的，而只有你能辦到。五官人朋友會從外在尋找自己受苦的原因，用以解釋他們失敗的關係、疾病、背叛，以及壞運氣。他們會改變朋友與環境，但他們不會改變自己，因此，他們與新環境、新朋友之間的互動也將製造出同樣的痛苦經驗。這是一種「水平」路線。他們的巨龍依然存在。靈性伴侶採取的是「垂直」路線，他們會改變自己。他們會屠宰自己的龍，不會等待那不可能發生的事，不會等待別人來為他們屠龍。

和靈性伴侶一起探索並療癒痛苦根源

追求真實力量的人就和最強悍的戰士一樣勇敢，但是他們的目標是不同的。他們的目標是認出他們所披戴的盔甲，例如，易怒、自認正義凜然、優越感、自卑感等等，然後去除這些盔甲；他們的目標是去找出自己攜帶的武器，例如，憤怒、嫉妒、報復心等等，然後將它們放下。這就是靈性道途。這些人會自然而然地與其他具有相同目的的人發展出關係，而他們所創造的關係，就是靈性伴侶關係。靈性伴侶不會尋找同盟來改變環境（外在力量），而是尋找旅途上一同邁向完整與圓滿的旅伴（真實力量）。勇氣、誠正之心（integrity），以及對自己靈性成長的承諾，會讓他們彼此吸引，聚在一起。他們對彼此有足夠的信任，因而敢於一起去探索他們的恐懼與愛。因為他們夠勇敢，所以能去探測這份親密感的深度。

多官知覺能為靈性伴侶帶來對自己及自身互動的非個人觀點。他們不再視自己的關係為一種掩飾痛苦的手段，而是一種探索並且療癒痛苦根源的工具。友誼關係的局限會限制他們，他們想要的不只是陪伴與安全，他們想要的是獲得靈性成長，想要療癒自己人格裡的恐懼並培養慈愛。他們並不滿足於為了保全一份關係而控制自己的憤怒，更不允許它毀滅自己的關係與抱負。他們意圖在自己內在找出它的根源，並且去除它。例如當朋友因意見不合而難受時，雙方都會相信是對方造成了自己的痛苦，以爲只要自己能離開對方，就會再度快樂起來。靈性伴侶則知道，不是對方「製造了我的痛苦」，而是對方在內在觸發了不合的意見之前（事實上是成爲夥伴前），便早已存在的痛苦根源，亦即人格裡的恐懼。靈性伴侶不會爲了自己種種諸如憤怒、悲傷、不足感等痛苦經驗而怪罪對方，反而會視彼此爲靈性成長上的同伴，能激發彼此人格裡的恐懼與慈愛，讓彼此能療癒自己人格裡的恐懼，並培養慈愛。

靈性伴侶之間的親密感，就和成熟朋友之間的親密感一樣眞實，但是其中的理由卻呈現重大差異。朋友在遭受打擊時會從彼此身上尋求支持，靈性伴侶則會想要知道這些打擊來自哪裡。朋友想要包住火，靈性伴侶則會想要將火熄滅。朋友的連結是爲了讓旅程更輕鬆，靈性伴侶的連結則是爲了靈性成長。朋友會害怕痛苦的互動，靈性伴侶會爲他們的經驗負起責任，利用它們認識自己。朋友不會想要晃動平靜的船隻（破壞現狀），靈性伴侶則喜歡在水裡游泳。朋友會建立舒適區，靈性伴侶會讓自己的人格與靈魂趨向一致。

舉例來說，當琳達和我剛開始成爲靈性伴侶時，我們的一些權力拔河持續了數星期之久。我們彼此在情感上保持距離，我對她的固執感到震驚，她則抗拒我對她鉅細靡遺的管控。她的死板觸怒了我，我的堅持也激怒了她。我努力想要控制她，她也努力想要操控我，我們都投入一場誰也贏不了的煎熬競賽裡。我最難受的經驗不是來自輸了權力鬥爭，而是來自贏了它。強迫屈服、深埋的怨恨、彼此之間日益疏遠的距離……都讓我的每一次勝利變得空洞而無意義。每一場勝利都是一次失敗。我從未停下來好好思考，我對琳達的看法或許經過了我自己恐懼的過濾（其實事情永遠是如此），或者她眞正的意圖可能和我假設的不一樣（她有時確實如此）。我的目標是要贏，她的想法也是。我們就像兩個鬥士，各自配備了精心挑選的武器，以我們人格裡的恐懼彼此交戰。

她的武器是退縮、眼淚，或是刺痛我的心，或是以冷硬的笑容抵擋我每一次的發怒、指責與評斷。我們不斷一來一往地爭鬥、彼此傷害，隨著每一次的衝突而變得越來越害怕。有時候我們會交換武器，她會以憤怒攻擊我，我則換成用退縮來對付她。我們現在依舊會陷入權力鬥爭，但是已不再持續數星期之久，而是幾分鐘就結束了。

每一次，琳達都能迅速挑戰自己人格裡那爲了反抗而發怒的恐懼，進入沉思；或者是她能否決自己的衝動，以自己人格裡那充滿耐心、關懷與智慧的慈愛來與我互動。看見她這麼做，我不禁對她肅然起敬。我知道她要鼓起多大的勇氣才能挑戰人格裡的那些面向，而且是透過適當應對，而非持續表現出情緒化反應，因爲我知道自己人格裡的恐懼部分有多麼頑強。每一次，她透過自己的承諾和負責任的選擇終結了一場權力鬥爭（儘管我人格裡的某個恐懼仍想繼續戰鬥），她便成爲一個模範，爲我示範如何有意識地、有決心地、刻意地回歸愛。而每一次，我在走向憤怒與輕蔑的旅程後重新找到愛並選擇愛，我也成爲同樣的典範。這些都是重大的成就，它們正是靈性伴侶幫助彼此踏上的旅程。

直視並挑戰你的恐懼，它終將消失

靈性伴侶經常會激發彼此人格裡的恐懼面向，這是恰當的情況。靈性伴侶的設計目的是提供夥伴機會，在一個彼此支持、人人有志一同的環境裡，去體驗、挑戰並療癒他們人格裡的恐懼，以及體驗並培養慈愛。問題不在於你人格裡的恐懼是否會在你的靈性伴侶關係中變得活躍，而是你是否會在它們蠢蠢欲動時從中學習，去體驗它們的痛苦感受、觀察它們評斷的念頭、看見它們想要操弄與控制的意圖，然後以適當的應對代替情緒化反應。

你所遭遇的每個人都有能力激發你人格裡的恐懼，而且有許多人的確會這麼做。當你的靈性伴侶激起了你的恐懼，或者你激發了對方的那個部分，你們彼此都有義務在靈性上成長，而非操弄或控制彼此。這種現象提供了所有參與的人一個最佳的學習經驗。你越是能夠利用這些經驗來創造眞實力量，你人格裡的恐懼部分就越無法控制你，你的眞實力量也就會變得越強大。

靈性伴侶賴以支持彼此的，是他們對創造眞實力量的勇氣與承諾，而非知識、信念或教誨。他們不會引用權威話語、朗誦經典段落、或指責彼此的錯誤，除非他們人格裡的恐懼是活躍的。他們受到獲得靈性成長的意圖所吸引而向前邁進，而非由恐懼在後面推動，例如，害怕失去彼此或擔憂無法滿足對方期待的恐懼。他們不會千方百計規勸你、想方設法改變你的信仰、慫恿你、誘惑你、或者說服你（這些是追求外在力量），因爲這些努力只會帶來反效果。你無法療癒對方的恐懼，也沒有人能療癒你的恐懼，但是你能利用自己的情緒覺察、負責任的選擇、直覺以及對宇宙的信任來啓發他人，而其他任何一個人也能反過來如此待你。靈性伴侶會爲彼此做這件事。他們之所以聚在一起是因爲他們的選擇，而非他們的弱點。他們的目的是改變自己，而非改變他人。他們會區分愛與需求、關懷與強迫性行爲、滿足與成功、喜悅與快樂，而且會盡力做出健康的選擇。

他們人格裡所有的恐懼面向都會在夥伴關係中浮出表面，有時候甚至是同時出現，因爲他們懷有療癒它們的意圖。人格裡的這些面向，都是在舊式關係裡的個人會企圖壓抑、否認或忽略的，這些也是在他們的意圖裡搗亂的部分，以及在他們的行爲裡搞破壞的部分。靈性伴侶知道，他們人格裡的這些面向爲彼此映照出他們必須在內在改變的地方，如此才能邁向健全的生命，儘管這些恐懼令人痛苦不堪（立基於恐懼的部分總是如此）。他們不會有此假象：認爲當自己人格裡的恐懼作主時，仍然可以獲得靈性成長。

靈性伴侶會幫助彼此跨越鴻溝，亦即欲求與作爲、希冀與立下意圖、渴望與行動之間的深谷，而且會不厭其煩地這麼做。當你勃然大怒、出現退縮情緒、早上賴在床上起不來或吃個不停、滿腦子充斥著批判念頭、瘋狂血拼或看色情刊物和影片時，就是你的靈性道路實際接受考驗的時候。你必須面對你的感受，體驗你能量中心裡的痛苦感覺，然後去挑戰它，而非耽溺其中。若你能在做出慣性行爲（強迫性或上癮的行爲）之前停下來，好好體驗自己的感受，你就進入巨龍的巢穴了。你若能適當應對而非做出情緒化反應，你便能直接與巨龍交戰。而當你越常這麼做，它對你的掌控力量就會越小，終至消失。

如同一個懼怕黑暗的孩子，在燈光點亮的時候，心緒會平靜下來，因爲這時，他已經能自己看清楚房間裡到底有什麼東西、沒有什麼東西了。當你一次又一次地照亮並且挑戰你所懼怕的東西，它終將消失。你直接與怪獸面對面，你在它周圍走動、評估它的體型大小、看看它到底是什麼玩意兒。這仍然會讓你覺得痛，因爲你是在近距離檢視無力感之苦，但是如果你放縱恐懼爲你的言行做選擇，那麼它所製造的破壞性結果所帶來的傷害，將遠遠大過這份痛苦。若你能直視恐懼的眼睛，全然經歷它，然後做出與它不同的選擇，你就能改變自己與未來。你在爲自己的靈魂選擇一個意圖時，就是在創造眞實力量。

朋友、同事、同學與工作夥伴都會避開那樣的深谷，因爲他們待在「欲求、希冀、渴望」那一邊會覺得比較舒服，他們想要你的陪伴。靈性伴侶會受到那座深谷的吸引，每一個眞理追求者皆是如此。深谷的一邊是恐懼，而活在另一邊的是愛，你可以在每一次決定是否要一躍而起，跨越它。當你對自己的選擇毫無覺察的時候，你就停留在恐懼之中；而當你覺察到你的恐懼時，就能做出不同的選擇，你能爲無意識的過程注入意識，從而改變它。你的靈性伴侶能幫助你做到這一點，你也能如此協助他們。

你越是經常躍過深谷，對這種行爲就會越熟練，也就越不會感到害怕了。選擇愛而非恐懼，成爲你經驗中一個持續的習慣，而最終唯有愛會留下。你的恐懼會消失，深谷也會消失，你不再需要跳躍了，因爲你已經站在你所需之處，也已經處於你生來注定存在之處了。

11 平等心：不優越也不自卑的互動原則

是什麼擾亂了你的平衡？

我的父親在堪薩斯州的一個小鎮經營一家珠寶店。在他從事這個行業的某個時間點，他購買了一座古董鑽石天平，我母親將它放在客廳的書架上，而一直到父親過世，我才注意到它的存在。當我注意到這座天平時，對它的精緻與高雅印象深刻。這座天平是裝在一個玻璃與桃花心木製作的手工盒子裡。前蓋面板可以往上滑，使用者可以由此操作這個高雅的工具。它的簡單與美麗，在我眼裡看來無疑是一件藝術品。兩個黃銅秤盤分別從一根橫桿懸吊著，橫桿由一個黃銅支柱的支點支撐，讓秤盤取得完美的平衡。有一根像針一般細長的指針附著在懸吊秤盤的橫桿上，直直地向下垂，和支柱一樣長，直到底座，那裡有個小型黃銅片，上面刻著一些垂直線刻痕，用以顯示偏離中心的最細微偏差。

在整座外殼的下方，有一個迷你的木製抽屜，作工同樣精巧細緻。抽屜裡有一些小木塊，每個木塊都鑽了不同大小的小洞孔，每個洞裡放著一個迷你金屬秤砣。秤砣製作成一個小型圓筒狀，頂部有藥罐式的握鈕，完美地密合在一起。有一支鑷子放在小木塊旁邊，用來將鑽石放在其中一個秤盤，將秤砣放在另一個秤盤，一次放一個，直到指針再次往下指向中間。想讓秤盤回歸平衡時，若添加了太多秤砣或加得不夠，兩邊的差異立刻就會變得很明顯。

當兩邊的秤盤都是空的時候，它們是同高的。當鑽石被放到其中一邊，與它同等重量的秤砣被放到另一邊，兩邊又會再度變得一樣高。而只有在那個時候，也就是取得完美平衡點的時候，那根長針才會筆直而精準地向下。如果有任一邊的秤盤高於或低於另一邊，就會出現明顯的不平衡狀態。或許一個電子天平能更精準地爲鑽石秤重，但它也需要校準才能保證其準確性。我父親的天平沒有這個問題。秤盤處於完美的平衡狀態，若非滿的、就是空的，若不然，它們會處於不平衡狀態。如果是平衡狀態，情況會很明顯；如果是不平衡狀態，情況也會顯而易見。

平等就像那樣，它若非存在，就是不存在。爲了看看你是否與另一個人平等，想像自己放在一座假想的、巨大到能放得下一個人的鑽石天平秤盤上，然後想像另一個人放在另一個秤盤上。如果秤盤是等高的，你們就是平等的；如果不一樣高，你們就是不平等的。你的體重和另一人的體重，並不會像在眞正的天平上那樣影響秤盤的位置。例如你可能會發現，當自己在另一個秤盤上放一個小孩子，你那一邊的秤盤會意外地升高，彷彿小孩子比你重；或者你放了某個比你重的人在另一邊的秤盤上，你的秤盤卻下降了，彷彿你比較重。

這是因爲當你覺得自己較優越的時候，你的秤盤總是高於另一邊的秤盤（你看低那人）；而當你覺得自己較差勁時，你的秤盤總是比較低（你仰望那人）。例如，當人們覺得自己比他們的孩子或一般的小孩子更優越時，總是會發現自己的秤盤比另一邊放了小孩子的秤盤高。這些人覺得自己比那個孩子更有價值、更重要、更寶貴，即使他們認爲自己愛那個孩子。那些覺得自己總體來說較優越的人或自覺理所應得的人，是活在一個永遠比較高的秤盤上，無論誰在另一邊的秤盤上都沒有差別。相反地，那些覺得自己較差的人，例如需要取悅他人，會發現自己總是處在一個較低的秤盤上，無論誰在另一邊的秤盤上都沒有差別，即使是虐待她的伴侶或粗暴的雇主亦然——他們仰望著每一個人。

最輕微的優越感或自卑感經驗也會擾亂平衡，讓一邊的秤盤低於或高於另一邊。天平永遠會顯示出平衡狀態（平等）或不平衡狀態（不平等）。那是你個人的天平，它不會爲你顯示出其他人的經驗。其他人有他們自己的天平。他們在他們的天平上看見的，是只給他們自己的刻度；而你在你的天平上看見的，是只給你自己的刻度。

當你被恐懼控制，便無法體驗到平等

我經常發現我的天平失衡了，而我竟在每一次發現時感到震驚不已。我越是經常探索我人格裡的恐懼，就越會清楚看見其中一些部分對女性、較年長者、較年幼者，以及那些在信念、說話方式或外表上和我不同的人，懷有強烈的優越感。我人格裡的一些恐懼面向覺得它們生來就不平等，這是一個極其自大（恐懼的）和不正確的觀點，但對它們來說卻非如此。它們竟充滿了我自己所痛恨的偏見，這個發現著實撼動了我。但是在我覺察到之前，它們確實存在，我無法挑戰它們。它們決定著我的行為。

隨著你對人格裡的不同面向逐漸有所覺察，你可能會發現你的天平和我的一樣經常失衡，但或許情況不同。例如，你可能會發現自己人格裡有個也覺得生來就不平等的恐懼，只是情況剛好相反——它覺得自己比所有人都低等。它不想要在這世界上占有一席之地，也不想被看見。它對每個人與每件事都屈居下位，除了覺得自卑以外，它無法想像有其他感受。（雖然事實上，它自覺比那些有優越感的人優越！）

自卑感與優越感都是你人格裡恐懼部分的經驗。有的情況會激發你人格裡覺得自卑的恐懼，有些情況則會刺激你人格裡覺得優越的恐懼。例如當你將某人拱上寶座時（將他偶像化），你會自覺比那人低劣；但是當他讓你的期待落空時（這一向會發生），他就會從寶座上摔落（你覺得自己比他優越）。偶像和寶座都是你自己創造的，當你將偶像視爲如你一般的人，那是一個假象（你較低劣）消失了，而另一個假象（你較優越）會取而代之。相反地，如果你發現一個你認爲不重要的人，譬如遊民，可能對你很有幫助，因爲他其實是個古怪的億萬富豪，那麼情況會剛好相反，你較優越的假象（你沒理由要關注他），會被你較低劣的假象（他像磁鐵般吸引你的關注）所取代。

有一次，我穿著工作服與一個工程承包商交談，他在協助琳達和我整修我們美麗的新家，有一位轉包商突然走過來，魯莽地打斷我和承包商的談話。承包商向他介紹我是「屋主」之後，他的態度立刻出現一百八十度的大轉變，注意力完全轉向了我，對我露出迷人的笑容，還伸出手來握手，從視而不見轉變爲尊重。當他發現我可能是他的雇主而不是工人時，他人格裡的一個恐懼部分隨即被另一個取代了。他並未從人格裡的恐懼面向這個角度來思考，但是他人格裡的恐懼卻能塑造他的觀點與行爲，先以一種方式，再換成另一種方式。

有時候，當我與某個身上有我欲求之物、或我認爲能幫助自己獲得欲求之物的人見面時，我發現我會比和其他人見面更投入，而且更友善、更有空、對他更感興趣。我所在的秤盤降低了，對方所在的秤盤升高了，我自覺低等，而且仰望著他。相反的情況也會發生，有時候，當我與某個我認爲對自己沒有任何幫助的人見面，我發現自己會對那人較不感興趣、較沒空，而且大致上較疏離。我所在的秤盤升高了，對方所在的秤盤降低了，我看低他，我充滿優越感。在第一種情況裡，我總是看見對方身上自己所欣賞的特質，並給予他正面的評斷；而在第二種情況裡，我經常看見對方身上自己不喜歡或不贊同的特質，並給予他負面的評斷。在這兩種情況下，我都未能將他視爲一個靈魂。

這些都是不平等的經驗，換句話說，它們只在我人格裡的恐懼部分受到激發的時候發生。人格裡的恐懼面向會評估他人的外在力量，然後與自己的做比較。當你人格裡的恐懼計算出自己擁有更多外在力量時（操弄與控制的能力），你會感到安全、有價值、較優越，你的秤盤便會升高；而當它計算出它的力量較少時，你會感到受威脅、較無價值、較低劣，你的秤盤就會下沉。

平等心的體驗

無論你覺得自己優越或低劣，都是在爲你發出一個訊息，告訴你自己人格裡的恐懼部分正在活躍，正在決定著你的感受、思想、知覺與意圖。你的天平（如果你正在想像天平的話）會反映出這一點。覺得低劣或覺得優越都是紅燈，它們是要你停下來的信號，要你花一點時間好好想想自己人格裡覺得優越的恐懼部分，或你人格裡覺得低劣的恐懼面向，在過去為你創造了些什麼，然後捫心自問：你是否想要再次創造它？你還要經歷多少次車禍，才能學會辨認紅燈呢？

有時候，一個習慣性自卑的人會以為自己正在挑戰自己的自卑感，但其實他只是以一種不同的方式在經歷它。例如，一個從不表達自己的厭惡感與憤怒、總是取悅他人的人，會在自己的取悅行為未獲欣賞時，決定「劃下界線」，亦即不再取悅他人。但這並無法療癒他人格裡的恐懼。可以說，他只是從一個極端跳到另一個極端，從覺得自卑、需要取悅他人，變成覺得優越、覺得義憤塡膺。當你人格裡的恐懼部分控制著你時，你是無法體驗平等的。

有時候，人會自認不如他人，或比他人低等，從而製造一種虛妄的謙卑感。這種「謙卑」其實是優越感，它不是謙遜，也不是平等。有一個故事是這麼說的：有一次，有位拉比（猶太教的精神導師）獨自在一座教堂裡祈禱，窺視宇宙的無量無盡。他像執行什麼儀式般撕開他的上衣，以敬畏的神情大聲喊道：「我是無名小卒！我是無名小卒！」教堂的主席看見拉比如此狂喜，也撕開他的上衣，大聲喊叫：「我是無名小卒！」看見拉比與主席的守衛，頓時也被狂喜所包圍，於是也跟著撕開上衣，滿溢著喜悅大聲呼喊：「我是無名小卒！我是無名小卒！」這一刻，拉比和主席頓時沉默不語。主席指著那個守衛說：「看看那是誰，竟自以為是無名小卒！」

平等是一種愉快的經驗，當你天平兩端的秤盤等高時，你會活在一個友善的世界。你享受與人相處，人們也享受與你相處。你的周圍會有旅伴圍繞，與你一同分享這趟邁向健全生命的旅程。你可能會覺得與他人是平等的，但除非你能擺脫更好或更差、比較怎樣或比較不怎樣的想法，例如比較漂亮、聰明、有價值、強壯、有才華等等，否則你和他人依然是不平等的。

你在懷抱平等心的時候，能夠心胸開放、懂得感謝、放鬆而自在。你可以輕鬆地與人分享，不作他想，放鬆地大笑，活在當下。而你若沒有平等心，便會覺得較優越或較低劣（你人格裡的恐懼部分處於活躍狀態），你會感到與人疏離，你的互動不是被迫的就是太過正式而拘謹，你會評斷、怪罪他人或自己。無論你做什麼，都帶有隱藏的動機（外在力量）。

我曾在沖繩擔任陸軍軍官，當時我和其他同仁一樣，大部分的休閒時間都流連在下級軍官俱樂部，那裡是同級軍官一起喝酒的地方。少尉與少尉一起喝酒，中尉與中尉一起喝酒，上尉與上尉一起喝酒，依此類推。有天晚上，一位上尉加入了我們中尉這一桌，而且要我們直稱他的名字爾文，而非上尉，這搞得我們很不自在（因爲我們覺得自己較低等），但是我可以感覺爾文很怡然自得（他覺得平等）。一陣子之後，我問他：「你爲什麼要和中尉一起喝酒？」他回答：「我很久以前就已經決定，不要讓官階妨礙我與軍中同袍享受美好時光。」我自覺與爾文是不平等的（在我的天平上，我的秤盤比爾文的低），但爾文卻覺得與我是平等的（在他的天平上，我們的秤盤同高）。

許多年之後，我又在夏威夷體驗了一次平等心的例子。一位朋友帶琳達和我去見他的老師瑪格麗特阿姨，她是夏威夷當地的一位傳奇療癒師。她的房子就是個活動中心，擠滿了來自各國的學生。我一見到她就覺得自在極了，她的堅韌、她對古老夏威夷療法的知識與寬闊的心胸，無一不讓我感到如沐春風。一會兒之後，另一位朋友帶著我們前往一座僻靜的美麗海灘，我們注意到遠處有幾位夏威夷人，接著突然有位眉頭緊蹙的女子怒氣沖沖地跑過來。「這裡是私人土地！」她如此對我們宣告。「你們沒有權利來這裡。」我們向她道歉，儘管那片海灘其實是公共空間，但是她離開時仍是滿臉不悅。她是瑪格麗特阿姨或爾文的相反例子。我怎麼也無法打開她的心，正如我怎麼也無法關閉瑪格麗特阿姨的心。瑪格麗特阿姨和爾文覺得自己與他人是平等的（人格裡的慈愛面向），而那位盛氣凌人的女性則自覺比他人優越（人格裡的恐懼面向）。

你的天平不會比較，甚至不會留意到人格裡的特質，它只會告訴你，你是在和一個人格還是和一個靈魂打交道。所有的人格都是獨一無二的，因此沒有人是平等的，有老有少、有貧有富。如果你將一個個體理解為人格，你天平上的秤盤就會忽而上升、忽而下降；而如果你將一個個體理解爲一個靈魂，你天平上的秤盤就會同高。

你不可能「幾乎平等」，因爲平等與不平等之間的差別就像愛與恐懼之間的差別。若你人格裡的恐懼部分開始評估其他人格的外在力量，你的秤盤就會上升或下降。人格裡的慈愛部分卻不會評斷，你的天平自會處於平衡狀態。

平等心是一種宇宙間沒有任何事物比你更珍貴，也沒有任何事物比你更不珍貴的理解與認知。它是靈性伴侶關係的必要條件，靈性伴侶也會幫助彼此培養這樣的特質。

12

靈性伴侶關係動能一：一起追求靈性成長

舊式伴侶關係要求對方改變，靈性伴侶關係嘗試改變自己

靈性伴侶關係的動能（dynamics），與其他所有的關係都不一樣。即使是劇本裡反差最大的強烈意象，諸如日夜、明暗、生死等，也無法傳達靈性伴侶關係的那份清新、力量與潛能。這些意象描述的是完整與重生，它們雖然力量十足，卻仍不足以說明靈性伴侶關係的深度、廣度與意義。靈性伴侶關係及其帶來的多官知覺、全新理解與覺察，並不是重生的經驗。它們是人類集體意識裡頭一次出現的東西。靈性伴侶關係是一種歷史上前所未見的關係原型。

靈性伴侶之間是彼此的同事，但卻不似五官人的同事型態。如同學習同一科目的學生會協助彼此完成課業，靈性伴侶也會協助對方完成他們的生命功課，也就是靈性成長。一個人自己看不見的內在部分，其他人可能可以看見。最終，每個人都能在內在看見自己需要改變或培養的地方，進而創造出一個洋溢著和諧、合作、分享與對生命懷抱敬意的生活。飢餓的人會渴望食物，靈性伴侶渴望的是意義，他們會一起探索何謂意義，並且一同創造它。他們會觀察何者

吸引他們、何者令他們排斥，何者讓他們分開、何者讓他們相互連結，他們會幫助彼此獲得靈性成長。

舉例而言，我的母親盲目地愛我，我對她的批評享有豁免權，而且一直持續接受她的讚賞。她對我的崇拜將我所做的每一件事都變得溫和且合理，而且是可接受的。在我的成長過程中，我從未認出她對我的愛和她為我建造的寶座之間有何差別，我也不確定在她離開地球學校之前，是否已經能分辨這兩者的不同，但是她對我的崇拜經驗一再影響了我與琳達的互動。

當我覺得琳達沒有專心聽我說話或漫不經心地回答我的問題時，我就會發怒，而且將自己的憤怒怪罪於她。要某人或某種情況為你的痛苦情緒負起責任，和認出你人格裡的恐懼部分才是痛苦的根源，這兩者之間有著巨大的差異。在第一種情況下，你必須改變你外在的某人或某事，才能解除你的痛苦；在第二種情況下，你必須改變自己，才能消除痛苦。這就是情緒化反應和適當應對之間的不同、以恐懼來創造和以愛來創造之間的不同、追求外在力量和創造真實力量之間的不同。這也是不負責任地運用你的創造力量（無意識地）和負責任地運用它（有意識地）之間的不同。

每次我為了自己的憤怒而責怪琳達，我就是在轉移注意力，無視自己那製造出憤怒的痛苦，讓我人格裡的恐懼部分被我忽視，而且未受到挑戰。當我那部分的人格再次被觸發，例如被琳達激發，我就會再度生氣。認清我在琳達不專心聽我說話時我會生氣（沒有像一隻小狗一樣崇拜地望著我、聽我說話），和我母親對我的崇拜之間的關係，並無法阻止我再次發怒。和琳達討論這個問題也無法阻止我的怒氣再度爆發，沒有任何分析能根除我的憤怒。當我覺得琳達不專心聽我說話時，我就是會火大。

我和琳達一起展開這趟旅程時，我需要被人崇拜才能感到安全與有價值的需求，完美地契合了她需要和一個男性進入一段關係才能感到安全與有價值的需求。我人格裡的恐懼面向和她人格裡的恐懼面向所產生的互補式互動，是我們的蜜月期，是一段潛在親密關係的前奏。所有的關係都包含了這個過程。接著，夥伴或伴侶會開始將對方的本性看得更清楚，進而發現對方已經越來越不像自己想要的樣子。猶如人行道裂縫長出的雜草，之前不曾注意到的行爲，現在變得刺眼了，例如一方需要主導（就像我），另一方需要取悅他人（例如琳達）等等。

這終結了蜜月期。輕鬆獲得滿足感的幻想，被雙方眞實而複雜的人格互動取代了。當虛妄的觀感與理解開始幻滅，處於舊式關係裡的個人會認爲他們的關係失敗了，於是開始聚焦於如何「拯救」它。他們會進行治療、探索他們的故事、尋求建議、或嘗試好好相處。如果其他一切方法都宣告無效了，他們可能還是會在這段無法滿足任何一人、但能幫助彼此感到安全的痛苦關係裡安定下來，也可能會選擇分手。

在一段靈性伴侶關係中，當輕鬆獲得滿足感的幻想破滅，靈性伴侶會挑戰他人格裡那個對眞實與複雜的人格做出情緒化反應的恐懼部分。簡言之，在舊式關係裡的個人會試圖改變對方（追求外在力量），而靈性伴侶會試圖改變自己（創造眞實力量）。譬如說，如果琳達或我沒有選擇利用我們痛苦的情緒經驗來獲得靈性成長，就不可能發展或深化我們的靈性伴侶關係。我們使用了舊式關係裡的個人所沒有的工具。

我們苦惱的時候，會運用情緒覺察，也就是掃描身體在人格裡的恐懼部分變得活躍時的感受：它們令人覺得難受，以及身體在人格裡的慈愛部分變得活躍時的感受：它們感覺很棒。我們會注意那些人格裡的恐懼部分活躍起來時出現的念頭：它們是評斷、批判等念頭，以及身體在人格裡的慈愛部分活躍起來時的念頭：它們是感謝、欣賞、關懷等念頭。如果我的念頭充滿了諸如評斷、暴力或是對性的上癮，我便知道自己人格裡有某些恐懼是活躍的。我們會檢視那告訴我們人格裡某個恐懼正在活躍的意圖：它意圖要贏、要對、要控制，換句話說，就是要追求外在力量；以及檢視那告訴我們人格裡某個慈愛正在活躍的意圖：它意圖創造和諧、合作、分享，並對生命懷抱敬意。例如，如果我的意圖是要主導全局、要對、要證明琳達是錯的，我便知道那是我人格裡的恐懼正在活躍，然後我就會做出一個能創造建設性結果的選擇（這是一個負責任的選擇），而非創造破壞性結果的選擇（那是我早知人格裡的恐懼部分會製造的）。

舉例而言，我會選擇傾聽而非開口，選擇了解而非要求對方理解我，選擇耐心而非著急等等。無論我做何選擇，都是不同的抉擇，而且經常與我人格裡的恐懼所選擇的相反，並且與當下那部分非常想做的事背道而馳，例如，理直氣壯地替自己辯護、爲自己解釋、對琳達不理不睬、互動時匆忙敷衍、退縮，或大聲吼叫。琳達也選擇了同樣的作法。隨著我們的靈性伴侶關係逐漸發展，我發現我與琳達的互動如我所願地漸漸改變了我。這需要紀律才能辦到，而我從不知自己有此潛能，也經常缺乏這種態度，但是我已經下定決心要改變內在造成我極大痛苦與孤獨感的一切，以及我在他人身上看見的、自己所不喜歡的部分。琳達也和我有志一同。

切身體驗自己的情緒，才能做出正確選擇

體驗人格裡的恐懼火力全開的景象而不陷入咆哮，或情緒退縮、狂吃、購物、看色情影片或刊物、賭博等等，是件相當困難的事。靈性伴侶會支持彼此去體驗他們的情緒，亦即他們人格裡的恐懼與慈愛。而當他們切身體驗自己的情緒時，他們就能做出得以創造最有建設性結果的選擇。那就是我和自己人格裡需要被崇拜的恐懼達成和解的方式，而且仍在持續和解中。當我受到忽視或自認爲受到忽視的時候，我會切身體驗人格裡的恐懼部分在身體上所帶來的痛苦感受，同時爲那份痛苦選擇一種應對方式，而非做出我人格裡的恐懼總是會選擇的情緒化反

應。

如果我成功利用自己的憤怒操弄了琳達，讓她長期假裝崇拜我，我就依然受到自己人格裡需要被崇拜的恐懼所操控，而她也會依然假裝崇拜我。她還會埋怨我操弄了她，怨恨自己竟允許他人操弄自己、竟爲了逃避我的情緒化反應與自己對孤單的恐懼而扭曲了生活，而非選擇創造一個健康的生活。我選擇在琳達不崇拜我的時候，小心翼翼地檢視且全然地體驗自己的情緒，然後適當應對，而不是出現情緒化反應。她也支持我這麼做。琳達也選擇在我貌似不易取悅時，小心翼翼地檢視她自己的情緒，然後選擇適當應對，而不是表現出情緒化反應。我也支持她這麼做。

有時，在琳達做出情緒化反應而非適當應對時，例如，她生氣了、覺得受不了、需要取悅我或害怕被拋棄，我能夠創造眞實力量；而有時候，當我出現情緒化反應時，例如，我將一些事看得比人更重要、總是先想到自己才會想到別人，甚至完全不會想到別人，或者出現理所應得的感覺與行爲，琳達也能夠創造眞實力量。我能否創造眞實力量與琳達當下所做的選擇無關，她能否創造眞實力量也與我的選擇無關。

靈性伴侶不會滿足於猶如一灘死水般沉滯或具有破壞性的關係，無論這段關係有多麼熟悉或持續了多久。他們不會滿足於不斷迎合人格恐懼的索求這種一成不變的行爲。舉例而言，若有一個靈性伴侶生起防衛心（「我吃了巧克力又如何？」），他的夥伴會讓他留意自己人格裡的恐懼面向。他們會探究他的意圖，提醒他查看身體特定部位有何感受，然後幫助他挑戰他人格裡的恐懼並培養慈愛。②

靈性伴侶會問自己：哪些活動在創造眞實力量？哪些在追求外在力量？若他們忘記自己在一起是爲了追求靈性成長，他們會在記起時重新承諾一起這麼做。孩子、生活方式、髮型、採購、教育、工作或所有其他的一切，對他們都將產生不同的意義。他們會分辨哪些努力是源自於愛、哪些是源自於恐懼，然後選擇那些源自於愛的。如果他們發現自己爲了安全感與價值感而尋求認可、影響力或贊同，他們就會改變自己的意圖。他們不會滿足於在內陸的小水道上遊走，他們會鼓起勇氣航向未知的廣闊海洋。很少有人曾探究自己那狂暴之心的深度，那仇恨、恐懼、嫉妒與絕望的深度，或探究自己的智慧是多麼廣闊、自己的慈悲力量是多麼強大。然而，這些能量流都在我們每個人的表面意識底下流動著，如同海底的一條大河。靈性伴侶會幫助彼此去發現它們、探索它們。靈性伴侶會讓彼此去體驗他們人格裡的恐懼，然後療癒它們；去體驗他們人格裡的慈愛，然後培養它們。他們是朝著相同目的地出發的旅伴，每個人都要對這趟旅程負責，每個人也都承諾要完成這趟旅途。

靈性伴侶支持彼此去挑戰恐懼

靈性伴侶越常挑戰他們人格裡的恐懼，就越能夠爲彼此提供支持。他們彼此分享了越多的創造力，就會變得越滿足。例如，琳達和我有一次爲了計畫一個新活動而陷入權力鬥爭，我們將問題當成指控，還將建議當成批評。每一次的一來一往都觸發了我們的情緒化反應。我人格裡的恐懼部分鎖定了她人格裡的恐懼部分並展開競爭，到後來我們都倦了，都失去耐心、倍覺惱怒，而這剛好適合教導我們何謂眞實力量！

當我們了解到我們已經朝著自己不想去的方向走了好遠，我們決定停下來，重新開始。我們重新建立關係，定下了一同創造的新意圖。對於如何重新開始，琳達成爲我的好榜樣，我也盡力成爲她的好典範。如果我們當初沒有承諾要獲得靈性成長，我們之間的權力鬥爭就會像野火燎原般一發不可收拾。我其實可以隨時在我內在結束這場鬥爭（如果我曾想起自己對靈性成長的承諾，但是我沒有），而琳達也可以隨時在她內在結束這場鬥爭（如果她曾想起自己的承

②要挑戰你人格裡的恐懼並培養慈愛，必要的條件除了情緒覺察之外，還要有負責任的選擇。我推薦《靈魂的心智：負責任的選擇》（*The Mind of the Soul: Responsible Choice*）這本書給你。這本書提供你如何做出負責任的選擇，以及練習做出負責任選擇的詳細步驟。請務必做書中的練習。

諾），但是在我們的例子裡，我們是一起結束它的，而我們共同創造的事件反映出這個健康的過程，那是清新的、深刻的、令人喜悅的。

靈性伴侶關係裡沒有安全。靈性伴侶在一起是爲了獲得靈性成長，而非安撫彼此的恐懼。相反地，他們會在體驗自己的恐懼並療癒其根源時，支持彼此。靈性伴侶有耐心、能夠關懷他人，但是耐心與關懷不足以讓他們在一起。他們珍惜彼此，但是珍惜仍不夠；他們愛著彼此，但即使是愛也不夠。唯有承諾透過挑戰並挖掘、體驗、療癒他們人格裡的恐懼部分以創造眞實力量，才能讓靈性伴侶維繫他們的關係。舊式關係裡的五官人對彼此、彼此的關係，以及他們立基於五官知覺的目標，做出承諾；靈性伴侶則是對彼此的靈性成長與支持彼此獲得靈性成長，做出承諾。

你人格裡的恐懼面向不會對靈性伴侶關係構成威脅，但若不去挑戰那些部分，它們就會構成威嚇。每當你挑戰人格裡的一個恐懼，它就會重新主張它自己，提供你更多機會來挑戰它、療癒它，直到這個恐懼消失爲止。這就是眞實力量的創造方式。陷入你人格裡的恐懼部分動彈不得，亦不會對你的靈性伴侶關係構成威脅，但是若持續卡在那裡則會。如果一個靈性伴侶一再拒絕從他的憤怒、防衛心、退縮或想要報復的經驗裡讓步（「別管我！」「我不想再聽這些話了！」），如此一來，靈性伴侶關係（靈性成長）成立的理由就煙消雲散了。陷入你人格裡的恐懼是另一回事，靈性伴侶關係能提供你機會去體驗你人格裡的恐懼，而陷入其中，有時是重複耽溺在其中，正是獲得靈性成長的一部分經驗。然而，一再拒絕挑戰你人格裡的恐懼部分，例如你的憤怒、嫉妒、報復心等，又是另外一回事了。當靈性伴侶關係成立的理由不復存在，這段關係亦隨之結束。

靈性伴侶基於靈性成長的目的，認知到自己在夥伴關係裡是平等的。置身舊式關係裡的五官人不抱持這種觀點，他們會爲了自己的安全感與價值感，在必要時進入或離開一段關係。他們會爲了自己的沮喪與快樂而怪罪彼此，只要他們依然能協助彼此求生存或提高舒適度，他們就會維持在一起的關係。

只要靈性伴侶一起成長，他們就會維持在一起的關係。

這就是靈性伴侶關係裡的第一個動能。

13 靈性伴侶關係動能二：有意識地選擇角色

你在人生中盡力扮演的角色，讓你忘了真正的自己

一個演員開始扮演一個角色時，他會將所有不屬於這角色的念頭、感受與意圖拋在腦後。他會透過這角色的眼睛來看、透過這角色的耳朵來聽、渴望這角色所欲求的東西。他對這角色所達成的成就感到舒服自在，也會對這角色無法達成的目標感到難過遺憾。他在舞台上的時候，生命不屬於他，而是屬於他正在扮演的角色。他無法脫離那個角色，最重要的是，他必須忠於角色。他越是忠於該角色，該角色對觀眾而言就越眞實，整齣戲也會更生動逼眞。在劇場外，他可以恢復成自己的樣子；但是在舞台上，只有他所扮演的角色存在，即使是他在舞台側邊等候提示的時候，他依然對該角色維持入戲狀態。有時候一個演員會對一個角色入戲太深，他會在等待下一場演出的階段也處於入戲狀態。如果一個演員持續投入角色的生活而無法自拔，無論置身何處都活在角色裡，那是不健康的。

多數人就像入戲太深的演員，無論人在何處，都活在所飾演角色的生命裡，儘管他們根本

沒有覺察到自己在扮演一個角色。他們從未脫離該角色，即使是獨自一人時也是如此。他們和親朋好友在一起時、開車、淋浴、吃飯或工作時，都活在那個角色裡。例如，對許多女性而言，雖然許多有子女的女性也扮演著企業家、運動員、老師等角色，但是母親的角色仍是最主要的，即使她們有自己的事業亦是如此。每個人都扮演了許多角色，而無論是什麼樣的角色，他在扮演時，該角色都能塑造他的觀點、思想、經驗與意圖。一個人對角色越投入，就越不會覺察到自己的角色，換句話說，角色對他而言是隱而不現的（無意識的）。

角色會決定我們如何互動。我曾扮演過一種充滿陽剛味、性感、叛逆、睥睨一切的冒險家角色長達許多年，在那段時間裡，我不知不覺地被那角色束縛了。那個角色與他人如何看待我無關，卻決定了我對自己的體驗，例如，那樣的角色不允許我表達、甚至體驗我的困惑、無助或痛苦情緒。悲傷與眼淚不屬於這個角色，相反地，憤怒、抽菸、喝酒、魯莽、漠視他人都是可以接受的。才智、創造力與關心對我來說也是允許的，但溫柔或照顧他人則不然。那些不受我的角色吸引的人，會更正確地將我視爲一個易怒、上癮、自戀的性掠食者，然後躲著我。我的角色裡極少、或說根本沒有任何特質是他們的角色能接受的。

角色之間會互相吸引，例如藝術家吸引藝術家，而在這大角色底下分出的音樂家、雕刻家、畫家、作家、詩人等次角色也會互相吸引。一個人在一生當中都會扮演許多角色，其中有數個角色是同時進行的，例如同時是父親、企業家、高爾夫球員（運動員角色底下的次角色），或者母親、妻子與老師，或者政治家與母親等等。一個只能看見自己在一個角色裡的人，情況類似於一個入戲太深、擺脫不了舞台角色的演員，他在裡面迷失了。他的朋友忘記了沒有該角色時他是誰，他的家人也忘記了沒有該角色時他是誰。最後，他自己也會忘記沒有該角色時，他是何許人也。

認同一種疾病，會創造出「病人」的角色，而它會改變一個人的行為、限制他的創造力。若沒有這種認同，同樣的疾病或許能提供一個人擴張意識、創造新行為模式、超越舊限制的機會，並且激發一個人的創造力。諸如破產、事業失敗、喪偶或喪子等「不幸」，也會創造出一些角色。即使是承諾獲得靈性成長，也可能受到扭曲而變成「靈性人士」的角色。一個角色能暫時麻醉無力感之苦，例如，你對自己身為母親、企業家、專業人士、冒險家、靈性人士等身分的認同越深，你越會企圖利用它來操弄他人，也會更賣力地掩飾無力感之苦。

在我連續參與歐普拉一系列的電視節目之前，我的角色是一個高傲的「鄉間隱士」，之後則變成了「名人」。對我來說這是個全新的角色，但和我之前的角色一樣為我帶來許多束縛。更早之前我扮演的角色是學生，然後是軍人，這和我陽剛、性感、叛逆的冒險家角色很相配。扮演一個角色的意思並非為你的高中話劇挑選一個角色，然後反覆練習、精心雕琢，在首演當天將它呈現在觀眾眼前。它是由一種似乎十分自然的自我知覺與內在經驗所掌握的，因此你無法想像它會是其他任何樣子，即使那是痛苦的亦然。

你藉以逃避一些感覺、潛力與責任的角色扮演不僅沒必要，而且是耗費精力與剝削的，如同在觀眾看來無比迷人的舞台布景，其實只是從後面陽春地支撐著——角色，也只是表面功夫而已。當角色不再能控制你，你才能去選擇它們、使用它們。選擇了你的角色（因爲這對你似乎太過自然，以致你無法想像它是別的樣子）會囚禁你，而你所選擇的角色則是你表達愛的工具。如同演奏笛子、大提琴、鋼琴等的音樂家，你選擇一種樂器來迎合你的需求，適當的角色能讓你在當下發揮天賦。如果一個角色源自於愛，停止認同於該角色並不會對你的安全感與價值感造成任何影響；而如果一個角色源自於恐懼，你會覺得脆弱易受傷害、無所適從、沒有它便倍感失落。

選擇有意識地扮演你的角色

想像自己不再擁有一個熟悉的角色可以扮演時，你的生活會變成什麼樣子，例如母親，或商人、教育者、手藝工匠等？這不表示你要停止當一個母親。它的意思是要你停止認同自己身爲母親、視自己爲母親、體驗自己爲母親的身分，然後去做一些嘗試與實驗，將自己體驗爲一個具有恐懼與慈愛的人格，同時也是一個不朽的靈魂。這意味著停止利用母親的角色來保護自己，讓你躲開諸如來自男性的關注、職業要求、沒有價值與沒有安全感等令人恐懼的經驗。

那些對囚禁自己的角色毫無覺察的人，並未覺知到是自己選擇了這個角色。他們就像那些沒有認知到如咆哮、情緒退縮等情緒化反應是一種選擇的人。一旦他們察覺到自己的角色是一種操弄與控制他人的手段，他們就能擺脫那些角色的束縛。例如，一個覺察到自己的情緒化反應其實是一種選擇的人，會獲得適當應對的能力，他們因而能自由地改變他們的角色，並且選擇其他角色。

舉例來說，我成為祖父的時候，對那些新的經驗感到十分驚訝，我覺得自己在某方面突然變成了另外一個人。祖父的角色要求我要愛自己的孫子更甚於其他孩子，我確實是如此。然而，我會質疑自己是否想要愛某些剛開始展開地球學校之旅的靈魂，更甚於其他靈魂。我也發現，我在愛自己的孫兒更甚於其他孩子時，會覺得自己較安全、較重要、較有價值，但我不知道何以會如此，這就是一個角色選擇了你的經驗。你進入一種能量原型（energy archetype）的影響力範圍內，自己卻未認知到這一點，而那個原型會塑造你的知覺與經驗。我了解到，我必須從自己內在做改變——不是愛自己的孫兒更少一些，而是愛其他孩子多一些。於是，一個新的祖父經驗逐漸為我成型了。這是透過有意識地參與而轉化一種能量原型的經驗。結果是，這個角色不再能控制我，我也開始能運用它了。最後，我開始將所有的孩子都視爲我的孫子。

這就是一個無意識的角色扮演經驗（我愛孫子更甚於其他孩子）與一個有意識的角色扮演經驗（所有的孩子都是我的孫子）之間的差別。這也是一個身爲商人的無意識角色扮演經驗（我爲了創造最大收入與利潤而販售物品和服務）與身爲商人的有意識角色扮演經驗（我以健康、有智慧而且慈悲的方式販售物品和服務，爲人們提供支援）之間的不同。無意識的運動員角色扮演經驗（我爲了勝利與獲得認可而競賽）與有意識的運動員角色扮演經驗（我藉著與他人對抗而測試自己的力量與技巧，以充分發揮我的潛能）的差異，依此類推。

我們經常未注意到卻總是強力塑造我們經驗的角色，就是那些與性別（男性、女性）、種族（白種人、黃種人、黑人、印第安人）和國籍（美國人、日本人、墨西哥人等）有關的角色。它們非常強而有力，經常影響你於無形，而且會在你毫無覺察的情況下掌控你的人格。譬如，當年輕男性扮演穆斯林復仇者角色，在世貿大樓與五角大廈殺害數千名父親與父親的孩子時，那些父親角色之間彼此自然而然產生的連結感（包括次角色，例如美國父親和伊拉克父親），會變得黯然失色。然後，數千名扮演美國復仇者角色的人，又殺害了數千名父親與父親的孩子（復仇者角色擁有許多次角色，其中包括：基督徒復仇者、印度教徒復仇者、猶太教徒復仇者、巴勒斯坦復仇者，以及黑人、褐色皮膚、印第安人、黃種人復仇者等等）。

一個角色就是一個能量原型，或說樣版，例如作爲母親、父親、學生、藝術家等。當你進入一個角色，例如作爲一名妻子或丈夫，就是進入了該樣版或原型的能量圈裡。可以這麼說，你落入了它的重力場範圍內，如同月亮繞著一個星球的軌道運行。譬如原本享受單身的情侶們，會在結婚之後發現彼此的關係改變了，過去不曾出現過的壓力成爲他們經驗的一部分，因爲他們透過結婚援用了婚姻、丈夫與妻子的原型，而那些原型會開始塑造他們的經驗。

如果一個人未能覺察到自己對一個角色的認同，不假思索地利用此角色來獲取安全感與價值感，那麼該角色對他經驗的影響力就會增強。譬如，他會以身爲丈夫的身分與人互動，他的觀點與經驗也是由他對丈夫角色與婚姻原型的投入塑造而成的。他從這些觀點看待一切，而這些觀點與其他原型的觀點是有差別的。

你需要的不是被角色束縛，而是從角色中得到釋放

高中時期，我在辯論方面表現出眾，贊成或反對一個提案對我來說根本無所謂，只要能獲勝就好了。輸掉一回合已經令人痛苦萬分，更遑論是輸掉整個比賽。當時我不懂任何關於追求外在力量的事，也不了解人格裡的恐懼部分是什麼意思，但是我卻切身體驗了這兩者。後來當我回顧自己在辯論比賽和其他方面所獲得的成功時，感覺卻如此空虛，於是我決定再也不利用

自己的演說能力，達到操弄或控制的目的了。結果，當我開始演講時，整個演說變得了無生氣、單調無趣，一如我和他人的互動狀況。當時我完全沒想到的是，我用來贏得辯論比賽以獲得安全感與價值感的那份同樣的能力，可以讓我以不執著於結果的方式來與人分享眞實力量。

我在決心活出眞實自我（我的眞正所是，眞正的我）時，便將自己囚禁在一個嚴肅、深沉、付出關懷、而且毫無幽默感的「老師」角色裡，但這樣的角色反而阻礙了我以最有效的方式分享眞實力量，並且讓自己也玩得開心。當時我不了解是我選擇了這樣的角色，但其實我也可以選擇其他角色來協助我解釋眞實力量，並且讓自己沉浸其中。

五官人扮演的是活在地球上的人類這樣的角色，多官知覺則爲我們每個人提供一種正確的自我知覺，亦即一種飽含力量、富創造力、慈悲且充滿愛的靈性。這樣的知覺不是一個角色，而是從各種角色裡釋放，獲得自由。它也能爲我們提供靈性夥伴關係，亦即爲了靈性成長的目的而形成的平等夥伴關係，並利用它作爲一種工具，協助那些自願在五官感覺的領域中，學習力量、智慧、責任與愛，以支持彼此創造眞實力量的靈魂。

當一個人爲他的婚姻引進靈性伴侶關係，便踏入了由婚姻原型進入靈性伴侶關係原型的進化過程。這發生在數百萬個婚姻關係裡。五官人丈夫與妻子所面臨的限制（情緒化反應與無意識選擇的意圖）與需求（外在力量），正在被一種更大的能力（情緒覺察與負責任的選擇）與多官人的不同潛能（眞實力量）所取代。當你選擇了一個靈性伴侶的角色，即是爲所有的角色帶來一種新的知覺與觀點：你明白了力量來自於你人格與靈魂的一致狀態。

文化與習俗一向主宰著五官人的角色，原因是，人格裡的恐懼部分會選擇自己可以接受的角色。而多官人則不會受傳統角色的束縛。男性多官人可以選擇當一個負責管理家務的父親，也可以選擇當一個執行長、木匠或護士；女性多官人可以選擇在建築工地工作、當一個專業人士、成爲董事會的一員。他們對人類活動的全部領域開放自己，唯一算得上是限制的只有自己的性向與興趣。多官人也會發展新的角色來發揮自己的創造力，讓自己獲得更深的滿足感，並且豐富自己的生活，例如，發展「眾人之友」、「生命慶祝者」、「生命共同創造者」、「地球共同創造者」等角色。

你越是能創造眞實力量，你人格裡的恐懼就越不會無意識地爲你選擇角色，你人格裡的慈愛就越會有意識地爲你選擇角色，你也就越能夠爲自己的幸福安康做出貢獻，爲你參與其中的全體貢獻一份力量。涵蓋範圍最廣的全體就是生命，而最終將會召喚我們所有人的角色就是「宇宙人」。宇宙人是超越國族、文化、宗教、種族與性別的。宇宙人是宇宙的公民，他優先擁護的是生命，其餘皆次之。所有的角色都是宇宙人的次角色，一個宇宙人會優先作爲生命的一部分，其次才是作爲一個美國人；會優先作爲生命的一部分，其次才是作爲一個男性；會優先作爲生命的一部分，其次才是一個母親／父親／基督徒／猶太人／穆斯林／印度教徒等等。一位能演奏許多樂器的音樂家並不是因爲喜愛那些樂器才演奏，而是因爲他喜愛音樂。一個宇宙人並不是喜愛角色，他熱愛的是生命。

當你的人格與靈魂達成一致，你便不需要獲得另一個更大的身分認同供你的恐懼剝削，你會清除你的恐懼根源。若你能創造眞實力量並支持彼此獲得靈性成長，你就能以人格裡最健康的面向來爲自己選擇角色。當他人如法炮製，他們也會以人格裡最健康的面向來選擇他們的角色。

靈性伴侶會選擇他們的角色。

那就是靈性伴侶關係的第二個動能。

14

靈性伴侶關係動能三：說出最難啓齒的話

懷有祕密是個沉重且折磨人的負擔

舊式關係裡的五官人會隱瞞他們深怕會破壞關係的事情，靈性伴侶則會分享他們擔心會破壞關係的事情。這就是靈性伴侶關係裡的第三個動能。

靈性伴侶知道，不去分享他們最害怕分享的事，就好比埋下一顆炸彈。若靈性伴侶藏有一個自己害怕會破壞關係的祕密，就是築起了一道牆，這道牆無法攀爬、鑽洞、從底下挖隧道，也無法拆除。這道牆穿不透，而且是無形的，它阻礙、破壞著彼此的親密感。保有祕密的人不信任他的夥伴，而對方也會感覺到這一點。

祕密的負擔會隨著時間日益沉重，一個人必須隨時保持警覺，以免一不小心透露出一些蛛絲馬跡或洩露祕密。它會像鬼魅般盤踞保有祕密者的心頭，這是一種無形且無止盡的折磨。害怕洩露祕密的恐懼，加上隱藏祕密的痛苦，將保有祕密者與他的靈性伴侶隔絕開來，阻擋在他們之間，如同一朵遮蔽陽光的烏雲。

最終，祕密會扭曲每一個念頭與行爲，它所威脅的那段關係也將逐漸崩壞，難以維繫，信任也會一點一滴、令人難過地消失。那個祕密對他人來說，或許不像對保有祕密者那般具有強大的破壞力，但是他爲了隱藏祕密而付出的心力與因害怕祕密洩露而日益加深的恐懼，會讓公開祕密變得越來越困難。只要這個祕密依然埋藏著，這段夥伴關係就無法依照它所設計的方式來運作。這個祕密可能是曾虐待兒童、曾身爲受虐兒、曾犯罪或想要犯罪、暗自希望不好的事發生在對方身上或幸災樂禍、不忠或懷疑對方不忠等。無論是什麼祕密，都會因日益痛苦而不敢去思考、日益感到羞恥而不願去記起、日益感到害怕而不敢說出口。最後，這顆炸彈終將爆發。

埋藏在恐懼裡的祕密是個沉重的負擔，埋藏在愛裡的則不然。例如，隱瞞同性戀情不讓那些可能反對的人知道，是一種身心俱疲的經驗；隱瞞帶來驚喜的生日派對，則是一件開心的事。第一種祕密是由人格裡的恐懼部分所隱藏的，第二種則是由人格裡的慈愛部分所隱藏。如果生日派對的消息走露，沒有人會感到羞愧或不舒服、沒有任何關係會遭受威脅，反而會更深化彼此間的連結。創造祕密的那份愛，會隨著祕密的揭露而表露無遺。

當祕密是由恐懼所驅動，僞裝於是取代了眞實、虛妄取代了誠摯、欺騙取代了忠誠。自然流露的頻率會減少，終至消失。創造力爲隱藏祕密者帶來的不是煥然一新的效果，而是心神上的耗費，例如圓謊：你必須爲了掩護前一個說詞而編造另一個虛假的說詞。任何你覺得自己不該如此卻又如此、或是想要如此的事，都是你的祕密。隱瞞它，對你而言無疑是一種束縛。無論是家人希望你學商而你喜愛的是音樂，或你其實是個會受女性吸引的女生或是會受男性吸引的男生，或是你在大家覺得你該節省時出手闊綽，或是你明明覺得嫉妒不已、怒不可遏或感到絕望，卻認爲自己不該如此——你都要帶著療癒的意圖去超越自身的恐懼，邁向一個健康的生活。而維持在受恐懼束縛的狀態，是無法讓你做到這一點的。

在你能說出那難以啓齒的事之前，你無法發自內心地說話，過著無懼的生活、創造健康，或是從他人那裡獲得支持。在恐懼下分享一個祕密（帶著操弄與控制的意圖）和在恐懼下隱藏一個祕密（帶著操弄與控制的意圖）是一樣的，你都未能挑戰人格裡的恐懼，它們也會持續製造破壞性結果。當你帶著創造眞實力量的意圖去分享一個祕密，便是邁向健全的生命。新的潛能會出現，你的恐懼也將無法再控制你。你培養了人格裡的慈愛、挑戰了恐懼。你成爲眞正的你之所是，而不是別人所期望的那個你，或你認爲別人所期待的那個你。

誠實無畏地展現自己

一九四八年，有兩名兄弟在上埃及地區的拿戈瑪第附近，發現了一個埋在沙漠裡的陶罐，裡面有十三冊以皮革包裹的紙莎草書卷。他們將書卷帶回家，他們的母親用掉了許多書頁作爲火絨。學者們後來興奮地發現，那些書卷是一批非常早期、現今稱爲諾斯底派（gnostics，源於希臘字 *gnōsis*，指稱這些早期基督徒時，通常翻譯爲洞見 [insight]）的基督教徒所撰寫的。西元二世紀時，教會宣布諾斯底派爲異教徒，他們逃離基督徒教友，遭受迫害、面臨死亡，於是他們將經典藏起來，一千七百多年後才被那對兄弟在該處發現。

這些書卷後來被稱爲〈諾斯底福音〉。它們和你在旅館抽屜裡發現的《聖經》不同。事實上，當代的教會並未提起這部福音，也並未將它們包含在教會文獻裡，然而，它們對學者來說卻是眞實不虛的。〈諾斯底福音〉所描繪的耶穌基督與基督教面貌，和一般的福音圖像差別很大。譬如，諾斯底教派的基督徒將女性包含在神職人員裡、相信輪迴轉世，而且教導說神與我們之間不需要有媒介（教士）等等，諸如此類的信念與制度，看在我們今日所認知的教會眼裡是非常不受歡迎的。

如同《聖經》，〈諾斯底福音〉意圖描述耶穌基督的言行。我最喜愛的其中一篇福音是〈多瑪斯福音〉（Gospel of Thomas）。根據該福音，耶穌基督說：

如果你帶出你內在的東西，

你所帶出的東西將會拯救你。
如果你不帶出你內在的東西，
你未帶出的東西將會毀滅你。

如果你不帶出你心中的眞相，又如何貢獻自己與生俱來的天賦呢？你如何能一方面害怕告訴父母、告訴老闆，你想要辭掉銀行家的工作，成爲一名園丁，一方面又想要創造你渴望的生活呢？你如何能將孩子託付給丈夫照顧，決定去學醫呢？或者，你如何能辭去一個終身職位，只爲了陪伴孩子呢？如果你害怕他人會發現眞正的你、你眞正的想法、你眞正想要過的生活方式，你又如何自在地活在這世界上呢？

我在離開軍隊數年之後，開始陷入間歇性憂鬱，但是我卻害怕對人述說我的痛苦。首先是因爲顧慮自己會表達不清，又擔心沒有人能了解我，然後又擔憂他人會評斷我，最後是害怕我會將自己的痛苦加諸於他人。這些都是我不向他人述說的理由。但是我從未想過自己內在不願分享的深層意圖，應該說，我根本從未想過「意圖」這件事。每一次陷入痛苦的孤寂深淵，都讓求助變得更困難，終至變得不可能，這些都是人格恐懼部分的體驗。我不重視自己，也無法想像別人會重視我。這就是無力感之苦。我不知道自己能再承受多少次這種痛苦戲碼，我覺得自己像個黑洞。就能量上而言，我的確是如此。

一顆無法衝破堅硬土壤發出新芽的種子，只能蜷伏著扭曲的身子等死。同理，無法衝破包覆著堅硬外殼的恐懼的潛能，也會感到挫敗、憎恨、無望、氣憤、暴怒。仇視自己是一種自我毀滅，停留在未能發揮潛能的窘境，滋養的是你人格裡的恐懼、而非慈愛，它們會日益壯大。因恐懼而隱藏祕密就是選擇孤立與封閉，而非親密與自由。那個祕密會阻礙種子發芽、阻礙植物生長、阻礙花朵綻放。你就是一顆種子，植物是你的生命，而綻放就是你的眞實力量。

靈性伴侶讓你不再害怕分享恐懼

正當我與憂鬱搏鬥、對性上癮、害怕繳不出房租的時候，有個朋友邀請我參加一個每週一次的物理學者聚會，地點在「勞倫斯伯克萊實驗室」。當時我住在舊金山。那時的我並不知道，我的生命在那次聚會之後將開始發生變化。我對自己無意中聽到的討論議題：「我們是否創造了自己正在實驗的實相？」深深地著迷。聚會之後，我滿腦子都是會中的情景，我開始閱讀量子物理學的相關書籍，求教於我新認識的物理學者朋友。隨著我對物理學的基本概念越來越了解，我也變得越來越興奮，而隨著我變得越來越興奮，我也越來越想要分享。因此，雖然我從未寫過書，也從未攻讀過科學，但是當我腦海中出現一個念頭，想要針對和我一樣的非科學家撰寫一本關於量子物理學的書時，它來得是如此自然而且合宜。

我寫的書是送給那些在我之後對量子物理學感興趣的人。我想要將自己學到的一切「放在銀盤子上」呈現給他們，包括那些親切慷慨的物理學家們為我進行的個別指導成果。隨著書中的內容逐漸擴展，我的心也隨之開闊起來。在那之前，從未有過任何事像撰寫那本書一樣，讓我如此投入、如此享受、如此滿足。就在那本書出版之前，《紐約時報》刊登了一篇極佳的書評，很快地，此書榮獲了數個獎項，而且被翻譯成許多不同語言的版本。我著述的立意是盡我所能讓最多的人了解量子力學，好讓他們能將那些賦予他們力量的概念應用在生活上，也能儘量利用它的原則，而我辦到了。這整個經驗全然的美妙無比。

我在撰寫那本著作之前、期間與之後的體驗，充分印證了〈多瑪斯福音〉裡我最喜歡的那段話。當我瘋狂追求性愛、騎著摩托車狂飆、嘗試各類藥物、企圖證明我的男子氣概時，我內心那未帶出的東西正在毀滅我，但是我並未認知到這一點。克里希納曾告訴印度史詩《摩訶婆羅多》（Mahabharata）裡的一個英雄：「毀滅從不去接近手上的武器，它會躡手躡腳地悄悄來臨，讓你在好事裡看見壞事，在壞事裡看見好事。」我對過去的自己與過去的行為感到驕傲，即使那是一段憂鬱與憤怒侵蝕著生命的日子。毀滅已經躡手躡腳地來臨了。

一切的痛苦體驗，包括憤怒、嫉妒、憂鬱、對性的需求，以及擔心付不出房租的恐懼，都在我埋頭撰寫那本書時煙消雲散。我為生命帶來了我的第一份禮物，並且在那過程中改變了自己的生命。撰寫自己的書需要下定決心，而在我的例子裡，這個決定來得十分容易。我從未能覺察到自己所做的那些牽引我走向憂鬱與狂暴地獄的決定，但是我卻能覺察到自己想將他人贈予我的禮物回贈給他人的選擇。就是這個選擇，讓一切從此變得不同。

靈性伴侶擁有多官知覺，他們經常會知道你在隱瞞什麼祕密，他們也知道你為何隱瞞（你人格裡的一個恐懼部分處於活躍狀態，但你並未挑戰它）。「你是不是被那個穿綠衣服的女人吸引了？」琳達在我們跳舞時這麼問我，當時是我們剛開始約會的其中一個晚上。我覺得很窘，因為琳達看穿了我企圖隱藏的願望，也就是我人格裡的恐懼部分盯上了我在這地球學校的一位同學，並將她視為獵物。我當時很害怕，因為我想要發展我們新建立的夥伴關係，而不是在那一晚就將它扼殺。我人格裡的恐懼企圖藉著勾引女人來獲得安全感與價值感，而我打算挑戰它，並且持續向它下戰帖，直到它不再折磨我為止。

我不知該如何向琳達解釋，說我人格裡的一個恐懼要的是一件事，慈愛要的又是另一件事，而我打算以慈愛來創造。同時，我也感受到自己被吸引，還有我的困窘、我的恐懼。「是的。」我說。琳達沒有生氣。或許她是在挑戰自己人格裡的恐懼，但是她帶著欣賞的表情看著我，對我說：「我知道。我從來沒有和像你這樣的男人在一起過，在我提出心中已經有答案的問題時，能這麼誠實地回答我。」在琳達眼裡，一個不誠實的回答會將我們新建立的夥伴關係，丟入她企圖避免的、無法令人滿意的關係類別裡。「這對我真是個全新的經驗，」她繼續說，「我覺得很神奇。」

當靈性伴侶支持彼此挑戰並且療癒他們人格裡的恐懼，帶著勇氣與誠正之心培養並強化他們人格裡的慈愛，等待著他們的就是令人感到滿足與驚奇的體驗。舊式關係裡的五官人會將焦點著重於他們的祕密，靈性伴侶則將焦點聚焦於挑戰那些需要祕密的人格恐懼面向。要放任你人格裡的恐懼或者挑戰它們，都是一種選擇。要因恐懼而隱瞞祕密，或者因愛而分享它，也同樣是一種選擇。

若你能掙脫祕密的囚籠，你將會吸引到不再需要祕密的人。你會與他們相應，一如你之前與那些害怕分享祕密會破壞關係的人相應的情況。帶著創造真實力量的意圖去分享那最難以啓齒的祕密，需要一顆清明的心與切合時宜的情況。舉例來說，對一名店員吐露你對色情書刊或影片上癮，就是不合時宜並會造成反效果的；而與那些能夠理解並支持你的人分享，例如你的靈性伴侶，便常常是踏出第一步的好主意。你的分享方式也可能是充滿戲劇性、在大庭廣眾下進行的。你越能夠挑戰自己人格裡害怕分享的恐懼部分，就越不會畏懼別人發現那些部分想要隱瞞的事。

五官人會藏著祕密，以此操弄彼此。他們會保護他們的祕密，與他們的祕密一同老去，而且經常是帶著祕密走進墳墓。靈性伴侶會將他們最害怕會破壞夥伴關係的事分享出來，以此創造眞實力量。

他們想要的是活在愛裡，也死在愛裡。

❖靈魂療癒摘要2❖

什麼是「靈性伴侶關係」的內涵？

一種新型態的人類關係正在取代每一種舊型態的關係，這種新式關係是爲了創造眞實力量的新興多官人類而設計的。

「靈性伴侶關係」的內涵

- 靈性伴侶關係是一種爲了靈性成長而建立的平等關係。
- 友誼關係不是靈性伴侶關係。
- 只有靈性伴侶關係能滿足一個創造眞實力量的人。
- 創造眞實力量的人會自然而然地與彼此形成靈性伴侶關係。
- 靈性伴侶關係的必要條件是所有夥伴之間的平等。
- 每一個靈性伴侶都必須在自己內在創造這份平等性。
- 靈性伴侶們：

—只要一起成長，就會在一起。

—選擇他們自己的角色。

—會將自己最害怕會破壞夥伴關係的事說出來。

了解靈性伴侶關係的內涵，能讓你認出它們、對它們做一些嘗試與實驗，並且珍惜它們。這樣的關係完全不同於過去所有的關係型態，被這種關係所吸引的個人也完全不同。

了解靈性伴侶關係與體驗靈性伴侶關係是不同的兩回事。當你創造了一份靈性伴侶關係，你將體會到過去無法想像的益處，而這份關係的經驗是具有療癒效果的、深刻的、眞實不虛的。

15

體驗眞實無僞的親密感

在愛裡相遇並開展靈性伴侶關係

承諾創造眞實力量是一段靈性伴侶關係的先決條件，而靈性伴侶關係的益處就是創造眞實力量，這兩者是相輔相成的。眞實力量與靈性伴侶關係是同一顆寶石的不同切面。當一顆寶石（多官知覺）出現時，它的各個面向也會同時現身。

創造眞實力量是一個內在過程，只有你自己能覺察到你的情緒，能聽從你的直覺，能適當應對而非做出情緒化反應，並且有意識地以你的意志將能量形塑成物質。從孩童成長爲成年人不需要意志。肌肉與神經會自己生長，自我認同會自己形成，觀念上的理解也會自行發展，這些全都不需要你的意志介入。將自己從使不上力蛻變爲有力量的，則完全是另一回事了，那需要你的人格與靈魂達成一致，而要讓你的人格與靈魂趨向一致，需要你的意志。靈性伴侶會承諾讓他們的人格與靈魂達成一致。

靈性伴侶關係的好處多到有如遍布沙灘上的沙子——溫柔突然取代了死板與評斷、親密感在一段走向絕望的旅途之後重返、對意義與敬畏感重新覺醒過來、敬意取代了輕蔑，以及無數其他清醒而健康的經驗取代了孤立與痛苦的體驗。這每一項都能改變一個人的一生。換句話說，靈性伴侶關係提供了靈性伴侶無數的機會在愛裡開展，去體驗恩典並創造眞實力量。任何的益處清單至多都只能算是一部分，算是一群道路指標，每一個指標都指向更多潛在的目的地。無論你人在哪裡，指標都會出現，呼喚你一直朝著你最高的潛能、朝著你生來注定要活過的生命與至福前進。

得自於靈性伴侶關係助益的例子

靈性伴侶關係所帶來的裨益，是你所能達成的最高目標，例如從恐懼中解脫的自由；也是你所能發展的工具中最踏實、最實用、最有益的，例如知道如何利用權力鬥爭來獲得靈性成長。靈性伴侶關係的所有益處都是相互關聯的，一個助益會引導出其他的，以下是幾個例子。

● **對自己的愛**。愛是一種存在狀態，它不是一種情緒或適當的應對。你無法創造愛，但你可以體驗愛，而當你體驗到愛時，它會將你包圍。你無法愛一個人或一件事多過另一個。愛會讓一切都變得無比珍貴，包括你自己。愛消除了所有的限制。愛無限制、無條件、無評斷，也無隱藏的動機。手電筒可以開啓、關閉，但是太陽無法關閉。將需要與愛混爲一談，就好比將你的手電筒與太陽搞混了一樣。當你愛的時候，你和愛變成無分別的，對他人的愛與對你自己的愛也變得難以分辨。

意義與目的。朝著你的靈魂想要你去的地方前進，能爲你的心填滿意義；朝著別的方向走，會削弱你生命中的意義；朝著相反的方向前進，更是會讓你的生命變得毫無價値。和諧、合作、分享與對生命懷抱敬意的意圖，能帶領你抵達靈魂欲求之處，走向人群、生命、健康，走向內在的心滿意足而非暫時的知足、喜悅而非快樂。你的生命變成値得活的，你也變成一個値得去活出生命的人。這些都是眞實力量的體驗。

有意識地共同創造喜悅。每個物種和個體都喜愛遊戲（play）。孩童會和草地、花朵、寵物、食物以及同伴遊戲。戲劇（play）❺、音樂、電影、體育以及社會互動，都是遊戲的形式。創造力就是遊戲，共同創造則是遊戲的精華。你生命中所展現的恐懼越少，可能的遊戲類型就越多。當恐懼不存在了，一切都是玩耍嬉戲。運動員喜愛出神入化的狀態，音樂家喜愛忘我的境界，藝術家喜愛創作的能量，因爲恐懼已不存在了。靈性伴侶若能學會無畏無懼地共同創造，他們的作爲就成了一種玩樂。

眞正的勇氣。勇氣能在你人格裡的恐懼部分活躍時，敦促你採取行動。有些充滿勇氣的行動是高尚的，例如做一些危險的事、冒著受傷的危險拯救他人（追求外在力量）。當你爲了被接納、受到崇拜、或爲了獲得成功而挑戰自己人格裡的恐懼面向，恐懼便會激發出勇氣。當你爲了利益他人或創造眞實力量而挑戰人格裡的恐懼面向，愛則會激發出勇氣，而那才是眞正的勇氣。人需要勇氣，才能爲了證明自己的價值而去做危險的事，例如跳傘、戰鬥巡邏等等；但是去挑戰人格裡那個想要咆哮、評斷、憎恨、退縮或暴怒的恐懼，卻需要更大、更多的勇氣。創造眞實力量需要的就是這種眞正的勇氣，靈性伴侶會幫助彼此發展這種勇氣。

來自誠正之心的親密感。誠正之心就是禮敬你人格裡最健康部分的需求。誠正之心和道德感不同，道德感是覺得爲了尊重文化、同儕或家庭的期待，而「應該」去做什麼事。如果你不「遵從你的道德感」，你便會心生罪惡感。誠正之心代表的則是健全。以誠正之心過生活，意味著根據你人格裡最健康的面向來行動、選擇慈愛的意圖，並且以建設性的方式來創造，即便你是恐懼的。誠正之心爲親密打開了大門，靈性伴侶會一起通過那扇門。

利用麻煩事與悲劇獲得靈性成長的能力。「麻煩事」與「悲劇」都是人格裡恐懼部分的經驗。當你說：「這眞是一個悲劇啊！」你其實可以更正確地說：「這眞是一種恐懼啊！」當

❺ play 在英文字裡同為戲劇與遊戲的意思。

你被捲入周遭或內在的麻煩事之中，你也可以保持超然，認知到那只是一個恐懼的經驗。然後運用「靈性伴侶關係指南」（請見第十六章），掃描你的情緒能量系統、聽從你的直覺，然後做出負責任的選擇。靈性伴侶會協助彼此完成這些事。

● **對靈性成長的深刻承諾**。承諾是靈性成長的基石，若缺少了它，你頂多是在念頭、願望、欲求與不踏實的渴望之間隨波逐流。而最壞的情況是被你人格裡的恐懼部分吹得東倒西歪，就像狂風裡的一滴小雨滴。承諾獲得靈性成長，亦即創造眞實力量，能讓你坐上生命的駕駛座。若少了承諾的支撐，你所踏上的旅程，將帶你前往一個由你人格裡的恐懼所選擇的難受之處。當你抵達了一個由你自己所選擇的、能以不可思議的方式滿足你、並爲你帶來喜悅的目的地時，眞實力量與靈性伴侶關係的益處就會變得無可否認。你不需要再相信它們，因爲你正在活出它們。你就是如此去發現一件事：對你來說，沒有什麼比獲得靈性成長更重要了。

● **對自己和他人的慈悲心**。如果你無法分辨你人格裡的恐懼與慈愛，你自然就無法區別出其他人格裡的恐懼與慈愛，例如，「對環保的熱情」可能源自於愛，也可能源自於恐懼。當我站在觸目所及的整片樹林皆被砍伐殆盡的空地前，而對伐木業感到深惡痛絕時，我的熱情是源自於恐懼（無力感）。而當我對地球母親、對我的生命心生感激，對周遭那細緻、微妙又美麗的生態系統感到由衷敬畏時，我的熱情就是源自於愛。爲了獲得價值感或優越感而去保護環境，是一種源自於恐懼的熱情。因爲你愛生命，而能在不讓他人變成壞人的情況下保護環境，則是一種誕生自愛的熱情。當你能夠體驗到你所有的熱情（人格裡的恐懼與慈愛），並了解到其他人也有他們人格裡的恐懼與慈愛時，慈悲心會自然而然地生起。

體會宇宙即是慈悲與智慧。如果你住在一棟白色房子裡，你不需要去信任房子是白色的。如果朋友在你外出旅行時爲你搬了新家，在你親眼見到之前，你就必須信任他們，相信房子外觀的顏色就是他們告訴你的顏色。你越是信任你的朋友，對新房子的顏色就越不會懷疑。但是在你親眼見到之前，你永遠無法確定。當你踏上靈性道路，你信任宇宙是慈悲的、有智慧的，因爲直覺與你的一些經驗是這麼告訴你的，或至少你對這種可能性抱持開放的態度。當你創造了眞實力量與靈性伴侶關係時，你的經驗會告訴你令人驚訝的美好結果。最終，你會在你的每一個經驗裡看見靈性成長的機會，包括那些痛苦的體驗，同時，你也會在他人的經驗裡看見這樣的機會。那麼，宇宙的慈悲與智慧就不再需要你的信任了，因爲你已經親身體會到這件事。這就是你生來注定要去活過的體驗。

那些路過的過客、隨便逛逛的人或靈性觀光客，無法獲得靈性伴侶關係的益處，因爲它的必要條件是眞正參與靈性伴侶關係。靈性伴侶關係是一個舞台，讓你與其他人一同發現並挑戰你的恐懼，探索並培養你的慈愛。那是一種聯合的實驗、大膽的冒險，爲的是進入永恆當下那永遠如新的領域。你在自己內在所做的改變是永久的，你或許可以忽略你看見的和你學習到的東西，但是你無法倒轉你的看見、倒轉你的學習。一旦你探索了自己人格裡的恐懼與慈愛，你就會在它們活躍時認出它們，並且識別出在它們之間做選擇的必要性。你可能會創造建設性結局，也可能創造破壞性結果，但是你再也不能否認你對自己的創造所要擔負的完全責任。

製造出空虛與痛苦的動能，亦即宇宙的創造、因果與吸引力法則，同樣也能創造喜悅與意義，端看你做出什麼樣的選擇。靈性伴侶會反覆嘗試、實驗這些動能，協助彼此做出有智慧的抉擇。

靈魂療癒摘要3

「靈性伴侶關係」能帶來什麼助益？

靈性伴侶關係的益處

- 靈性伴侶關係的益處是眞實力量。
- 眞實力量是你的心渴望活出的生命，是一個內心滿足、感恩、關懷、有耐心、有意義、富創造力與慈愛的生命。
- 有智慧地運用靈性伴侶關係，能滿足你人格裡慈愛面向的需求。它能創造人間天堂，無論發生什麼事，確實是無論發生任何事，你都活在其中。

當你了解了這些關於靈性伴侶關係的要點，你能想到的最重要問題、你最迫切需要知道答案的問題、同時也是你一輩子不斷在問的一個問題，那就是：**如何**創造靈性伴侶關係？**如何**獲得眞實力量？**如何**支持他人創造眞實力量？

現在永遠是提出與回答這個問題的正確時機。請繼續讀下去吧！

Part 3

如何創造「靈性伴侶關係」？

16

靈性伴侶關係指南：開啓眞實力量的四把鑰匙

創造眞實力量的工具

眞實力量的創造是一個過程，而非活動。它一刻接著一刻地開展，回應著那恆常變動、永不相同的情況。即使是看似同樣的狀況，例如，感到不堪承受的重複經驗或持續的權力競爭，其實也都是全然迥異的。如同一片雪花，結合著不同的意識狀態、意圖與行爲，每一刻都獨一無二。和雪花不同的是，每一刻的複雜性更加盤根錯節，其糾纏的程度遠高於一個幾何形體所能及。你在每一刻都是不同的，你身邊的人也是如此。眞實力量即是在這種萬花筒般、千變萬化的脈絡之下創造而成（或創造不成），萬花筒的每一次轉動都能帶來新的機會與挑戰。

舉例而言，一場爭執能火速演變爲友善的和解，而一次友善的交會也能即刻演變爲一場誤會。你人格裡的恐懼或慈愛受到激發，在每一刻投入了它們的思想、意圖、言語和行爲。同樣的動能也會發生在與你互動的人身上。沒有任何公式或規則能引導你度過千變萬化的每一刻，更遑論是由每一刻所串起的一整個人生。你無法事先決定自己的反應，因爲你不知道下一刻會爲你帶來什麼，你甚至不知道下一刻你是否還會在這個地球學校上，更別提知道別人會做些什麼了。

即使有一種計算方式能預測從地球發射的火箭抵達火星的時間與地點，它也無法預測你和他人在下一刻會做何選擇。別人在選擇性方面和你一樣是不受拘束的。你的身體受制於自然法則（例如，根據重力法則，你從跳水板上一躍而下時會加速），但是你的意志卻不受其限制，你可以自由地選擇生起種種意圖。在當下此刻那恆常變動的豐富樣貌中，你的選擇能力依然保持不變。哲學、神學、心理學與生理學都探討過我們對變化的應對能力，但是諸如此類的簡短導覽，都是受限於理智的一種思想探險。

多官人不會受限於理智，他們的探險遠遠超越了理智的範疇。理智是多官人僱用的員工，而不是雇主。他們會使用理智來幫助自己了解眞實力量、了解創造這份力量必須使用的工具。然而，運用那些工具會帶領他們來到經驗的領域，那是理智無法料想或掌握的。隨著你成爲多官人，你會開始運用理智，而非讓理智利用你。想像一個正在學習園藝的孩子第一次了解到可以利用玩具鏟子來種花，而不一定非要種菜不可。一個重大的改變於是發生了——不再是由工具來決定他要如何使用它，而是由他來決定如何運用工具。

一個頭一次眞正了解眞實力量爲何的人，亦即知道它是什麼、如何創造、爲何它是必要的等等，就如同一個園丁第一回站在一塊完美的土地上，意圖栽種出一座最棒最美的花園。若缺少了他的意圖，這塊土地就不會有任何改變，花園也不會出現。你的完美土地就是你的生命，若缺少了挑戰與療癒你人格裡恐懼部分的意圖，你將依然是個愛生氣、愛嫉妒、滿懷怨恨、需要取悅他人、需要主導一切、喜歡評斷他人、評斷自己的人，並會以無數痛苦的方式持續掩飾無力感之苦。執念（例如，「我很笨」、「我一文不值」、「都怪我」、「我不被愛」等）、強迫性的需求（例如，工作狂、完美主義者、尋找救主等），以及上癮行爲（例如，抽菸、喝酒、暴食、性成癮、看色情影片或刊物、賭博等），將會持續出現。這些都是長在你土地上的雜草，一天又一天、一個月又一個月過去，它們阻礙你想栽種的植物健康生長，例如感激、耐心、欣賞、滿足等。

靈性伴侶就是一大片相毗鄰土地的園丁，彼此分享著各自的知識、經驗與技巧。他們分享著創造眞實力量的愛、信任與承諾。他們的生命遠比園丁的生命複雜許多，但是他們和所有的園丁都有一些共同的基本特色：除非園丁拔除雜草，否則雜草會持續生長；除非園丁栽培花朵，否則花朵不會綻放。要在花園拔草和種花，所需要的工具就是情緒覺察、負責任的選擇、直覺，以及對宇宙的信任。你越常使用這些工具，就越能夠創造眞實力量。當創造眞實力量成爲你最優先的選項，你就會持續善用這些工具。

唯有透過練習，才能造就一位好園丁。對園藝的承諾與辛勤地從事園藝工作，能將那些光是閱讀園藝理論的人與那些實際動手和土壤一起工作的人，區隔開來。實際動手的人會反覆試驗、觀察，並對新芽成長爲植物、開花結果、散播種子然後消失的過程感到驚奇不已，那些經驗的美妙與力量是無法從書上找到的。儘管如此，書本對新手園丁和有經驗的園丁來說，仍是有幫助的。

你若不了解自己的人生使命（花園），也不花心力去發展培育它的工具，你將會讓自己感到筋疲力盡、挫折連連——有時將一件事做得很好，有時不好，有時則渾然不覺。這就是一種「未經檢視之生活」的體驗，更現代一點的名詞是「無意識的生活」，而一個更精確的用詞是「情緒化反應的生活」——一個經常被你人格裡的恐懼所控制的生活。要將一個未經檢視、無意識、情緒化反應的生活，蛻變爲一個充滿覺察、深思熟慮而且充滿喜悅的生活，關鍵就在於創造眞實力量。

眞實力量指南

靈性伴侶會學習如何區別愛與恐懼、做出負責任的選擇、聽從他們的直覺，並且與生氣蓬勃的宇宙一同創造。他們所經歷的各種經驗驅策著他們進入嶄新的領域，他們也會一起探索這些領域。「靈性伴侶關係指南」能對他們有所幫助。指南的內容十分清楚易懂，但是唯有實際去應用，才能將一個受害者經驗蛻變爲創造者經驗，或將追求外在力量所帶來的挫折與痛苦，蛻變爲創造眞實力量所帶來的滿足與充實。

從事園藝工作就是成爲園丁的方法。同理，創造靈性伴侶關係的唯一方法，就是創造眞實力量。「靈性伴侶關係指南」會告訴你如何在各種情況、各種時間，以最有效率、最易上手的方式，創造眞實力量。你越常參考這份指南，就會越常使用它，而你越常善用它，它就越會成爲你意識裡的一部分。無論有什麼樣的挑戰生起，什麼樣的憂鬱來臨，或你內在引爆了什麼樣的怒火，或是急躁、優越感、自卑感、取悅他人的需求、嫉妒、執迷、強迫症、上癮症，或你從他人那裡承受的野蠻行爲等，「靈性伴侶關係指南」都能告訴你如何創造眞實力量。倘若你能善加運用這份指南，就沒有哪件事不能成爲你旅途中的助力了。

這份指南同時也是「眞實力量指南」，運用它，你就能創造眞實力量，無論他人在做什麼都無關緊要。你將它視爲創造靈性伴侶關係的指南也好，創造眞實力量的指南也行，它都是你除了情緒與直覺之外的最有效資源。它能提醒你去體驗你的情緒、聽從你的直覺，然後幫助你付諸行動。它唯一的靈魂目標就是協助你創造眞實力量與靈性伴侶關係。

「靈性伴侶關係指南」不會說教，不會指揮你或命令你。它不是道德命令、哲學結論或神學指示。這份指南就像是一本與人分享發現的日誌，等候其他科學家同伴來證實或反駁。「靈性伴侶關係指南」是一些假設，而探索靈魂層面的科學家會透過親身經驗來證實或反駁。指南永遠會爲這些科學家們指引他們最健康的選擇，幫助他們在迷失的時候發現自己的能耐，並隨時創造出眞實力量。

在我們創造眞實力量與靈性伴侶關係，並分享我們的發現之際，「靈性伴侶關係指南」會持續進化。不管有什麼新的指南出現，它都將支持你，而非造成你的負擔。它會爲你打開好奇與創造力之門，而不會以教條束縛你。它會彰顯你的潛能，而非隱藏你的潛力。它會讓你看見你的愛與恐懼、喜悅與快樂、內在的滿足與成就有何差別，讓你一再地將注意力回歸至一己選擇的力量上。

無論「靈性伴侶關係指南」（眞實力量指南）以什麼形式出現，它永遠會將你的注意力引導至你的情緒上、你靈魂的力場（the force field）上，然後協助你發展情緒覺察技巧，支持你利用你的情緒——更明確地說，是覺察你身體裡諸如胸腔、太陽神經叢、喉嚨等特定部位的感受，然後藉由這些感受來創造眞實力量。它會指出你選擇的基本角色，以及你意圖的本質，然後支持你做出願意負責的決定。它會協助你讓直覺成爲你做決定的主要機制，而非被理智所牽引，然後支持你善用直覺。它會將你靈魂的意圖帶到你經驗與努力的最前線，也會幫助你利用經驗來測量你潛在思想、言語和行動的靈性效力（spiritual effectiveness）。隨著多官知覺取代了五官知覺，數百萬人也進入了一個一己覺察與世界都雙雙擴展的境地。「靈性伴侶關係指南」將讓越來越多的人受惠。

地球學校持續提供你機會去體驗並療癒人格裡的恐懼、經歷並培養人格裡的慈愛。而只有靈性伴侶關係能夠提升、深化這些不斷來臨的機會，並且讓它們更容易運用。它們的設計是意圖協助你進行一些事情，以下是其中幾個例子：

- 利用你的關係創造眞實力量。
- 進行有意識的、建設性的溝通。
- 以健康的方式成爲一個有勇氣的人。
- 對自己和他人都心懷慈悲。
- 以誠正之心來行動。
- 在他人人格裡的恐懼變得活躍時，無條件地鼓勵他去挑戰那個恐懼，並支持他。無論他是否決定要去挑戰，都能爲你自己創造眞實力量。
- 在他人人格裡的慈愛變得活躍時，無條件地鼓勵他去培養那份慈愛，並支持他。無論他是否決定去培養，都能爲你自己創造眞實力量。

「靈性伴侶關係指南」不需要你相信，它會透過你的經驗引領你對宇宙產生信任。多官知覺讓你能從靈魂觀點而非人格觀點看待日常經驗，讓每一刻、每個人的每個經驗裡的慈悲與智慧都能夠彰顯。這不是什麼神祕的知覺，而是一種多官的知覺，以愛與信任取代恐懼和懷疑，讓它能夠越來越清晰地浮現。此外，創造眞實力量與靈性伴侶關係所獲得的建設性結果，也已經變得無可否認了。

多官知覺是一份來自宇宙、隨時可用的禮物，你只需要打開它，就能立刻運用它！眞實力量是一種伴隨多官知覺而來的潛能，它需要被創造，而且你只能在自己內在創造。「靈性伴侶關係指南」是專爲某種旅人（如我們一般）所設計的特別版旅行指引，這些旅人穿梭於地球學校，他們剛剛受到多官知覺的啓發，暫時投入在時空物質與二元對立的經驗裡，同時透過選擇來學習如何讓我們的人格與靈魂趨向一致、如何給予我們的靈魂想要給予的禮物。它帶領我們一步步經歷承諾、勇氣、慈悲，以及有意識的溝通與行動，在我們從無力感邁向擁有力量，亦即從恐懼到愛、從空虛到意義、從痛苦到喜悅的旅程中，爲我們每一個人指出它的力量、它的美好，以及它的必要性。

17 靈性伴侶關係指南（一）：承諾

有意識地選擇、有意識地守護承諾

在我最喜愛的夏威夷文化裡，我最愛的就是「阿羅哈」（Aloha）。儘管它難以解釋，但仍是夏威夷文化中最爲人所知的部分。它的意涵並不難體會。當一個人擁有阿羅哈，他會散發出喜悅、欣賞、歡迎和愛。阿羅哈是敞開、接受、富含力量的。它滋養著生命，也接受生命的供養。心中有阿羅哈的人是輕鬆愉快的。我曾在領養我的蘇族（Sioux）叔叔和西藏僧侶身上看見阿羅哈的特質，那是錯不了的，我覺得自己受到欣賞、傾聽、被欣然地接受。在提出實際問題與探索有意義的主題時，我也感到很安全。我對阿羅哈的體驗越多，就越能夠歡迎他人進入我的生命。雖然夏威夷人遭受到許多剝奪，然而一些人依然能讓阿羅哈活在他們心中，我總是對此感到驚歎不已。

我也因同樣的理由，對我們的原住民親戚感到十分驚異——爲何有些人竟能堅守著療癒、智慧與慈悲的古老傳統，甚至對那些曾背叛、虐待、殺害他們祖先的人，亦同樣以此方法對待他們？這些原住民的力量到底來自何處？

對於那些選擇愛而非憤怒、選擇在當下做出建設性貢獻而非爲過去報仇的非裔美國人，我也因同樣的理由而對他們感到讚歎。馬丁・路德・金恩博士與麥爾坎X（Malcolm X，美國黑人民權運動領導人物之一），都是我心目中的英雄。當我得知金恩博士曾一度因爲憂鬱而失去一切能力，甚至連爲自己穿衣服都做不到時，我對他的敬佩更是無以復加。是什麼讓他在自己的愛之道途上如此堅定呢？是什麼讓甘地在獄中、在遭受毆打時、在周遭捲起宗教戰爭的風暴時，身心依然保持鎮定、安住於內在的中心呢？是什麼讓囚禁在納粹死亡集中營裡的維克多・法蘭可❻，在某個時刻看見了改變他生命的一件事，那就是納粹無法奪走他愛的能力呢？

無論是年輕人或老年人、男性或女性、來自哪一個文化與種族，舉凡能以無比的勇氣體驗恐懼的深度並以愛來行動的人，都深深啓發了我。他們之中有些人廣爲人知、家喻戶曉，有些則除了某些曾蒙受他們恩澤的人之外，並不爲人所知。他們全都承諾以愛而非恐懼來行動。隨著我們成爲多官人，我們也會開始一起成爲同樣的英雄，或至少在看見那份愛的承諾時，生起

❻ Viktor Frankl 是意義治療大師，出生於維也納的猶太人，納粹集中營倖存者，家人全死於集中營。他以切身經驗告訴人們，即使遭遇無盡的磨難，依然可以活出生命的意義。

欽佩之心。

每個人都會承諾全心投入某件事。如果你不確定你的承諾是什麼（即使你認爲自己知道），請看看四周，你會看見它們反映在你身上。當我身爲軍人時，我努力獲得讚美、崇拜與性愛。我未曾從承諾的角度來思考，但如果我當時能從一個非個人觀點來看待自己，我便能及早認出我對性與崇拜的投入程度有多麼深。這些目標是如此地持續不變、如此地熟悉，以致我未能認出它們也是一種承諾，並且不了解還有其他的承諾可供選擇。雖然如此，那仍無法阻止這些目標塑造我的經驗並創造出結果，而且其效力與任何有意識地考慮、有意識地選擇、有意識地守護的承諾一樣大。

多數人都全心投入於創造外在力量，即使他們認爲自己全心投入的是某些健康的目標亦然，例如負擔一個家庭或保護環境等等。他們只是尚未發現自己最深的意圖是什麼，其他人則已知道他們全心投入於創造外在力量。在這兩種例子裡：覺察到自己投入外在力量與未覺察到自己對外在力量的承諾，對外在力量的追求都是一個帶來破壞的死胡同。

承諾投入愛，還是承諾投入恐懼？

我在撰寫《物理之舞》這本書時，非常投入，興奮不已，整個人洋溢著喜悅之情。我知道我是爲了他人而創造，尤其是那些繼我之後也對量子物理學感興趣的人。那些經驗不可能視而不見，因爲對我來說，那是如此新穎、如此獨特。我不再好評斷、好嫉妒，而是欽佩並且欣賞量子理論的建立者，有些人在建立這套理論時，和當時在寫書的我一樣年輕。我不再擔心付不出房租，我每天早晨醒來都迫不及待要開始寫書。如果我當時能從一個非個人觀點來看待自己，就可看見我已承諾全心投入於帶給他人一份能夠獲得力量的禮物，而創造它令我滿懷喜悅。

如果你能從一個非個人的觀點來看待自己，就能立刻看見你所全心投入的是愛還是恐懼。如果你經常怒氣沖沖、心懷怨恨或嫉妒，咆哮或出現情緒退縮，滿腦子充斥著評斷的念頭或總是尋找一個救主，放縱自己成爲工作狂或完美主義者，無可救藥地貪戀酒精、性愛、藥物或賭博成癮，或有暴力與性幻想，而你卻未挑戰這些經驗對你的控制力量，這麼一來，你就是承諾全心投入恐懼。即使你認爲自己是承諾要全心投入宗教、國族、文化、理想（例如，和諧、創造、分享與對生命的敬意）或者目標（例如，保護環境或終結戰爭），你依然是承諾全心投入恐懼。

愛與恐懼是人類經驗裡的兩大承諾，彼此是互相排斥的。人格裡的恐懼與愛，有時會同時變得活躍（這是一個人格分裂的經驗，譬如我愛我的兄弟，可是我不喜歡他），但是你的承諾將會決定你會依據何者而採取行動。如果你承諾投入恐懼，你會做出情緒化反應；如果你承諾投入的是愛，那麼你會適當應對，做出負責任的選擇。如果你承諾投入愛，卻表現得情緒化，而不是適當應對，你便會重新回歸至你心中的經驗，從中學習，然後以你所學幫助自己在下一次以愛來回應。

每一個人格裡的恐懼部分都承諾投入恐懼（追求外在力量），而每一個人格裡的慈愛部分都承諾投入愛（創造眞實力量），你必須二選一。別人選擇什麼與你無關，你的選擇才是重點。承諾投入恐懼會令你生起希望、也會粉碎希望，會令你感到雀躍、也會感到失望，會成功、也會失敗。承諾投入愛會帶來內在的滿足、精神上的鼓舞、篤定感與祝福。你的承諾引導著你的選擇，而你的選擇將創造你的經驗。

愛與恐懼是人類經驗的兩個極端，它們共同包含了人類行爲的每一種可能。它們是地球學校裡的「招牌經驗」，有賴於每個人在每一刻從中選擇。而唯有承諾投入愛，才能在恐懼如磁力般的吸引力變得無比強大時，讓你去選擇愛——例如當喝酒的需求令人無法招架，或憤怒在你內在失控爆發，或你覺得自己一定要贏得某一場權力鬥爭時。唯有承諾投入於恐懼，才會阻止愛塡滿你的生命，並且將你和同樣承諾投入恐懼的人聚在一起。

若缺少了對愛的承諾，當你人格裡的恐懼活躍時，你就無法選擇愛。你反而會咆哮、退縮，在情緒、性或心理方面剝削他人，或喝酒、暴食、抽菸、濫用藥物等。你會以無數種熟悉的方式，以執迷的念頭、強迫性行爲或上癮的行爲，掩飾無力感之苦。每一次，你都只是暫時地麻痺自己，但是麻醉藥會消退。當你對愛做出承諾，宇宙將會協助你，你永遠都能立刻獲得支持，幫助你找到最健康的選擇。儘管你人格裡想要健康的部分非常微不足道，但它卻有整個宇宙作爲後盾。這就是爲什麼承諾投入愛總是能帶來蛻變與療癒，並爲創造力開闢出一條康莊大道。

對愛的承諾，讓一切正向的力量成爲可能

承諾有程度之分。有時候，一份對愛的承諾是即時、深刻而明確的。即使深陷痛苦情緒當中，這份承諾力量依然能讓人重新取得平衡與正確的觀點。例如，有位美洲原住民朋友告訴我，許多年前他是如何戒酒的。「有一天晚上，我在喝醉酒走回家的路上摔倒了，爬不起來，」他說，「我整個臉埋在泥土路上猛嘔吐，但我卻動彈不得。我想要爬起來，但四下沒有人可以幫我。我非常痛恨自己。一陣子之後，我對自己說：『我再也不會讓這種事發生了。』」它果眞沒再發生過。現在，他主持的非營利機構致力於爲企業與政府機關傳授原住民智慧。

其他人會抱持好奇的態度。他們對愛的承諾不深刻，但已足夠帶領他們理解眞實力量的概念。有時候，他們會在電視節目上聽見關於眞實力量的訊息，或瀏覽我們的網站，或閱讀像這樣的書。承諾投入眞實力量的創造，甚至只是拿來試驗一番，都能讓一個人踏上靈性的道途，或讓他在這條路上走得更遠。

每一次，你體會到自己其實不需要受到憤怒、嫉妒、怨恨，或被食物、性愛、酒精、賭博的渴望所控制，你便能夠開始體驗到生命的某種自主性，那是過去不曾存在的。你的選擇和經驗之間的關係變得難以否認，它會成爲解放你的關鍵。即使只是淺嘗這份自主性，便已足夠在你覺得苦惱、憤恨或絕望時提醒你，讓你知道自己不需要再繼續受到恐懼的控制。發現泉水之後，你就不需要再口渴了。每一次，你挑戰自己人格裡的恐懼，就是再度飲用甜美的泉水，然後，你人格裡的恐懼對你的掌控就會鬆開一些，最終，它會完全消失無蹤。一道火光已經點燃了，它在你內在燃燒得越光亮，就越能照亮你人格裡的恐懼和慈愛提供給你獲得靈性成長的機會。

你飲用越多的泉水，就越不需要再承諾重返該處。你口渴的時候，需要承諾你會喝水嗎？肚子餓的時候需要承諾你會吃東西，或疲倦時需要承諾你會休息嗎？你對健全生命的渴望會呼喚你，吸引你的注意，無論你人格裡的哪一種恐懼正在活躍——可能是某種痛苦感受正在復發，猛力地打擊你，燃燒、猛刺著你或讓你的身體疼痛不堪，也可能它們正在思考某種令人沮喪、充斥著評斷或暴力的思想，又或者它們在體驗著什麼樣的無望感或無助感，這些都無所謂。一個全新而健康的潛能將會浮現，就只差一個選擇的距離。你越常選擇它，就越容易將它帶入你的生命中。

承諾去愛、獲得靈性成長或創造眞實力量，讓你可以每天運用在你的意志上，它具有向下扎根的效果，你能利用每一個經驗來創造建設性結果，而非破壞性結果，創造和諧而非失和、分享而非積藏、合作而非競爭、對生命抱持敬意而非剝削生命。無論如何都要依據你人格裡最健康的部分採取行動，在你的生命中創造更多喜悅與更少痛苦、更多意義與更少空虛、更多愛與更少恐懼，這是一種決心。對愛的承諾讓阿羅哈成爲可能，沒有別的方法能辦到。它讓原住民傳統保持鮮活，沒有別的方法能辦到。它讓奴隸與奴隸的後代能彼此相愛而非仇視，此外別無他途。它賦予維克多．法蘭可、金恩博士、甘地與麥爾坎X力量去敞開他們的胸懷，沒有別的方法能辦到。它讓你最終能挑戰並療癒你人格裡的恐懼，並培養慈愛。

沒有別的方法能辦到。

18

承諾實作：自我療癒永遠是第一優先

本章內容是介紹一些看待「靈性伴侶關係指南」的方式，將從「承諾指南」談起。此外還有許多其他方法存在，隨著你依照這份指南來修習，你會發現更多屬於自己的方式。一旦你了解一件事最單純的形式，就能以任何語言對任何文化族群、任何年齡層的人解釋。創造眞實力量很簡單，你要學習分辨恐懼與愛的不同，然後選擇愛。要對自己的多官知覺敞開，發揮勇氣做出不同的抉擇。現在，正是創造眞實力量與靈性伴侶關係的最佳時機——現在，人類經驗正在改變；現在，舊型態的互動方式已經變成有毒的，而健康的新方式正在興起；現在，你已經有了一些洞見，或者說是衝動、願景，想要改變自己的生命，讓生命是無畏無懼的。

✲永遠將焦點著重在如何認識自己，特別是從你的情緒化反應（例如，憤怒、恐懼、嫉妒、怨恨、不耐煩等）來認識自己，而不去評斷或責怪他人或自己

這是靈性成長的核心要點，創造眞實力量的要項，也是和宇宙共同創造、改變自己的重點

所在。讓自己變得更靈活、更柔軟一些，而不是僵化的、義正辭嚴的。假設你所有的情緒煩惱都和你自己有關，而且就只和你一個人有關。別人所做讓你感到緊張的事，並非對所有人都會造成緊張的經驗。如果別人有能力造成你情緒上的痛苦，那麼你將會耗費一輩子的時間，日復一日地試圖操弄或控制他們，才能避免痛苦。你將必須隨時密切注意，對可能來襲的痛苦保持警覺。你會發展出對一己脆弱之處的敏感度，以及保護自己免於曝露它們的方式。你將學會如何取悅他人，如何讓人深刻印象，如何威嚇、主導、恐嚇他人，藉此獲取自己的安全感與價值感。這就是追求外在力量。多數人一直在追求外在力量，每一個人和每一種情況，都以是否有能力為你帶來安全感與價值感、是否會抹煞你的價值、貶低你的能力、削弱你的幸福感，作為你的評估標準。你唯有在覺得不受威脅的情況下才會敞開自己，否則就只有必要時才會這麼做。放鬆的情況，只會發生於你和那些想法、外觀、行為或信念跟你一樣的人在一起時，而想法、外貌、行為與信念都可能會迅速改變。

你甚至害怕讓愛你的人不開心，例如父母、祖父母，以及在你人生中占有一席之地的人，特別是那些你最需要的人，例如父母或祖父母，或那些具有重要分量的人。你畏懼權威人士會將他們的意志強加在你身上，你總是試圖取悅那些能夠給予你自以為需要的事物的人，而你也害怕那些想要奪取你所擁有的事物的人。你獲取的越多，就越害怕會失去。每個人都變成了嫌疑犯。你越是愛生氣，你周遭的人就會變得越愛發怒。你越是不耐煩，你周遭的人也會變得越沒有耐心。

這世界會成爲一個充滿威脅的地方，只能讓你有片刻喘息的機會（如果有的話）。你無法改變自己，只能去適應新情況、新威脅，以及對你的目標與價值構成危險的事物。當你變得越加害怕、防衛心不斷增強，就越無法清楚地看清他人、認清各種情況（如果可以看的話）。你會讓自己置身於那些貌似最不具威脅性的人之中，接著捍衛自己，並與那些看似最具威脅性的人對抗。這就是「未經檢視之生活」（哲學性詞彙）的經驗，一個「無意識的生活」（心理學詞彙），一個「空虛的生活」（存在性詞彙），一個「痛苦的生活」（街頭詞彙），以及「你人格裡的恐懼部分」（眞實力量的詞彙）。

當你將焦點放在他人與外在環境，你便會無視於這些痛苦經驗的根源，亦即你生來注定要去發現（體驗）並且療癒（藉著不依據它們來行動）的人格裡的恐懼；同時也無視於所有令你感到滿足與喜悅的經驗根源，亦即你生來注定要去發現（體驗）並且加強（藉著依據它們來行動）的人格裡的慈愛。創造眞實力量與追求外在力量，兩者是徹頭徹尾極其不同的。你不會試圖藉著改變他人來讓自己感到安全、有價值，相反地，你會去找出你的自我厭惡、自我不滿與自我憎恨的內在源頭，然後療癒它們。你也會去尋找你的感恩之心、耐心與欣賞的內在源頭，進而培養它們。你為改變世界所付出的努力會變得更加聚焦，因為你很明確地知道要如何以最有效的方式永久地改變它：你想要在這世界上改變的，就在你的內在改變。如果你想要看見世界上的嫉妒減少，你就少嫉妒一些；如果你想要看見世界上的暴戾之氣減少，你就少生氣一些；如果你想要看見世界上洋溢著更多的愛，那你就多付出一些愛吧！這是一個充滿雄心壯志的計畫，也是現在唯一能提供你獲得意義、滿足與喜悅潛能的計畫。

✲留意你的情緒，去感覺身體能量中心的覺受，例如胸腔、太陽神經叢與喉嚨部位

利用你的身體獲得靈性成長，能讓你安住於自己的情緒眞相。這麼做，能讓你進入當下這一刻。要讓你脫離自己的幻想、想像與白日夢，沒有什麼比這更有效了。事實上，這些是避開你情緒的方法。在數位科技興起之前的時代，報紙仍是新聞的主要消息來源，賣報小弟會在街頭的攤位上，大聲念出當日的新聞頭條來吸引顧客：「法國開闢新前線！」「英國戰事漸趨激烈！」「股市大漲！」等等。你的情緒就像那個賣報小弟，叫喊著重要的頭條新聞來引起你的注意。忽略它們就像無視於一個含有重要資訊的訊息。情緒的頭條新聞永遠都很清楚易見：「胸部右邊中央部位的疼痛！」「胃部的翻攪！」「喉嚨部位很放鬆！」「胸部是敞開的！」這些感覺會不停地出現，倘若你能將頻率對準它們，就能持續接收到自己情緒狀態的最新情況。各種頭條（情緒）會持續出現，無論你是否覺察到它們都一樣。如果你無法覺察到它們，就無法從中獲益。

那些頭條不會喊出「嫉妒」、「暴怒」、「欣賞」或「感激」等字眼，那些只是標籤，不是情緒。頭條會跳過標籤，直接進入情緒經驗。那是你對它們投以注意力時會得到的東西——直接、未經過濾、沒有標籤的情緒經驗。沒有任何事物阻擋在你和這些感覺之間，你會在身體上感受到它們。清楚而輪廓分明的感受會不斷地來來去去，每一種感受都融合至經常變化的頭條裡。新聞永遠都是最即時的。

倘若你是文盲，報紙也幫不了你；而如果你識字，報紙就能提供你有益的資訊。如果你不了解自己的情緒覺察（甚至盡一切力量逃避它們，例如透過評斷、賭博、飲酒、性行爲等方式），或者不了解自己那至福的、愉悅的情緒（而且不去探究它們，例如假設它們是由他人或環境所引起的），你就無法從你的情緒中得到助益，正如不識字的人無法從報紙中獲益。而假使你可以，你就能利用情緒傳達給你的訊息來改善生活。無論你正在思考、想像或在做什麼，如果你在能量中心附近體驗到的感受，例如你的喉嚨、胸部或太陽神經叢，是不舒服的或痛苦的感覺，那麼你人格裡的恐懼就是活躍的；而無論你正在思考、想像或在做什麼，倘若感覺是愉悅的，那就是慈愛部分在活躍。這些都是無價的資訊，你的身體不會對你說謊。

一旦你知道自己人格裡的某個恐懼部分是活躍的，你便能依此採取行動。更明確地說，你可以不去做恐懼想做的事，例如你可以選擇不咆哮、不批評、不退縮等等。你人格裡的恐懼永遠能創造痛苦的結果，例如將人們推開、孤立、寂寞、缺乏親密感等等。如果你不知道恐懼何時會變得活躍，它們就會為你創造這些結果。如果你在自己人格裡的某個恐懼活躍時能立刻認出它，然後選擇不聽令於它而行動，你便能為自己免去這些痛苦經驗（業），同時削弱你人格裡那些會製造更多類似經驗的恐懼。如果你能在自己人格裡的慈愛活躍時馬上認出它，並且依此而行動，你便是確保了未來能夠擁有一個帶來滿足的、至福的經驗（業），同時也強化你人格裡那些能創造更多此類經驗的慈愛。這就是靈性成長。

請要有耐心。有時候，你會在某些能量中心附近體驗到痛苦的身體覺受，在另一些能量中心附近體驗到愉悅的感受。第一種情況是在恐懼與懷疑中處理那些流經它們的能量，第二種則是在愛與信任中處理它們。這是一個人格分裂的經驗，亦即你人格裡的慈愛與恐懼同時處於活躍狀態。你情緒經驗的複雜程度，將會反映出你生命的錯綜複雜。

✲留意你的念頭，例如評斷、分析、比較、做白日夢、計畫如何回答等，或是感激、欣賞、知足、對生命敞開的念頭等

有時候，要發展出情緒覺察能力，需要透過練習。這是一個逐步發展的過程，就和學習識

字一樣，有些人的技巧比其他人更高明。但千萬別上當：一個到處恣意發洩情緒的人，例如變得歇斯底里、哭哭啼啼、動不動就生氣的人，是放縱自己的情緒，而不是覺察自己的情緒。這不僅無法幫助他獲得靈性成長，反而會將人們推開。如果你無法從身體感受察覺自己的情緒，請繼續嘗試，不要放棄，因爲它們確實就在那裡，你也一定會找到它們（當你沮喪的時候，便是它們會找到你）。同時，你的念頭也會帶給你相同的訊息。如果你想的是充滿評斷、批評、憤怒、暴力、性剝削或悲傷的念頭，表示你人格裡的某個恐懼是活躍的。你人格裡的慈愛想的會是感激、欣賞、耐心、滿足等念頭。當你想的是諸如此類的念頭，表示你人格裡的某個慈愛是活躍的。那就是你生來注定要培養、滋育，並將它帶入你覺知與生命最前線的人格。

即使你能透過能量中心附近的身體覺受感覺到你的情緒，你也依然能同時監督你的念頭。你必定能看見念頭和你的情緒之間有某種關聯。痛苦的覺受會在諸如批評、憤怒、恐懼、評斷等念頭興起時，同時出現；愉悅的覺受會在諸如寬恕、關懷、耐心、感激等念頭興起時，同時現身。請以同樣的方式利用這些訊息。在你人格裡的恐懼活躍時，去挑戰它們，切記千萬不要依據它們而行動；然後在慈愛活躍的時候，培養它們，而且記得要依據它們來行動。當你這麼做時，你人格裡的恐懼對你的影響力將會開始消失，慈愛將會變得更顯著、更吸引你。

✲留意你的意圖，例如怪罪、評斷、一定要對、追求他人的仰慕、遁逃至某些思想裡（智識化）、努力說服等意圖，或合作、分享、創造和諧，以及禮敬生命等意圖

注意你的意圖，就好比留心你的未來。你的意圖創造出你的經驗，而當你知道自己的意圖爲何，你就會知道你在創造些什麼，你也就不會在遭遇到自己所創造的經驗時，顯得大驚小怪。你所不知道的意圖（你的無意識意圖）和你知道的意圖擁有同樣強大的創造能力，但是既然你對它們一無所知，自然也就對你正在創造的東西毫無覺察。當無意識意圖所創造的經驗來臨時，總是讓你驚訝萬分，而且它們從不會是令人愉悅的。例如，一個人若是爲了讓自己感到重要、感到有價值而照顧別人，最終會在他的付出不受到珍惜、未獲感謝時，心生挫折與憤怒。「這些人是怎麼了！」他會如此高聲喊道。「我照料他們，對他們付出百般耐心，總是隨時伸出援手幫忙，沒想到他們竟不知感恩！」他的照料是「有黏性的」，它附帶著一個隱藏的意圖，例如獲得感謝與回報的需要。人們會感受到他的需求，但他們不想爲他的「照顧」付費。他是爲了自己而照顧他們，而不是眞心爲了他們而付出。如果他能覺察到自己的意圖，情況就會改觀，所創造的結果自然也會跟著改變。

在冷戰期間，有個女性在自己的土地上建造了一座地下避難所，她以爲自己的意圖是要照顧他人。她宣稱：「我在我的避難所儲存了足以供應一百個人存活一年的食物。」事實上，她

是儲存了足夠她自己一個人存活一百年的食物。她並未覺察到自己眞正的意圖，但那正是爲她創造出結果的意圖。這樣的意圖不會吸引關心她的人前來，它吸引的是那些告訴自己他們關心他人、實際卻只顧自己死活的人。

意圖是通往一個王國的鑰匙，任何的王國都包括在內，而那就是何以仔細檢視你所選擇的鑰匙是如此重要的原因。有些王國並不讓人動心，例如貪婪、恐懼、剝削、競爭與不和諧的王國；有些王國則會令人怦然心動，例如感謝、滿足、欣賞與喜悅的王國。當你選擇好一把鑰匙，它就開啓了它所屬的王國。如果你不知道自己的鑰匙會開啓什麼樣的王國，你在選擇它之後就會眞相大白。既然如此，何不在你做出最後選擇之前，仔細檢視你正在考慮的鑰匙呢？沒有人喜歡生活在一個暴力、野蠻、貪得無厭的王國，但是許多人卻眞實地生活在那裡。他們以爲自己很友善、耐心十足，只有在他們生氣、暴怒、論斷他人時除外（他們人格裡的恐懼部分變得活躍）。這些時刻，特別是檢視你要選擇哪一把鑰匙的好時機。

在你行動之前，盡己所能地深入探掘，找出你眞正的意圖，如此，它所創造的結果便不會讓你感到意外。如果它們讓你感到詫異，那麼下次在你行動之前，請務必要再挖掘得更深入一些。

19 靈性伴侶關係指南（二）：勇氣

挑戰自己的極限

多官人是以一種五官人不曾仔細想過的方式在使用勇氣。舉例來說，我在軍中服役時，勇氣對我而言就是諸如背著裝備在夜間跳傘這種事。每一次的跳傘行動，都需要一個主傘綁在跳傘人員的背上，然後有一個較小的備用傘綁在前面。裝備跳傘還需要另一個沉重的裝備袋，附著在備用傘的下方。主傘展開之後，跳傘人員會卸除裝備袋，將它懸吊在一條長長的橡皮繩底端，讓它先往下垂落至地面，與跳傘人員保持一段安全的距離。跳傘人員抵達地面之後，他會循著繩子找到袋子，取回裡面的物品。最後是步槍，它會捆綁在跳傘人員側邊，槍口朝上。這是每次跳傘時最讓我擔心的地方。一次完美的著陸都需要一種翻滾動作，而身上綁著一把步槍，就像綁著一根和身軀一樣長的夾板，讓我總是學不會這個翻滾動作。

由於這一切都發生在伸手不見五指的黑暗中，跳出一架飛機外的不自然行爲，以及努力將每個環節做好，希望降落傘能順利展開，主傘若沒展開的話、備用傘不知能否派上用場的擔憂，一定要記得卸下裝備袋子，還有震耳欲聾的飛機聲，以及從空中墜落時那突如其來的寂靜，努力落在預定的降落區，希望風不要突然吹起，看見地面劃破黑暗朝著我直衝過來，害怕會著陸在石頭上或被拖行或兩種情況一起發生，然後努力在綁著「夾板」的情況下順利著陸……這種種憂慮讓我的跳傘經驗變得十分恐怖，然而，我依然一次又一次地做這件事。

甚至在那之前，我曾從大學休學到歐洲旅行，抱著吉他坐在斯德哥爾摩街頭的長椅上，想要鼓起勇氣在街頭唱歌以籌措旅費。我下定決心在我有勇氣起身開始彈奏之前都不走開，無論那需要多少時間都無所謂。後來，我坐在那裡好幾個小時，才終於辦到了。我非常害怕，但仍然去做，一部分原因是因爲我很餓，另一部分原因是因爲我不會讓恐懼阻擋我去做我想要做的事。

這些都是舊式勇氣的例子，那是一種爲了覺得被接受、覺得有價值、覺得安全而去做必須要做的事。孩童與成人都會彼此挑釁，要對方展現出那種舊式勇氣。光是「你是個小嬰兒嗎？」這句話，就足以煽動人做出無數的蠢事，例如在河水深度不明的情況下貿然從懸崖上跳水，或是玩「兩車對衝」的比大膽遊戲。❼我曾利用舊式的勇氣負責過潛入寮國的最高機密任務，更在湍急的科羅拉多河、在多數人都使用划槳艇的時候，以獨木舟輕艇急速泛舟。做這些事讓我覺得自己與眾不同，但我當時沒有看見的是，它們掩飾了我的無力感之苦。

靈性成長需要一種以你的意志來療癒恐懼的勇氣，而非試圖改變其他每一個人。那種勇氣不是鋌而走險、摔斷肋骨仍倖存下來的不怕死莽撞行爲（就像我朋友的登山意外），或是帶著戰鬥裝備進行跳傘（就像我）。那種勇氣是忠於自己的承諾、全心體驗並且療癒你人格裡所有的恐懼部分，而非縱容它們或逃避它們。

你人格裡的恐懼部分是否獲得療癒，全憑你的意圖而定。例如，登山需要勇氣，但假若你登山的理由是爲了獲得肯定或證明自己，那麼，登山本身就成了一種恐懼的行爲。這就是舊式恐懼的例子。登山並未挑戰你的無力感之苦，實際上反而強化了它。我有一個朋友，他對自己鹹魚翻身的戲劇性致富故事感到非常自豪，那眞是一段從貧戶一躍而成超級富豪的驚人旅程。然而，促使他攀登至物質財富頂峰的動力，是想要證明自己有價值、證明自己在世界上擁有一席之地，以及自己是值得被認識與值得在一起的種種需求。創造眞實力量需要的是挑戰自己的極限，而非一直停留在由熟悉的恐懼所建構的城堡裡。

舉例來說，假設你有一件自己知道非說不可的事，卻因爲害怕或覺得自己不配說而閉嘴不

❼兩車以高速衝向對方，誰先轉向就是懦夫。

提。這樣的作法會讓你對分享時可能建立的親密感保持疏離，即使是在你出現諸如憤怒、恐懼、嫉妒、需要取悅、需要退縮等情緒化反應時亦然。在你感到與一個人有距離時，帶著拉近彼此距離的意圖來和對方說話、而非讓對方覺得自己有錯，是需要勇氣的；而退縮、在彼此之間製造內在距離、默默評斷對方與停留在權力鬥爭階段等，卻完全不需要勇氣。

相反地，如果你經常或不斷地發言，但仍覺得自己需要一再開口說話，那麼，說話就不需要勇氣。在這種情況下，強行向他人推銷自己的觀感、強勢主張自己、解釋自己、或一再澄清可能的誤會這種無法抗拒的衝動，都是在掩飾無力感之苦。若是如此，以不說話並體驗自己不舒服的身體覺受來挑戰這種衝動，就是需要勇氣的。每一種例子裡的動能都是相同的，皆在挑戰你當下生起的強迫性感受，無論那是想說話或想保持沉默。將潛藏在需求底下的身體不適感帶至你的意識表面，這些都是針對你人格裡恐懼部分的最直接體驗。做你一向在做的事來掩飾這些覺受、讓自己不斷感到舒適，這些作法並不需要勇氣。事實上，那是靈性上的懦弱表現。

我與琳達相遇時，我正在為取消訂婚而傷心。我和前未婚妻之前曾分開長達五年，但是我仍深深執著於我們兩人共同夢想過的未來。同時，我和琳達的關係卻是我未曾有過的體驗，它既不是關乎性的，也不具浪漫色彩，而是一種引人入勝且有意義的關係，即使在我並不享受與她相處時亦是如此。當時，我決定在敞開心胸接受與琳達的關係之前，最後一次探索與前未婚妻復合的可能性，於是我打了一通電話給她，但她表現出興趣缺缺的態度。就在那天晚上，琳達在我的小屋和我共進燭光晚餐時，問我是否打了電話給我的前未婚妻，問她是否可能跟我重新復合。除了我的前未婚妻之外，沒有人知道我打了那通電話。我驚訝極了，一時間陷入一種我從未體驗過的情況。如果當下我對琳達說謊，便會破壞讓這段關係如此特別的理由；而如果我對她吐露實情，就是冒著失去這段關係的風險。

她耐心地等待我的答覆。最後，我告訴她，我確實打了那通電話，以及我和前未婚妻在電話裡討論的內容。我和她分享自己在這漫長五年所承受的折磨，還有自己多麼渴望實現我們彼此曾共同編織過的夢想。我屏息等待琳達起身、離開餐桌、然後就此走出我的生命，但是她依然坐在那裡，依然看著我。最後，她說：「我很高興你和我分享這一切。現在，我也可以愛她了。」

頓時間，我猶如轉換到了一個新天地。我說了實話，也已經做好心理準備，但是最糟的情況並沒有發生，呈現眼前的反而是最棒的情況——琳達留下來了。我感到如釋重負，鬆了好大一口氣，這份深深的解脫感著實前所未有。不只是琳達依然存在於我的生命裡，我們的關係也因而變得更深入、更堅定。我爲了一個和過去完全不同的全新理由而挑戰了自己的恐懼。我是爲了健康、爲了生命的健全、爲了愛而挑戰它。企圖操弄琳達（特別是琳達），對我而言是件無法接受的事。

當我誠實回答琳達的問題，便開啓了一道門，讓我對過去從不認識的經驗敞開了自己。我覺得自己在宇宙裡就像回到了家，自在極了，並對生命的奇蹟充滿敬畏與感激。過去，我一直利用勇氣來贏得他人的崇拜，獲取成功、認可、一頂「綠扁帽」❽，以及性。這一次，我則是利用勇氣來實踐我的誠正之心。如果我和琳達能擁有一份關係，那麼，我想將它建立在信任的基礎上，而非虛妄的流沙上。我其實很害怕會毀了和琳達的這段關係，但是若爲了保有它而犧牲自己的誠正之心，絕非選項之一，因爲對我想要擁有的關係而言，誠正之心是必要條件。這就是新式勇氣的一個例子。③

無懼於探索內在的恐懼之源

當時，我並未了解到，自己已經發現了使用勇氣創造外在力量與使用它創造眞實力量之間的不同，以及舊式勇氣與新式勇氣之間的差異。在軍中，我對自我價值感的需求是如此深切、無力感的痛苦是如此強烈，以致爲了掩飾它，必要時，我會強迫自己面對死亡。而我對和琳達建立新關係的需求，卻完全是另一回事了。當時，我並非努力透過表現良好或贏得她的好感而讓自己感覺良好，我的目標是探索親密感的深度、健康的新領域，以及和她之間的共同創造。

簡言之，就是與她一同合作、一同分享、一同創造和諧，並且尊重她。

新式勇氣能讓靈性獲得成長，舊式勇氣則會阻礙它；新式勇氣創造出眞實力量，舊式勇氣追求的是外在力量；舊式勇氣會緩和無力感之苦，新式勇氣能夠消除它；舊式勇氣帶領你走向驕傲，新式勇氣則走向內在的富足。

當意志與恐懼交叉在一起，勇氣於是成爲必要的。沒有恐懼的地方，就沒有勇氣，只剩下意志。這些是你人格裡慈愛部分的經驗。慈愛不需要勇氣才能關懷他人、安住於心中、心生感激、欣賞或熱愛生命。慈愛是走過地球學校的無懼旅人，永遠在表達靈魂的能量，持續帶著靈魂的意圖來創造。慈愛是無畏無懼的，不是因爲它們有勇氣，而是因爲它們無所畏懼。慈愛信任這個宇宙天地。當你能將自己與它們其中一部分達成一致，就等於讓自己與靈魂合而爲一。

這會以驚天動地的大事發生，也會以微乎其微的小事呈現。例如，當你的朋友激怒你的時候，你需要勇氣，而且令人意外的是需要很大的勇氣，你才能將自己的注意力轉向內在，掃描

---

❽美國的一支特種部隊。

③若想閱讀這種特殊經驗的另一個例子，請見《靈魂故事》（*Soul Stories*）一書裡的「建立關係的新方式」一章。

你的能量中心，體驗你的身體覺受，並在體驗這種痛苦情緒時，不因被激怒而貿然行動或說話。多數人並不會如此使用勇氣，因爲他們都深受自己人格裡的恐懼所控制。我過去並不了解，更遑論相信的是：要體驗憤怒、羞愧、嫉妒或怨恨而不根據這些情緒來行動，所需要的勇氣，遠比去做一些當時讓我覺得値得崇拜或危險的事，多出太多了。

例如，當我接受招募而加入步兵團時，是毫無勇氣的。我沒有去體驗自己有多麼害怕一試再試後依舊失敗，或有多麼害怕無法達成自己的期望，或我自認他人對我抱持的期望；相反地，我成爲一名傘兵，進而成爲「綠扁帽」的一員，甚至前往最高機密的地點領導最高機密的任務。這些活動在在都讓我覺得自己是個勇氣十足的人。我的確是，但是我的勇氣並不足以讓我在人格裡最強烈的恐懼部分活躍時（它們通常是活躍的），切身去體驗我的情緒。恐懼掌控了我所做的大部分事情，甚至在我覺得自己充滿勇氣時亦然。

「猛男」（Macho）代表的是「因太畏懼而不敢去思考自己會感到害怕的可能性」。我就是個十足的猛男。過去，如果有人說我因爲太恐懼而成爲綠扁帽的一員，我一定會勃然大怒（恐懼），然後滿肚子怨恨（恐懼）。我受到了外在環境的控制。有些外在環境讓我感覺更好，例如當我以性勾引女人而受到崇拜或獲得成功時；有些則是極度痛苦的，例如當我覺得自己表現欠佳或受到嘲弄時。我沒有勇氣將注意力轉向內在，然後在人格裡的恐懼部分活躍時加以適當應對，而非出現情緒化反應。我沒有勇氣問自己：「為什麼**那件事**會讓我不高興？」簡單來說，我擁有的是舊式勇氣，而非新式勇氣。

新式勇氣對於透過靈性成長而進化的多官人來說相當重要，一如舊式勇氣對透過求生存而發展的五官人來說亦至為緊要，但他們的目的卻是不同的。五官人利用舊式勇氣來克服恐懼，是為了探索外在環境，然後操弄並控制一切；多官人利用新式勇氣來克服恐懼，是為了探索內在環境，然後讓自己的人格與靈魂達成一致。

20

勇氣實作：去說或去做最困難的事

五官人會在想要放棄時、不可能有機會成功時、每件事都反對他們或每件事都分崩離析時，對能夠繼續堅持的勇氣心生敬佩。這就是舊式勇氣。想要放棄、沒有力量繼續下去、心生絕望等，都是人格裡恐懼的體驗。多官人欽佩的則是療癒人格裡的恐懼並培養慈愛的勇氣，這就是新式勇氣。

試圖將人格裡的某個恐懼轉變爲慈愛，就如同企圖將一棵樹轉變爲一朵鬱金香，或將一頭豪豬轉變爲一匹馬。療癒你人格裡的恐懼並不會改變它們，而是會在你重複體驗並挑戰那些恐懼時，消除它們對你的控制，直到掌控消失爲止。那需要新式勇氣。

✲不怪罪：為你的感覺、經驗與行為負起責任

這正是眞實力量的中心要旨。每件事的重點都是：你必須爲你的經驗負責。談到爲你的經驗負起責任這件事，只有做到與沒做到這兩種情況，沒有中間地帶。

當我住在雪士達山山腳下時，曾有好幾次試圖走遍這座山森林線以上的周邊地區，但每一回都因爲北邊一個稱爲泥溪的地方出現巨大排水量，不得不中止計畫。雖然泥溪這個名字看似毫不起眼，它卻是一個很棒的地方。這座山曾發生過一次規模驚人的土石流，在地表留下了一個巨大的裂縫，從頂峰附近的冰河開始，一路漸行漸深、逐漸擴大，往下綿延數千英尺。峽谷的兩側十分陡峭，底部非常深，加上表面的碎石堆，讓下降或攀登變得困難重重。所以，泥溪對我來說是無法通行的。

爲你自己的經驗負責與不負責之間的鴻溝，遠比泥溪的峽谷還要大。那是五官發展與多官進化之間的界限。五官人無法填補這道鴻溝，因爲他們將外在境況視爲情緒的根源，多官人則了解得更加深入。

創造眞實力量代表成爲你生命裡的權威。還有誰比你自己更了解你、更能感知你的覺受、體驗你的經驗、關心你的渴望呢？成爲你自己的權威，意味著傾聽他人的忠告，但不一定要接受。例如，如果你聽見一件令人深感共鳴的事，除了你之外，還有誰能說：「那件事值得記住」或「那件事不值得記住」？當你做了一個令自己困惑、害怕或啓發你的夢，除了你，還有誰能決定是否要深思這個夢境的意義，或乾脆拋到九霄雲外呢？

爲自己的經驗負責，代表著提醒你自己，無論發生什麼事，「這件事之所以發生，必定有其原因。我現在或許無法知曉那原因，但我的意圖是要盡力認識關於自己的一切。這個經驗能夠怎樣幫助我療癒人格裡的恐懼呢？」爲你的經驗負起責任，對你人格裡的每一個恐懼都是最根本的挑戰，因爲所有的恐懼從不覺得該爲自己的作爲負責。例如，憤怒相信它們的怒火是由他人造成，而且有正當理由；嫉妒則相信它們的妒忌是因他人而起，理由正當；覺得不堪承受也覺得它們之所以不知所措，一概是由環境造成，是有正當理由的等等。

當你爲自己的所有經驗負起責任，便是將自己放在一個非常有力量的位置上，讓你能夠發現是哪一種選擇造成了哪一個經驗，進而是否要重新創造或不再理會它們。與其認定他人或環境創造了你的經驗（那是受害者看待世界的方式），你反而認爲是你的選擇創造了它們（這是創造者看待世界的方式）。

你對人格裡的一些恐懼部分是如此熟悉，以致它們彷彿是「你的本性」，想要改變它們的想法於是變得不可能，因爲那代表著必須改變你的根本本質。那是不正確的。沒有了你人格裡恐懼面向的扭曲知覺，你的本質將會令你感到驚喜，爲你的生命塡滿喜悅與美好。爲你的經驗負責，能讓你找到並且療癒所有的恐懼。

✲時時刻刻保有誠正之心。這需要付諸行動，例如在你人格裡的恐懼部分不想說話時開口說話，或在它們覺得非說話不可時閉嘴

我搭乘過的第一艘也是唯一一艘郵輪，停靠在牙買加，碼頭上人聲鼎沸的喧鬧情景，對我來說簡直嚇人。數百個人同時爭先恐後地向我們推銷畫作、雕刻、衣服與旅遊行程。衣服與藝術品是個人品味的問題，但是聘用一位導遊一定要非常謹慎才行。船上的職員早已警告過我們，可能會有不愉快的經驗發生，例如被搶。但是我對這則訊息的理解卻是：不同的導遊會帶領遊客經歷截然不同的牙買加體驗。挑選一個導遊帶領你飽覽自己感興趣的島嶼風光，的確是件頗具挑戰性的事。

誠正之心與道德感兩者在你的生命中，皆以指引的面貌呈現；然而，它們是兩種截然不同的指引，自然也會帶領你抵達風景迥異的目的地。道德感會帶領你抵達你的文化、父母或同儕想要你去的地方，它並不鼓勵你造訪那些未經它們允許之處。當你忽略你的道德感，你便會產生罪惡感、覺得懊悔，彷彿你背叛了某人的信任或讓某人的期待落空。事實上，是你們的集體力量期待你去做某些行為，但是它所要求的不僅僅是如此，它還會把一些不容妥協的要求強加於你身上。

舉例來說，當你忽視了一個不容你反對的要求，或是考慮不理會這種要求，道德感會告訴

你：「不要說謊。」（如果你是用古代語言來說，可能是「汝莫撒謊」。）即便只是想著要忽略這樣一個要求或命令，都足以觸發道德感的生起。至少你會有罪惡感，害怕成為一個失敗者，而最壞的情況是你會遭到懲罰，承受無盡的痛苦。這些都是你人格裡恐懼部分的經驗。換句話說，道德感和恐懼是相同的。道德感是對痛苦懲罰的一種難過的、惱人的預期心理。每一種集體力量的要求，無論內容有多大的差異，全是明顯地非黑即白，二選一，不是這樣就是那樣。道德感會引導你來到痛苦那折磨人的恐懼之中，並且讓你想要逃避痛苦那折磨人的需求，那正是道德感的功能。它要確保你順從他人頒布的命令，否則就要因他人判定的懲罰而受苦。

心理學家稱這種現象為權威的「內化」。你並不是那個權威，你是被某個權威所控制的。即使那個權威已然不存在，例如父母過世的例子，你依然會受到該權威的掌控。即便你勇於不遵從某個命令，並認為自己永遠不會被逮到，你依然會活在擔心被發現而遭受懲罰的恐懼（痛苦）裡。你會持續懲罰自己，直到你被別人懲罰為止。那個權威在你內在長期居留，成了你的「道德感」，而你對它的體驗唯有恐懼，別無其他。覺察你的道德感和覺察你人格裡的恐懼，是一樣的。

五官人會在自己違反了一個集體力量的要求時，覺得自己缺乏正直良善。多官人則會在做了某件自知源於恐懼而非愛的事情時，覺得自己缺乏誠正之心；他們會在依據愛、慈悲與智慧而行動時，覺得自己誠實廉正。

當我決定辭去哈佛大學的職務時，我告訴了室友、朋友，最後是學生會會長，而他問我：「你跟你父親說了嗎？」那是我最不想聽到的一個問題。我父親從未上過大學，他身爲移民的雙親更從未上過高中。誠正之心要求我必須回家一趟，親口告訴他，我要離開哈佛了。這需要我鼓起極大的勇氣，但是若不這麼做，我實在離不開。（當時我不知道，我會在一年之後重返哈佛。）

我的一位朋友布萊恩．魏斯辭去了西奈山醫學中心的精神科主任一職，只爲了分享他在病患前世經驗裡的發現，並教導他人如何憶起自己的前世。這個抉擇很可能讓他的醫師執照、一家人的經濟保障，以及同儕對他的敬重陷入險境，但是他的誠正之心要求他這麼做。從此，他透過著書與公開演講爲數百萬人介紹了多官知覺，更在數百萬人身上證實了這一點。

你無法事先知道誠正之心會要求你做什麼。如果你必須藉由說話來逃避自己的不自在、告知人們你的存在、或是控制整個對話，而你也覺察到這一點，誠正之心就會要求你不要開口。如果對著群眾說話讓你心生畏懼，或你認爲自己要說的事不重要，而你也覺察到這一點，那麼，你的誠正之心會要求你開口分享。每一次的互動都能發揮療癒的潛能，而誠正之心會召喚你實現那個潛能。如果你忽略那份召喚，你的心裡會覺得不踏實，好像有什麼地方「不對勁」，或想要重新選擇一次。如果你回應了那份召喚，你會覺得自在舒坦，並且對自己選擇的道途感到心滿意足。

道德感會將自己強加於你，誠正之心則會召喚你。道德感要求你聽從人格裡的恐懼，並且聽命於它們；誠正之心要求你聆聽人格裡的慈愛，並且禮敬它們。道德感帶領你前往他人想要你去的地方，誠正之心則帶領你前往你的靈魂想要去的歸屬。

✻去說或去做那最困難的事。在合宜的情況下，當有人根據人格裡的恐懼而說話或行動時，分享你所注意到的事，以及分享自己害怕說出口卻知道非說不可的話

在分享一件讓你覺得難以啓齒的事之前，請先仔細檢視你的意圖。它是源自恐懼嗎？你是否要說一些評斷他人、怪罪他人的話呢？或者，它是源自於愛呢？你的意圖是否是想創造一個更健康的關係，或是支持彼此獲得靈性成長呢？話語能發揮極大的療癒效果，也能造成難以彌補的傷害，特別是當你心煩意亂的時候。這份指南並不是一張許可證，允許你或明或暗地發洩、發飆、任意評斷、鄙視、批評或譴責。換言之，說出那最難以啓齒的話，不代表讓他人覺得自己有錯、自己較低劣或是個壞蛋。

說出那難以開口的事，能幫助你消除彼此之間的隔閡，並協助你以真誠、發自內心且合宜的方式這麼做。它能挑戰你人格裡認爲「這麼說會傷害他」或「這麼說我們將不再親密」的恐懼。其實情況正好相反，逃避必須要說的話，才會破壞彼此的親密感。例如，如果你沒有勇氣告訴朋友他的憤怒嚇壞你了，或是你無法接受他嗜酒如命，你們彼此之間將產生距離，而且勢必會漸行漸遠。

你人格裡的恐懼部分不會說出那最難以開口的事，因爲它們汲汲營營於獲得安全感與舒適感。例如有一次，琳達詢問一群跟著我們學習眞實力量數年之久的學員：「在這個團體裡，你覺得有哪個靈性伴侶已經準備好要爲『眞實力量課程』的新學員提供支持？」房間裡頓時鴉雀無聲。沒有人願意冒著危及彼此關係的危險，談論團體裡的其他人（注意了！這不是靈性伴侶關係）。最後，她直接詢問其中一位學員。

「這裡的每一個人都準備好了！」他斷然表示。「這裡的任何一個人支持我，我都會感到十分榮幸。」琳達停頓了一會兒，然後問他在回答這個問題之前，是否運用了「靈性伴侶關係指南」，亦即是否掃描了身體能量中心的覺受，留意了自己的念頭，並且觀察了自己說話的意圖。接著，她再度問他，覺得自己的回答是源自人格裡的恐懼還是慈愛？他看見了自己人格裡的某個恐懼部分在宣稱：「這裡的任何一個人支持我，我都會感到十分榮幸。」他知道在這裡，並非每一個人都準備好要支持新學員，他的靈性伴侶也清楚這一點。

最後，琳達問他是否能一個一個地檢視這裡的人，直視每個人的眼睛，然後告訴對方，自己是否覺得他已經準備好支持新學員。這需要勇氣，才能爲自己的決定負起責任，才能挑戰人格裡不想回答問題的恐懼，才能逐一告訴每一個靈性伴侶他眞正的感受。他決定帶著支持的意圖，眞誠地對那些他認爲尚未準備好與他覺得已經準備好的人，說出那最難以啓齒的話。

這個決定爲團體裡的每一個人造就了截然不同的情況，它將一個原本淪爲取悅他人、缺乏誠正之心（放縱人格裡的恐懼）的表面活動，蛻變爲一個即時在當下爲彼此帶來支持的體驗。他爲靈性伴侶關係及其所需要的勇氣與眞摯，樹立了一個楷模。接著，團體裡的每一個靈性伴侶都回答了相同的問題，一個一個輪流對彼此說話。當你帶著挑戰與療癒人格裡的恐懼這個意圖，說出那最難以開口的事情，你便創造了眞實力量。當你對他人的關懷，足以讓你說出你害怕會傷害彼此關係的事情時，你也將創造眞實力量。當你的關懷能夠讓你在開口前先思考一個最合宜的表達方式時，你同樣是在創造眞實力量。

說出並且去做那最困難的事，對靈性伴侶關係來說並非一種偶爾才需要的必需品，它是一份持續的承諾。

❖ 靈魂療癒摘要 4 ❖

「靈性伴侶關係」如何減少恐懼，培養慈悲？

從勇氣到慈悲

要從操弄與控制環境和人來獲得安全感與價值感的舊式勇氣進入慈悲（「靈性伴侶關係指南」的下一個主題），非常困難，甚至是不可能的。從體驗你人格裡的恐懼、挑戰那些恐懼並培養慈愛的新式勇氣進入慈悲，卻是個自然不過的步驟。

刻意減少你生命裡的恐懼、且刻意增長你生命裡的愛，怎麼可能不直接引領你進入慈悲之境呢？

21 靈性伴侶關係指南（三）：慈悲

僞裝的慈悲vs.眞實的慈悲

多官知覺將揭開許多五官人視之爲慈悲經驗的面紗，這些經驗包括看見可愛毛小孩時湧現的溫暖感受、捐贈遊民金錢、贊助慈善活動等等。多官知覺將揭露它們與慈悲的巨大差異。慈悲是無二無別地關懷他人。你人格裡的每一個恐懼追求的都是外在力量，有時，這樣的動機是隱而不見的，例如，隱藏在一個意圖讓客戶鬆懈心防或引誘一個潛在性伴侶的微笑裡。一個源自人格裡慈愛的微笑具有滋養效果，能表達喜悅，讓你與他人更親近。

如果你不知道自己人格裡的恐懼部分何時活躍，也不知道人格裡的慈愛部分何時會主動出擊，你便無法分辨慈悲和僞裝成慈悲的恐懼。要創造眞實力量需要具備這樣的分辨能力。將你大屋子裡的每一個房間點亮，亦即去發現你人格裡的所有恐懼與慈愛，就能讓看似慈悲的恐懼與眞實慈悲之間的差異，變得清晰可見。當你啓程踏上靈性之路，你會驚訝地發現，自己竟在很大程度上認爲自己內心是慈悲，而他人是不仁慈的。你也會發現，眞正的慈悲與你過去所認知的慈悲，有多麼大的差別。

例如，送錢給一個有酒癮的遊民，和爲一個富有的酒鬼買酒一樣，都不是慈悲。是你的哪一部分人格將這樣的贈予視爲慈悲呢？（提示：恐懼部分）是哪一部分將它視爲破壞性的行爲呢？（提示：慈愛部分）無論你贈予貧窮遊民什麼禮物，你人格裡害怕自己會成爲流落街頭遊民的意念，都會將它視爲是慈悲之舉。遊民會讓你人格裡的這些想法變得活躍，於是便以贈予金錢來掩飾無力感之苦。這些想法在乎的才不是那些遊民。遊民是你人格裡的一個「對象」，且是一個令人害怕的對象。當人格裡的某些意念送錢給那個對象，它們會在那一瞬間看見自己，因爲它們希望看見自己這麼做，同時也希望他人看見自己是如此地慷慨、慈悲爲懷、有利他心。然而，人格裡的意圖並不眞的這樣，它們其實是恐懼的。

換句話說，五官人可能會將一個行爲視爲是慈悲的，而多官人卻知道它可能並非如此。慈悲行爲與恐懼行爲之間的差別在於意圖。一個追求外在力量的人對自己的意圖並不感興趣，他們不會區別他們自以爲抱持的意圖（例如，幫助不幸的人），他們可能知道、也可能不知道的隱藏意圖（例如，創造一個仁慈、慷慨、慈善家的自我形象），以及一切表面作爲底下驅動他們去給予的眞實意圖（操弄並控制環境以獲取安全感與價值感）這三者之間的不同。創造眞實力量的人則會努力在每一刻認出他們的意圖。

五官人會將多愁善感與慈悲混爲一談。他們會讓自己沉浸在一種舒適愜意的感受裡，而誤認爲那就是慈愛的經驗。例如，他們在看見討人喜愛的孩童與嬰兒照片時，感覺心快要融化了。他們喜歡看見一對戀人手牽手踏著浪花奔跑，也喜歡欣賞畫作裡那古樸溫馨的小屋，映照著夕陽的美麗餘暉，好似一切就該如此美好。這些都不是慈悲的體驗，而是試圖逃避地球學校所帶來的情緒挑戰。慈悲是一種完全活在當下的覺知狀態。多愁善感是一種從你的生命裡缺席、否認人格裡恐懼的困難經驗，它是一種脫節的、立基於恐懼的幻想。慈悲則是親密的、眞實的。

北美的拉科塔印第安人說，一人的創傷等於全體的創傷，一人的榮耀等於全體的榮耀。我們可以套用這個智慧，以眞實力量的詞彙這麼說：一人的痛苦等於全體的痛苦，一人的喜悅等於全體的喜悅。我們會感受到他人的痛苦，他們也會感受到我們的；我們會感受到他人的喜悅，他們也會感受到我們的。一個人格裡的恐懼部分會與其他人格裡恐懼部分的經驗起共鳴。如果我們的父母離開了地球學校，我們會對其他擁有類似經驗的人感同身受，我們共同的傷痛會爲彼此創造出一份親密感。同理，一個人格的慈愛部分也會與其他人格的慈愛部分起共鳴，例如，如果我們體驗到寬恕的療癒力量，我們就會對其他走過相同道路的人感同身受。我們能夠理解他們、欣賞他們，他們也能夠理解並欣賞我們。

將他人的經驗認知爲我們自己的，並對他們感到親近，這種自然的能力並不是慈悲。舉例而言，毒癮者之間也會對彼此深有同感，他們擁有共同的經驗，但是他們在一起時所產生的自在舒適，卻無法幫助他們變得更健康，反而會支持他們繼續停留在上癮狀態。那些將自己當成受害者的人，例如毒癮者，會與其他同樣將自己視爲受害者的人起共鳴。他們會互相體諒、對彼此的感覺瞭若指掌、憐憫彼此，但那不是慈悲。

如何培養並創造眞正的慈悲

我在軍中時，覺得與特戰部隊（綠扁帽）的弟兄們在一起，比和其他人在一起更自在。我們能夠彼此體諒、對彼此的感覺感同身受，但是無論我們覺得自己有多麼關心對方，我們仍是沒有慈悲心的。我們的任務要求我們否定人性、感性與敵人的痛苦，要求我們無人性、無感性，並將我們的受苦提升爲英雄主義。慈悲會改變這所有的一切。它會抹去盟友與敵方之間的差別，只有地球學校的同學留下。慈悲會開啓你的心扉，讓你睜開雙眼，關懷他人取代了畏懼他人，他人的痛苦和喜悅將幫助你創造眞實力量，同時也幫助對方創造眞實力量。你會看見他們的痛苦（人格裡的恐懼）與喜悅（人格裡的慈愛）的根源，而你的關懷足以幫助他們挑戰並療癒恐懼，以及培養慈愛——如果他們選擇這麼做的話。

這是一種非常不同的動能，與照顧他人、製造一個能取悅自己的自我形象、用看似慈悲的行爲操弄他人，相去甚遠。這與繼續受困於無力感的共同經驗不同。它是利用你對他人經驗的理解去支持他們創造眞實力量，並且眞誠地關懷他們。例如，我在軍中的經驗有助於我和穿著制服、攜帶武器，諸如警察等人員溝通，但那樣的能力不是慈悲。那些經驗讓我更能夠體諒所有穿著制服的公職人員，例如消防隊員、海岸巡邏隊員等，但那樣的能力亦不是慈悲。如果我對他們的關懷足以讓我利用我的理解去幫助他們，這才是慈悲。

和擁有相似經驗的人在一起所獲得的舒適自在感是一種黏著劑，將個人緊附於諸如文化、國族、宗教、種族、性別等大型集團中，或者黏附於諸如專業、商業、社會機構等較小型的團體裡。那種非白人勿入、猶太人禁止的鄉村俱樂部就是其中一個例子，它在這些有共同經驗的個人之間創造出無數的共同喜好，例如養育子女、股市交易，甚至維修水電。這是吸引力的宇宙法則在運作的例子。一般來說，只有兩種能量存在，就是愛與恐懼，而吸引力的宇宙法則持續地將愛和愛聚攏在一起，將恐懼和恐懼聚集在一起。它讓那些挑戰自身恐懼的人與其他同樣這麼做的人彼此爲伴，也讓那些培養愛的人與其他這麼做的人彼此相伴。

挑戰你人格裡的一個恐懼部分，這同時也培養了你人格裡的一個慈愛部分，能培養慈悲心。它能同時改變你對自己的體驗，以及你對他人的體驗。你越是不評斷自己，就越不會去評斷他人；你越是能欣賞自己，就越能欣賞他人。當你愛你自己，你也就愛他人。對自己的慈悲與對他人的慈悲是一個銅板的兩面，一面是你與自己人格裡的恐懼和慈愛互動，另一面則是你與其他人格裡的恐懼和慈愛互動。

你人格裡的慈愛是充滿慈悲心的，恐懼則否。如果你不在這兩者之間做出選擇，你人格裡的某個恐懼就會替你選擇，這麼一來，你將無法體驗到慈悲，無論你的行爲對他人看似多麼仁慈都沒有用。在你感受到人格裡的恐懼爲身體帶來的痛苦覺受時、在你觀察到恐懼的評斷思想並看見其破壞性意圖時，你若還能選擇依據人格裡慈愛的意圖來行動，就能創造眞實力量，同時也能培養慈悲的言行。換句話說，慈悲的言語和行動，有賴於有意識的選擇。在憤怒的時候咆哮是一種無意識選擇，在感覺到性需求時與一個有意願的同伴發生性關係是一種無意識選擇，在渴望來根菸時抽菸、需要喝一杯時喝酒、興起賭博衝動時去豪賭一番等等，這些都是無意識選擇。慈悲的言行並不是執迷、不由自主或上癮的，而是合宜適切的。

你不可能對一個人慈悲，卻對另一個人不仁慈，正如你不可能對所有人慈悲，而對自己不仁慈一般。慈悲不排除任何東西（包括你），也沒有例外（包括你），它具有開啓、解鎖的作用，能夠爲你移除障礙。慈悲是一種無畏無懼、無隱藏動機、無執著亦無期待的關懷。慈悲無法藉著祈願、肯定、觀想或祈禱而出現，正如農夫不能透過祈願、肯定、觀想或祈禱而讓作物長出來。農夫可以選擇自己想要收割的作物，但那仍是不夠的，他依然必須將土壤準備好、播種、灌溉、施肥、拔除野草。如果你想要收割慈悲的果實，你就必須創造眞實力量。

在創造眞實力量過程中的某個時間點，你所做的努力將會變得更眞實。你了解到，你的情緒覺察與負責任的選擇正在影響著你生命的實質面向，亦即影響你擺脫人格裡恐懼的控制，並且創造一個愛的生活的能力。當你了解、並且是眞正地理解到，允許人格裡的恐懼爲所欲爲比挑戰它們更令人痛苦，如此，挑戰恐懼所需的勇氣便會取代挑戰它們所帶來的滿足，並以做出負責任的選擇取代不負責任的情緒反應。於是，你開始能爲自己與他人創造不同的結果。你不會再爲了取悅別人、爲了被接受、或爲了替自己帶來安全感與價値感而改變。你改變，是因爲你想要改變，是因爲你不願再受到人格裡的恐懼所控制。你改變，是因爲你不想再體驗恐懼的痛苦，以及它們所製造的惱人結果。

你會吸引和你做相同事情的人，你也能看見別人的痛苦有多深刻——那份無力感之苦，以及爲了逃避它而製造出的破壞性痛苦結果，因爲你已經親自體驗過自己的那份痛苦。這就是慈悲誕生的過程。

你知道要挑戰並療癒人格裡的恐懼有多麼艱難，正因如此，你知道這對別人來說同樣十分不容易。你也看見你在自己內在所創造的自由，而你想要與他人分享如何創造那份自由，亦即如何利用包括痛苦的經驗來成爲自己生命的主人。你品嚐了你努力之後收穫的果實，也看見這不是任何人能給你的。然後，你看見他人迫切地尋找某人或某件事來給予他們意義與目標、滿足與喜悅，而那樣的追尋是多麼無用！

那就是你想要爲人師、想要修正、想要給他人留下好印象、想要改變信仰或照顧他人等種種需求消失的時候，那也是對外在力量的追求失去吸引力的時候。謙遜、清明、寬恕與愛將填滿你的生命，留下的一切只剩你靈魂的意圖，而你可以利用它們來引導你，在每一刻帶著一顆力量飽滿且不執著於結果的心來創造。

那就是創造慈悲的方式。那份慈悲在每個靈感的瞬間依然持續著，在佈道會結束後依舊能夠持久不墜。慈悲能引領你度過最困難的經歷，並將它們蛻變爲最有助益、最有價值的經驗。

22

慈悲實作：消弭你與對方的距離感

慈悲心是由心的活動所驅使的。唯有人格裡的慈愛，是由心所驅動。人格裡的恐懼部分有其不同的行進方向。心可能產生的行動是無限的，每一刻都有供其取用的機會生起，每個機會都因時間與情況不同而顯得獨一無二。你的創造力是無窮無盡的，因此，它也是你以慈悲來行動的管道。

修習「慈悲指南」，能在你的內在培養慈悲。當你獨自一人思考時，想像你遵循指南的情況，與你的靈性伴侶或那些對靈性伴侶關係一無所知的人在一起時，也請務必遵循這份指南。如果你不確定如何挑戰人格裡的恐懼，或在當下沒有洞悉到慈悲的回應，都請遵循這份指南，並且要一再地遵從它的引導。

✲將你的觀點從恐懼轉變為慈愛：選擇從一個慈愛或欣賞的角度看待自己與他人

將你的觀點從恐懼轉變爲慈愛，是創造眞實力量過程裡最重要的動能。那是從焦慮轉而成爲欣賞、從痛苦轉而成爲喜悅的改變。你無法改變你的任何情緒，但是你可以選擇在情緒來臨時要怎麼應對。你可以做出情緒化反應（再做一次你之前的無意識舉動），或適當應對（以不同的方式面對，有意識地選擇另一個意圖，重新創造）。當你覺得憤怒、沮喪、嫉妒、滿腦子批評的念頭，或感受到任何來自人格恐懼面向的熟悉痛苦體驗，你都可以選擇將知覺轉移至人格裡的某個慈愛面向。

你人格裡的恐懼總是在體驗令人不安的知覺，而那些慈愛部分總是在享受仁慈良善的知覺。它們不斷爲你提供地球學校的基本選擇：愛或恐懼。你會接受人格恐懼部分的觀感，身陷它的泥沼、溺斃其中，將自己禁錮在由熟悉的痛苦經驗所築起的城堡嗎？還是，你會透過將注意力轉移至其他觀點、其他可能的理解方式與意圖，進而承認它們、感覺它們、挑戰它們呢？當你選擇耽溺在人格恐懼部分的那些經驗與扭曲的觀感中，你便是在追求外在力量。當你決心探索其他可能性，盡力做出最健康的選擇，甚至在人格裡的恐懼像磁鐵般地吸引你時，也能堅持這麼做，那麼，你就能創造眞實力量。

有時候，宇宙會給予你一些經驗，讓你能毫不費力地轉移至一個慈愛的觀點，獲得一種由恐懼到愛、恩典滿溢的經驗。你可能已經有過這樣的經驗了。例如，有次琳達和我結束一趟旅行後搭機返家，我們在飛機上坐定，也樂得讓兩人中間有個空位，如此，我們就有地方可以放書、筆記本與零食等，而且隨手就可以拿到。就在艙門關閉前，有個一頭亂髮的男子在走道上朝我們走來。他在琳達身邊停住，拿出自己的機票給她看，那個空位是他的。於是琳達將自己靠走道的位置讓給他，挪了身子坐在我旁邊。那人衣衫不整、滿臉鬍渣、頭髮凌亂，渾身散發一股酒味。

我可以感覺到琳達的顧慮，我也擔心他在整個長途飛行期間坐我們旁邊是否妥當。起飛期間和隨後的二十分鐘，我們都安靜地坐著。當空服員過來的時候，他點了一杯波本威士忌，儘管那時仍是清晨。琳達通常很喜歡與同行旅客聊聊天，但這次她保持沉默。她在衡量身邊這位旅客，我看見她在沉思（或感覺）。接著，出乎我意料之外地，她問了那個男子：「您是哪裡人？」他並未直視她，只輕聲地說：「我剛埋葬了我的女兒。」

這短短的一句話，敲開了我的心門，我看見琳達也被打動了。她變得主動而且好奇，並且不再妄下評斷、保持距離。她輕聲地問了他一些問題，慢慢地，他的故事逐漸浮現。抵達機場的時候，我們已經成爲朋友了。他本來打算搭計程車回家，但是我們得知他住的地方其實離我們家很近時，便提議順路載他一程。我們最後一次見到他時，他就是在揮手跟我們道再見。飛機上的大多數時間裡，我並未聽見琳達與他的對話，但是我知道她在輕聲與他談論著人格的恐懼與慈愛，同時也儘量幫助他將自己的哀傷與痛苦經驗，視爲源自他人格裡的恐懼能夠被挑戰與療癒的機會與體驗。

修習這份指南，能提醒你記得將自己的觀點從恐懼轉換爲慈愛。例如，當你在一個快速結帳的隊伍裡不耐煩地等候結帳，而最前面那人卻在翻找他的支票簿（其實商家不接受支票），然後慢慢寫著支票，支付那滿滿一籃的雜貨（這個櫃檯只允許少數結帳物品），這能夠提醒你問問自己，是否也曾不小心或者故意做過同樣的事呢？她是否讓你想起自己的祖母？或你最喜愛的鄰居呢？你所愛的人或關心的人當中，是否也曾做過同樣的事，卻完全沒有發現別人正在痴痴地等候呢？

找個方式讓一個新的觀點化解你的恐懼，讓你在此時此地就成爲一個能夠欣賞而非評斷、能夠愛而非畏懼的人，藉此創造眞實的力量。

✲消弭你與任何人之間的距離

當你覺得與他人有距離感，那是你人格裡的某個恐懼部分正在活躍。製造人我隔閡的方式非常多，就和人格裡恐懼的經驗一樣繁雜，例如，嫉妒、怨恨、憤怒與需要取悅別人、覺得自己理所應得、覺得受不了、覺得自己不夠好或不耐煩等等。所有這一切，都是讓你挑戰、療癒人格裡的恐懼並培養慈愛的好機會。當你感受到與某人的親近感，或第一次與某人在一起就感覺很親密時，你會知道，人格裡的恐懼已不再能控制你了。

上個世紀，瑞士心理學家榮格闡述了一種方法，讓所有人都能在特定情況下發現自己人格裡的恐懼部分，然後去體驗它。（不過，榮格並未使用「人格裡的恐懼部分」這個詞，而且他是爲心理分析學者而寫的。）舉凡你不想在自己內在看見的（人格裡的一個恐懼部分），你便會將它「投射」至這個世界，然後在你的外在看見它，而你一旦看見的時候，總是覺得十分厭惡。榮格將這種動能稱爲「投射」。

換句話說，你因爲太痛苦或太羞恥而無法承認的那些內在部分，你會在別人身上看見，而且你會討厭他們內在的這些面向。例如，如果你認爲自己是關心他人的，但你人格裡的恐懼部分其實根本不在乎別人，你便會覺得那些不重視別人的人令人厭惡。他們可能眞的是、也可能並不眞的關心他人，但重要的是，你在別人身上看見了（或認爲自己看見了）那份不在乎的痛苦情緒經驗。

你所感受到的厭惡程度，正好反映出你有多麼不願意承認自己內在也擁有同樣的特質。如果你眞的不願意見到自己內在的某種特質，當你從他人身上看見這一點時，著實不會喜歡。那些最頑固、最自覺正義凜然、最充滿敵意的「正義之師」，例如那些強烈反對同性戀與娼妓的人，都是投射的例子。許多激進份子都發現他們被自己所痛恨的事物吸引，而這種吸引力讓他們恐懼不已，以致他們根本不敢去想自己內在亦存在這些東西的可能性。但他們越是與自己外在的這些特質奮戰，其致命的吸引力就越強，最後，他們會發現自己正在做自己最鄙視的事情，例如與娼妓發生性關係。

你可以檢視自己，是否將人格裡的某些部分投射到他人身上，然後在這過程中，爲自己創造消弭彼此距離與隔閡的體驗。下次，當你剛認識某人，或遠遠看見某人就立刻生起厭惡心時，留意自己到底不喜歡他們哪一點，將引起你反感的每一件事寫下來。要具體而明確，例如：「他很自大。他沒禮貌。他很自私」，然後看看你自己是否也有這些行爲。

一開始，你會覺得自己怎麼可能與討厭的人有任何相似之處。要堅持下去，最終，你會在自己內在發現討厭之人身上那個令你厭惡的特質，如此一來，你心中對他人的評斷將會消失無蹤。正如你從自己內在認出那位結帳時耽誤你時間的人，你也從自己內在認出了那位令你不悅、惹惱你或激怒你的人，這一刻，你與他之間的距離也將隨之消弭殆盡。你將能夠理解他，你會知道他有過什麼體驗，因爲你也曾有過相同的經歷。你不再視他爲令人痛恨的目標，而是一個和你一樣有著人格恐懼部分的人。

我認識琳達不久之後，發現自己很討厭她的滿腹牢騷（我的觀感是如此）。我了解投射是什麼意思，但我就是無法想像要如何將這個理論套用在這個例子上。綠扁帽成員絕不發牢騷。我的確做過許多自己不願承認的事情，但是牢騷？依我之見，絕不是那些事之一。然而，琳達的牢騷（或說她在我觀感裡的牢騷）不斷地惹惱我，因此，我決定開始從自己內在尋找牢騷。有一天下午，琳達提醒我，我可能正在做一件自己無法想像的事（這件事不是發牢騷），我回答她的最後一句話是——「我沒有！」我先是低了幾度音階，接著又提高了幾乎八度音階。這可是一流的牢騷啊！我聽見自己在發牢騷了！我**知道**自己若仔細聆聽，就會聽見，而且確實如此。發現我的人格裡有某個自己無法想像它竟會存在的恐懼，著實是個令人解脫的經驗。

無論你推開的那人是否眞如你所想的那樣，痛苦情緒的高漲都在告訴你，你人格裡有個恐懼部分正在活躍。舉例來說，如果你是誠實的，那麼，注意到他人不誠實就不會在你內在製造出情緒反應。你會看見他人格裡不誠實的恐懼部分，然後依此行動，譬如不要把你家鑰匙交給他。如果你也是不誠實的，或不願意承認自己並非總是正直坦率，那麼，你將會針對他人的不誠實而評斷他、責怪他、避開他、說他閒話等等。換句話說，從另一個人格裡認出你人格中的恐懼不是投射，對它做出情緒化反應才是。

✲聽別人說話時要專注於當下，不要忙著盤算如何答話或評斷他人

如果和你在一起的人未能獲得你的注意，你便是失去了力量。專注與他人同在不是一種溝通技巧，然而爲了有意識地投入你的生活，它是必要條件。舉例來說，如果你漫不經心地和某

人在一起，想著如何回答他，或想著自己應該去做什麼別的事，或覺得他不值得你的注意，你就是踏入一個白日夢與分心的空虛狀態裡。與地球學校同學之間的互動，就是你的課程內容。你若總是漫不經心地與人相處，就無法洞悉宇宙為了讓你發現你的痛苦與喜悅根源所提供給你的機會。你等於坐在一口井旁邊，卻在喊渴。水就在那裡，你卻視而不見。有些人一輩子都在喊渴。

和我有收養關係的蘇族叔叔告訴我：「姪兒啊，有人在說話的時候，永遠要帶著敬意聆聽，即使你認為他說的話很荒謬，也要如此。」他並不是對阿諛奉承感興趣，他是在承諾創造一個充滿力量的生命。你在離開一場交談之前，不該讓自己的注意力先走一步。沒有所謂的非正式或隨意的互動。你和那些你所遇見的人都同樣是靈魂，都在學習關於力量、責任、智慧與愛的課題。

白日夢、懊悔與期望，都是你人格裡恐懼部分的經驗，無論你擁有多少，它們都無法滿足你。對你而言，最有意義的回憶是讓自己缺席、忽略其他靈魂，還是退縮到自己的思想裡呢？或是那些以專注於當下作為禮物贈予你，同時也接受你相同饋贈的靈魂呢？

力量只存在於當下這一刻。好好品嚐每一刻，但不是藉由緊抓著它不放的方式，而是去擴展它。

23 靈性伴侶關係指南（四）：有意識的溝通與行動

你的意圖會引導你如何與別人互動

創造眞實力量涵蓋了你生活的全部，它包含了你所有的經驗，包括你的一切情緒與念頭，然後揭露出你所有的意圖。沒有任何互動、任何人、環境或經驗是被排除在外的。你的整個生命都能幫助你創造眞實力量。沒有什麼事會因爲太大（例如，絕症）、太重要（例如，世貿中心攻擊事件）、或是太嚴重（例如，全球的經濟）而被排除在外，也沒有什麼事會因爲太小（例如，一個嫉妒念頭）、太沒有意義（例如，一閃而過的預感）、或太不重要（例如，一個送給小孩子的禮物）而不被包含在內。

你若不試圖利用生命裡的每一件事來創造眞實力量，就好比企圖在沒有水的情況下游泳。你可以想像自己在游泳、勾勒那樣的畫面、閱讀跟游泳有關的書、讓自己獲得關於游泳的靈感，甚至練習揮動手臂與雙手，彷彿自己眞的在游泳；但是若沒有水，你就是無法游泳。你不能在濕地板上游泳，也無法在一個淺淺的小溪裡游泳。你必須讓自己浸在水裡、完全泡入水中、整個人進入水裡才行。當你立定了游泳的意圖，那樣的意圖會引導你直接進入水中；而當你設下了創造眞實力量的意圖，那樣的意圖也將直接引領你與他人互動。

創造眞實力量與之前每一種靈性、宗教與自我成長的方法都不同。對祈求宇宙幫助他們打敗敵人、祈請神祇賜予好運、操弄並控制環境與他人以求一己生存的五官人來說，眞實力量是說不通的，亦是無用的。創造眞實力量會將你人格裡看重自身經驗更甚於他人經驗、看重自身幸福更甚於他人福祉、看重自身生命更甚於他人生命的每一部分人格，連根拔除。它會將你的經驗蛻變爲一場學習的冒險，一座持續提供你泅水（創造眞實力量）或耽溺（追求外在力量）機會的慈悲海洋。

當你有意識地創造你的經驗、選擇愛而非恐懼，並且履行你和宇宙的神聖合約時，你就是在游泳。而當你持續以過去舊有的方式來創造（無意識地帶著恐懼來創造），然後試圖以追求外在力量來逃避無力感之苦，你就是在耽溺。

在你學會游泳之前，各種事件與情況會讓你難以承受。你會渴望著你沒有的，也會害怕失去你所擁有的。你人格裡的恐懼決定了你的感知、經驗與意圖。你害怕生命，也害怕死亡。你祈求神蹟出現，卻不了解它的意義何在——它是爲了協助你過一個慈愛、感恩與滿足的生活，而不是爲你解除你生來該做的工作。

多官知覺爲我們闡明一種更高秩序的理性與正義。它揭露出外在世界與內在世界之間，五官人所無法看見的關係。五官人相信他們的情緒經驗是由外在境遇造成的，多官人則知道他們的情緒經驗獨立於外在境遇。五官人將自己的生命視爲一個殘酷宇宙的障礙賽，或隨機被迫接受的東西；多官人則將每一個生命視爲一趟寓教於樂（地球學校）的旅程，它的設計是爲了將助益帶給透過自己人格所做的選擇而獲得靈性成長的靈魂。

放下恐懼，互動就能充滿愛與仁慈

多數的五官人會以努力奮鬥的方式，讓他們的互動變得有意識、充滿了愛；追求眞實力量的多官人會讓他們所有的互動變成有意識的、充滿愛的，那是因爲他們渴望健全的生命，並且立定意圖要創造它。他們拒絕再受到憤怒、嫉妒、復仇心、怨恨與暴怒的控制。他們嚴肅看待甘地提出的挑戰——讓自己先成爲自己想要看見的改變。他們也知道一己選擇所發揮的影響力，將會遠遠超越五官知覺的領域。

五官人認爲那些消除、減輕或者最大程度降低受苦的互動，就是慈愛的，但多官人知道這個問題複雜得多。監禁一個罪犯，是慈愛的行爲嗎？（沒有人想要被監禁）釋放他、讓他自由，是慈愛的行爲嗎？（他可能會攻擊別人）讓一個不願挑戰藥物上癮的員工繼續工作，是慈

愛的嗎？（他有錢時就會去購買藥物）開除他，是慈愛之舉嗎？（他的家人都靠他養活）

五官人會藉由外在境況來區別一個互動是否是慈愛的，多官人則是藉由意圖來區分。如果你要的是報復，那麼，將罪犯關進監牢就不是慈愛的行為；如果你在不評斷那名罪犯的情況下，試圖想保護他人，那麼，監禁他就是慈愛的行為。如果你害怕一個上癮的員工，而且想要將自己的意志強加於他，來讓自己獲得安全感與價值感，開除他就不是慈愛的行為；但如果你關心他、他的家人，還有他的健康，那麼，開除他就是慈愛的行為。

有意識的、慈愛的互動，對五官人而言是令人嚮往的，對創造眞實力量的多官人而言卻是必要的。將無意識的不慈愛互動轉變為有意識的慈愛互動，不僅能挑戰你人格裡的每一個恐懼，同時也培養了每一個慈愛。

創造眞實力量將靈性成長、創造有意識的、慈愛的溝通與行為結合為一個單一作為，也就是你的生命。例如，帶著隱藏的意圖餵飽飢餓的人，只為了推銷你的信仰，這不是慈愛的行為；因為他們飢餓而讓他們得到溫飽，就是慈愛的行為。為了讓自己獲得安全感與價值感（優越、義憤塡膺、做正確的事等）而去照顧病患，並不是慈愛的；因為他們需要幫助而照顧他們，就是慈愛的。只有你知道自己在說話或行動當下的意圖為何，而你的意圖（愛或恐懼）所創造的結果可是一點也不含糊，它們之間沒有模糊的界限。

甘地曾前往開伯爾山口附近拜訪普什圖人，當時那裡仍是印度西北邊境省的一部分。他的朋友們都警告他：「這些人是戰士。」甘地回答道：「我也是個戰士。我想要教他們如何以非暴力的方式戰鬥，以無畏無懼的方式戰鬥。」「你害怕嗎？」甘地問他們。「否則爲什麼要帶著槍呢？」他們全都瞪著他看，因爲從來沒有人這樣對他們說。「我毫無所懼，」甘地繼續說，「所以我才沒有帶武器。」雙方互動結束之後，一位高大的普什圖人阿卜杜爾·賈法爾·汗放下了他的步槍，其他人也紛紛群起效法。這位巨人成了甘地的忠實夥伴，在沒有武器的情況下，陪伴甘地多次參與挑戰英國政府政策的勇敢行動。在許多照片裡，阿卜杜爾·賈法爾·汗都與甘地一起出現，非常容易辨識，因爲他在眾人當中總是鶴立雞群。這是個充滿愛的互動。

創造有意識的、慈愛的互動，讓你成爲和甘地一樣的靈性鬥士，不受恐懼的束縛、沒有懲罰壞人的需要。它讓你能夠像甘地一樣、像一位國王一樣、像那些在仇恨世界裡拒絕去恨、那些能夠愛仇敵一如盟友的人一樣，共同創造一個反映出靈魂意圖的世界。

創造眞實力量能帶領你深入這個世界，而不是遠離它。它讓你能與其他的靈魂連結在一起，而非彼此分離。你與他人的互動，就是你靈性發展最重要的關鍵。若你依然受到人格裡恐懼部分的控制，便無法在靈性上得到進化，因爲你人格裡的恐懼部分會製造無意識的、不慈愛的互動。無論你如何稱呼你的道途，如果你的人我互動未能變得更有意識、更慈愛，它就不是靈性道途。你與他人的互動能告訴你，你在哪些方面必須更努力。他們也會指引你，你已經走過了多遠的路。

創造眞實力量會製造有意識的、慈愛的互動。而要創造眞實力量，製造有意識的、慈愛的互動亦是有必要的。承諾、勇氣、慈悲與有意識的溝通與行動，皆會在一個擁有眞實力量的生命裡交融在一起。

24 有意識的溝通與行動實作：聆聽直覺的指引

有位舊識的行爲讓我十分驚訝。幾年前，他仍顯得無憂無慮、天眞單純，現在他卻苦惱萬分，終日悶悶不樂。他告訴我，自己繼承了一間小房子，他搬進去住，然後將原來的住家出租。現在，他的房客已經遲交房租好幾個月了，而且破壞他的房子、免費享用房屋設施，但帳單仍在他名下。「我實在一籌莫展，」他解釋道，「我住的這一州，驅逐房客要歷經漫長且昂貴的程序。同時，我一直看見我的房子遭到破壞、損失租金收入，然後還必須繳交房屋貸款和設施的費用。」

他曾跟隨教會前往幾個國家從事志願傳教工作，在這次經驗之前，他認爲自己是個慷慨、和善的人，但是現在，他對這些突然來襲的情緒、念頭與幻想感到措手不及，它們比他曾面對過的財務困境更令他苦惱。這使他非常困惑，促使他開始質疑自己的善良，還有自己的價值與意圖。

「靈性伴侶關係指南」正是針對這種處境所設計的，也可以說，它是針對每一種處境而設計的。「有意識的溝通與行動指南」是個為創造真實力量所設計的快速查閱表。以下是一些例子，說明如何運用指南來處理我那位友人的情況。你在閱讀時，可以設想如何將它們套用在自己的情況裡。

❋遵循你的直覺

直覺是通往慈悲與智慧的管道，它是我們無法給予彼此的東西，是與無形的指引和導師的溝通，而他們唯一關心的就是你的靈性成長。接觸直覺的第一步就是提出一個問題，第二步便是傾聽答案。答案總是會來的，只是它不一定會依照你預料的方式或時間來臨。我那位友人有許多方式能處理他與房客之間的關係，例如，採取直接的立場、透過律師、委婉的態度、直率的表態等等。當你問：「有什麼最合適方式，能讓我去做我想要做的事呢？」（在這個例子裡，就是讓房客搬出去），你的洞見一定會出現。

這個答案或許會在你淋浴的時候、外出散步的時候、或在你開車上班途中來臨，而且它可能不是你想要聽到的回答。來自直覺的答案經常會令你感到驚訝。你的理智總是會合理化你想要做的事。

來自直覺的洞見並非命令、指示或戒律。你的無形導師不會告訴你該怎麼做，他們會引導你發揮創造力的深廣度，幫助你看見自己未曾想過的選擇，並考慮每一種選擇所帶來的結果。只有你能決定要如何運用自己的意志將能量塑造爲物質、決定要創造什麼樣的業。無論你在做決定的過程中諮詢了誰，包括你的無形導師，你的選擇永遠都是你自己的責任。

✲在說話或行動之前，選擇你的意圖

意圖是製造出效力的因，選擇一個意圖是最根本的創造行爲。意圖就是你之所以做某件事的原因，或說動機。每一個行爲都有一個意圖，而每一個意圖都來自人格裡的某個慈愛或恐懼部分。相同的行爲可能會有不同的意圖，例如，賺很多錢的動機可以是想要購買時髦服飾或一部名車，以此吸引他人的目光或獲得他人肯定，也可以是想要爲孩子支付教育費用。第一個動機是追求外在力量，第二個則是創造眞實力量。

在說話或行動之前選定你的意圖，即是在選擇你的話語或行動將會製造的結果。如果你無法有意識地選擇你的意圖，就會落入無意識的選擇之中（你人格裡的恐懼會替你選擇）。你永遠能夠辨識無意識選擇（由你人格裡的恐懼在你覺察之外所做的選擇）所帶來的結果，因爲當你遭遇到這些結果時，它們會對你造成傷害。你對自己的意圖探究得越深入，就越能清楚看見無論看似有多少選項供你挑選，你的選擇實際上只有兩種：愛與恐懼，而選擇愛能創造眞實力量。

如果你對自己的意圖仍不確定，那麼在你說話或行動前，先問問自己：「我的動機是什麼？」在這評估過程中，你並非孤單一人。這是一種不會失敗的直覺諮詢方式。如果你的意圖有違於和諧、合作、分享或禮敬生命，如果它不是無二無別地關懷他人、支持他人、對生命做出建設性貢獻，那麼，它就是想要操弄與控制，你追求的便是外在力量。

我的友人其實可以在每一次和房客談話之前，先問問自己：「我的動機是什麼？」然後一旦發現自己帶著不慈愛的意圖來說話或行動時，即藉由選擇一個慈愛的意圖並利用他與房客的痛苦經驗來創造眞實力量。

＊依據你所能觸及的人格裡最健康的面向來行動，而非一味地照顧、修復、教導、評斷、責怪、閒言閒語等

在你感受到自己人格恐懼裡的痛苦覺受時，若能選擇從人格裡的慈愛來展開行動，就是你的靈性之路開始成長的時刻。選擇依據你所能找到的人格裡最健康的部分來行動，而非依據較不健康的面向來應對，就是挑戰自己，以求突破人格裡恐懼限制的步驟。那是眞實力量被創造出來的時刻，也是靈性成長發生的瞬間，而這一切完全取決於你的抉擇。

我的友人對自己和房客互動，或者一想到房客便洶湧而至的強烈痛苦情緒與腦海裡出現的畫面，感到震驚不已。他自我認知到的慷慨、和善形象，與相繼出現的暴怒、無助、羞辱、想要復仇、接著又再度憤怒的體驗，很不一致。他那無力感的痛苦經驗輪番上陣、不斷地循環，讓他墜入了憤懣、困惑與罪惡感的漩渦中。他責怪自己的暴力思想與幻想，同時卻又受到它們的吸引。

我的朋友已經發現了他人格裡的恐懼。多數人都認爲自己不可能出現足以謀殺人的暴怒，不可能故意對人施加痛苦、希望他人遭殃，但我們所有人都可能如此。「我的律師告訴我，這些房客是專業級的，」他解釋道，「他們經常幹這種事，也知道如何鑽法律漏洞。我現在只能等待了。」他在等待的同時，不滿的情緒在肚子裡悶燒，然後爆發爲憤恨，然後是暴怒，接著又因爲這些體驗而心生罪惡感。

五官人會將這些情況視爲一種不幸，多官人則將其視爲一個學習的機會。我那位朋友的暴力幻想爲他揭露出自己人格裡的恐懼，而這些恐懼若繼續維持在無意識狀態，必定會帶來痛苦的結果。那些恐懼已經事先爲他預告它們計畫要幹些什麼事，而且眞的會這麼做，除非他能夠做出另一種選擇。這就是誘惑的目的。誘惑是一個惡果現前的預演。誘惑讓你能去體驗並療癒能量圈裡的負面能量，讓它不至於溢出至他人的能量圈裡，例如我那位友人的房客。它們是來自宇宙慈悲與智慧的珍貴恩賜，讓你能夠在不傷害他人與自己的情況下，獲得靈性成長。

截至我和朋友上回的談話，那些難纏的房客，不斷提供機會讓我朋友選擇從他人格裡最健康而非最不健康的面向來與他們互動，並藉此體驗及挑戰他人格裡的恐懼。實際上，他們是他在創造眞實力量旅途上的盟友。

✲說話要針對個人並且具體明確，而非使用一般性與抽象用語（用「我」而不是「我們」或「你」來陳述）

我的朋友向我解釋他的經驗，彷彿那是每一個人的經歷。他告訴我：「『我們』很害怕自己在憤怒時會做出什麼事。」他的意思是：「『我』很害怕自己在憤怒時會做出什麼事。」以一般性的詞彙來談論他人，而非具體而明確地談論自己，目的是模糊你人格裡的恐懼，稀釋你對它們的體驗。要創造眞實力量，你必須去感受自己人格裡的這些破壞性與痛苦面向，同時對它們下戰帖。

我從和自己有收養關係的蘇族叔叔那裡學到，拉科塔族的語言並非全都能翻譯成適切的英語，但有些部分對英語使用者來說不但非常容易理解，而且具有深遠的影響力。例如，當一個人召集人們前來集會或舉辦活動時，他會說出他的名字，然後會在結尾時說「他我 yelo」（he me yelo，發音爲 hey may' yeah-low）。如果我是個蘇族人，在每一場活動結束時，我會以我所創造的眞實力量說道：「我是蓋瑞·祖卡夫。我爲在此發生的一切負責。如果有人有任何問題，歡迎來找我。」當你的發言能夠針對個人、具體明確，而非抽象籠統，你也是在這麼做。你承認了你對自己言行所需負的責任。

在你創造眞實力量的同時，你已成爲自己生命的權威。你對自己所選擇的、未選擇的，自己所留意的、未留意的，以及自己所創造的，負起全責。

✲釋放對結果的執著（信任這個宇宙）。如果你發現自己產生了執著，就從「承諾」、「勇氣」與「慈悲」重新開始

五官人的最高優先選擇是操弄與控制環境，亦即追求外在力量。例如，我的朋友便是執著於盡快將不付房租的房客驅逐出門，讓房屋的損失降到最低，然後再度出租出去。多官人的最高優先選擇則是靈性成長，也就是創造眞實力量。這個優先選項上的不同，改變了他們的經驗與所創造的結果。

五官人追求的是能夠獲得安全感與價值感的解決之道，多官人則會爲了創造眞實力量而認識自己。一個五官人看見的是該維持或改變一個環境，一個多官人看見的則是獲得靈性成長的

機會。他們都努力將眼光放在自己的目標上，五官人的目標是物質目標，多官人的目標是眞實力量。當你發現自己執著於結果，就表示你將焦點放錯了目標。若你執著於某種能爲你帶來安全感與價值感的結果，則表明了你是在追求外在力量。

一旦你創造了眞實力量，你對當下必須做些什麼事會更清楚、更正確。例如，把房客趕出去、找一份新工作、學習如何不帶怒氣地說「不」、學習如何不爲了取悅而說「是」等等，你將能創造具有建設性的、喜悅的結果，而非破壞性與痛苦的結局。每種情況都提供你一個重新選擇的好機會，讓你獲得一個迴異的、健康的觀點來理解你必須做什麼、爲何要做，以及怎麼做。

以下是一份創造眞實力量的迷你查閱表：

● **信任**。宇宙的慈悲與智慧處處可見、隨時可得，你能在任何時間、任何地點、任何情況下去嘗試與實驗。每一種情況都會激發一道情緒之流，製造出令人愉悅或痛苦的感受、充滿評斷或欣賞的念頭，以及建設性或破壞性的意圖。每一種境況都提供你一個新的機會，讓你的靈魂遵從你的直覺、運用情緒覺察、做出負責任的選擇，然後讓你的人格與靈魂和諧一致。無論是在少年或老年、健康或生病、富有或貧窮的情況下，新的境況都將如春天的新草一般不斷生起。「業」會不斷開展，每一種境況都為你帶來一個新的機會去創造真實力量。一旦你看見這一點，你將不會忘記它，也不會害怕失去它。那就是信任。

● **放鬆**。人格裡的恐懼部分從無力感之苦，延伸至痛苦情緒、執念、強迫性活動，以及上癮行為。這些恐懼部分的安全感，完全取決於外在環境和外在環境的改變，因此，它們需要不斷地去操弄、控制環境。你人格裡的恐懼對死亡感到懼怕不已，然而從多官人的觀點來看，你不可能被完全毀滅。一旦你明白這一點，其他的只是經驗罷了。你越是積極地創造真實力量，就越能看見每一種境況都提供你一個機會去重新選擇，去再度創造真實力量，然後你便可以對自己說：「宇宙是我的創造夥伴。」於是，你放鬆地進入這個共同創造的過程，放鬆地進入你和宇宙的這份夥伴關係。放鬆地進入那永恆的當下，放鬆地進入你的生命與包含其中的一切。

● **盡力而爲**。我的朋友與他的房客會談、諮詢市政府、僱用律師，但是他並不信任宇宙，也無法放鬆，然後盡力而為就好。他意圖達成他的目標——把房客趕出去，但他並未在這個過程中創造真實力量。他的痛苦情緒對他來說顯然是一種障礙、一種達成目標過程中的嚴重干擾，而非來自靈魂、能夠幫助他獲得靈性成長的訊息（你人格裡的某個恐懼部分在活躍，或是你人格裡的某個慈愛部分在積極行動）。當你信任這個宇宙並放鬆下來，便能夠盡力而為。在那之前，你是無法辦到的。我的朋友原本能夠正確地將他的痛苦經驗視為來自宇宙的禮物，目的是為了幫助他找出並且療癒人格裡的恐懼，進而發揮他的全部潛能。利用你的經驗來創造真實力量永遠是一個最佳的作法，你不必再做更多了。

● **享受這個過程**。當你見到宇宙的智慧與慈悲，請放鬆地進入你的生命吧！盡力而為即可，這是你所能做的一切了。然後，將你的手離開方向盤，讓你的無形指引與導師做他們那部分的工作，讓宇宙做它那部分的工作。你無法理解宇宙是如何運作的，也無法測度它的智慧與慈悲，而且你也不需要知道。你只要信任，放鬆，盡力而為，然後享受這個過程。

25

透過練習，讓關係不斷進化

「靈性伴侶關係指南」不斷地在進化。

它們也會隨著你對眞實力量與創造這份力量的承諾與理解逐漸加深，而爲你進化。

請從 www.seatofthesoul.com 網站上列印「靈性伴侶關係指南」。

將它們貼在你的鏡子和冰箱上。

把這份指南帶到工作場所，並且影印一份放在你的包包或錢包裡。

要經常拿出來閱讀，別不好意思。

在家裡、與家人在一起、上班、上學的時候，都可以修習「靈性伴侶關係指南」。

長期修習能讓你將它熟記於心。

長期修習能讓你一再嘗試、實驗它們。

長期修習能讓你經常擁有創造眞實力量的經驗。

再從你的經驗當中，看看如何做出有建設性的貢獻。

接著再繼續反覆嘗試、實驗。

靈性伴侶關係指南

承諾：

- 永遠將焦點著重在如何認識自己：特別是從你的情緒化反應，例如，憤怒、恐懼、嫉妒、怨恨、不耐煩等來認識自己，而不去評斷或責怪他人或自己。
- 留意你的情緒：方法是去感覺身體能量中心的覺受，例如，你的胸腔、太陽神經叢與喉嚨部位。
- 留意你的念頭：例如，評斷、分析、比較、做白日夢、計畫如何回答等，或是感激、欣賞、輕視、對生命敞開的念頭等。
- 留意你的意圖：例如，怪罪、評斷、一定要是對的、追求他人的仰慕、逃避至某些思想裡（智識化）、試圖說服等等，或合作、分享、創造和諧，以及禮敬生命等。

勇氣：

- 不怪罪：為你的感覺、經驗與行為負起責任。
- 時時刻刻保有誠正之心：這經常需要付諸行動，例如在你人格裡的恐懼部分不想說話時開口說話，或在它們感覺非說話不可時閉嘴。
- 去說或去做那最困難的事：當有人依據人格裡的恐懼而說話或行動時，在合宜的情況下，分享你所注意到的事，以及分享自己害怕說出口的話、知道自己必須要說的話。

慈悲：

- 將你的觀點從恐懼轉變為慈愛：選擇從一個慈愛或欣賞的角度看待自己與他人。
- 消弭你與任何人之間的隔閡。
- 他人說話時，要專注於當下：不要忙著盤算如何答話、評斷他人。

有意識的溝通與行動：

- 遵循你的直覺。
- 在說話或行動之前，選擇你的意圖。
- 依據你所能觸及的人格裡最健康的面向來行動，而非一味地照顧、修復、教導、評斷、責怪、閒言閒語等。
- 說話要針對個人並且具體明確，而非使用一般性與抽象用語（用「我」而不是「我們」或「你」來陳述）。
- 釋放對結果的執著（信任這個宇宙）。如果你發現自己產生了執著，就從「承諾」、「勇氣」與「慈悲」重新開始。

靈魂療癒摘要5

如何將「靈性伴侶關係指南」付諸行動？

別再觀望了，即刻就開始行動吧！

現在要進入「行動」的步驟了，那是改變生命的行動、從能量到物質的蛻變、將可能性化爲經驗的過程。「靈性伴侶關係指南」無法創造眞實力量或靈性伴侶關係，但是「運用」這份指南則可以。有無數的方式能創造眞實力量，因爲你的生命裡有無數種境遇。每一刻都帶來一個新的境遇，個個都提供了無數的可能性讓你創造眞實力量，也提供了無數的方式讓你建立可能的靈性伴侶關係。

海洋裡的每一滴水、暴風雪裡的每一片雪花，以及你生命裡的每一種際遇，都是獨一無二、完美無瑕、轉瞬即逝的。眞實力量就是在這種背景之下創造出來。讓你的直覺、經驗，以及你靈性伴侶的支持匯聚起來，告訴你如何在每一種情境下運用「靈性伴侶關係指南」，或者透過不同方式嘗試運用它們的方法。

接下來，我會提供一些有用的建議，但是一旦你了解到，自己才是唯一必須為自己在生命裡創造的結果負責的人，誰還能再提供你更好的建議呢？放鬆地融入這整個過程吧！享受這個旅程。最重要的是，開始去經驗這個過程。

26 實作範例（一）：對談的步驟與問句

你能給予靈性伴侶的最佳支持

你人格裡的恐懼部分是一個情緒、念頭、知覺與意圖的封閉系統，它們對改變一點都不感興趣。在你挑戰恐懼之前，它們將會繼續控制你。要挑戰你人格裡的恐懼，你必須在它們活躍時，也就是在你感受到必須大聲咆哮、痛快發洩、在情緒上退縮、取悅他人或支配他人等等之際，有意識地運用你的意志。向內觀看，看看你人格裡的這一部分，去體驗你能量中心痛苦的身體覺受，留意你的念頭、觀察你的意圖，而非做出情緒化反應。這就是挑戰恐懼的第一步。

挑戰你人格裡某個恐懼的這個選擇，絕不會是來自該恐懼。例如當你生氣的時候，你人格裡的一個恐懼部分會意圖保持生氣狀態，它不會做出其他選擇。所以，那是你的工作。如果你不願意去向你人格裡的恐懼下戰帖，它自然就不會受到挑戰，你也就不會獲得靈性成長。你利用機會去創造眞實力量，而不是追求外在力量。

認知到這一點，能讓你在靈性伴侶的某個人格恐懼變得蠢蠢欲動時，踏出支持夥伴的第一步。這麼做，也能讓你在面對相同情況時，獲得對方的支持和鼓勵。第一步就是願意去檢視那個在你內在沸騰、咆哮、爆發的面向。若沒有第一步，就不可能有第二步。因此，當一個靈性伴侶出現情緒化反應（因爲受到人格恐懼的控制），或者你認爲他是如此，那麼，第一步是提出下面這個問題：

「你願意挑戰它嗎？」

有許多方式能明確地表達這個問題，但是問題永遠一樣：此刻，你是否願意檢視你的內在經驗？如果答案是否定的，你便無法再有進一步的動作了。若忽視對方的答案，將自己的意見強加在他身上，便是在追求外在力量。如果答案是肯定的，請嘗試幾個適當的問題，例如：

「你的身體有任何感覺嗎？」

幫助你的靈性伴侶找出他的胸腔、太陽神經叢、喉嚨與其他能量中心附近的特定身體覺受。提醒他使用諸如「刺痛」、「疼痛」、「抽痛」、「緊縮的」、「放鬆的」、「暖的」、「冷的」等字眼，而不是諸如「悲傷」、「快樂」、「愉快」、「很好」、「不好」等用語。將他的注意力引導至他的能量中心，讓他在自己人格裡的恐懼部分變得活躍時，能夠熟悉每個部位的感受。他所找到的痛苦覺受將會告訴他，他人格裡有某個恐懼正在積極活動。

「你現在有什麼念頭？」

幫助你的靈性伴侶覺察自己的念頭。即使他找不出自己的身體覺受，也能注意到自己的念頭，例如對自己或他人的批評念頭，或對自己和他人的欣賞念頭，怨恨或感激、比較或滿意的念頭等等。那些充滿批判性、怨恨或比較等念頭是在告訴他，他人格裡有個恐懼部分正在活躍。

如果他依舊不願承認，運用你的直覺，找出接下來該進行什麼步驟。例如，你可以問：「如果你正陷於人格裡的某個恐懼部分之中，它想要說些什麼？」（「我覺得你讓我感覺自己錯了」，或者「我覺得受到威脅」等等。）你永遠可以問：「那是慈悲的念頭，還是缺乏慈愛的念頭？」答案對他來說永遠都是清楚明確的。利用能夠小心引導而非指使或教導的問題，例如：「當我們真正去檢視人格裡某個恐懼的念頭與觀點，它們並非來自人格裡慈愛部分的事實，就會變得顯而易見。這是不是很奇妙呢？你發現了嗎？」如果他的答案是肯定的，請幫助他進入下一個步驟。例如：

「我們可以透過挑戰你人格裡的這一部分來療癒它，你想試試看嗎？」

如果答案是否定的，你便無法再進入下一步。創造眞實力量的先決條件就是創造眞實力量的意圖。若無此意圖，就不可能去挑戰人格裡的恐懼，無論你使用了多少關於眞實力量的字彙、討論了多少關於眞實力量的概念。而如果答案是肯定的，那麼，新的可能性就會出現。挑戰恐懼的第二步是重新選擇，帶著一個不同的、健康的意圖來創造——創造一個建設性結果，而非恐懼一向喜歡製造的破壞性結局。

舉例而言，如果你的靈性伴侶很憤怒，而每當他生氣時，都會習慣性地出現情緒上的退縮，那麼對他而言，一個負責任的選擇（一個能創造出他願意對結果承擔責任的選擇），意味著在當下保持覺察力。如果他生氣時會習慣性地咆哮，那麼對他而言，一個負責任的選擇將是保持沉默，或者傾聽，即使他必須握緊雙拳、強迫自己閉嘴，也得要這麼做。

剛開始學習眞實力量的學生，最常問我的問題是：「我現在該怎麼辦？」也就是：「我在胸部、或喉嚨、或太陽神經叢附近感到疼痛。我知道我人格裡有個恐懼部分在蠢蠢欲動。我現在該怎麼辦？」最後他們終將明白，「我現在該怎麼辦？」是個永恆不朽的問題，而且他們自己就能夠回答。

他們只有兩個選擇：挑戰那個活躍的恐懼，或者是放縱它。在這個例子裡，即是帶著憤怒去創造，或是在體驗到無力感之苦的情況下，立定創造建設性結果的意圖。最終的選擇，永遠是愛與恐懼之間的抉擇、創造眞實力量與追求外在力量之間的抉擇。你的靈性伴侶越是能夠認知到追求外在力量所帶來的痛苦結果，以及創造眞實力量所帶來的助益，就越會有動力去創造眞實力量。創造一個受到充滿祝福的、充滿愛的健康未來，被心存感恩、有愛心的、健康的人所圍繞，而非一個充滿破壞性的痛苦未來，被憤怒、貪婪、一心想報復或嫉妒的人所包圍——這是一個非常強大的誘因。

請支持你的靈性伴侶進入第二個步驟，這個步驟能剷除他內在囚牢的高牆、改變他的生命軌跡，並以一個有意識的抉擇取代之前無意識的選擇。如果他願意，請引導他這麼做。例如：

「要挑戰你人格裡的這一部分，你如何以不同的角度看待它，或改變你的觀點呢？」

每一種境遇（創造眞實力量的機會）都是獨一無二的，而且沒有人能像你的靈性伴侶一樣，對此境遇了解得如此透澈、詳盡——雖然他人格裡的某個恐懼讓他的身體充滿痛苦、扭曲他的思想，而且還有破壞性意圖。這個機會就包覆在他過往的歷史裡、透過他的經驗而形成，完全爲了他的靈性成長量身打造。他比任何人都更清楚下一步是什麼。他的無形指引與導師能將選項顯示予他、爲他闡明可能的結果，幫助他發揮智慧來運用創造力。但是他必須自己做出選擇，才能將能量蛻變爲物質，決定他下一個選擇之前的生命軌跡，然後將其中一種可能的未來化爲現實。

如果你建議他做某個選擇，那麼，你對他的決定所做的干預，將會變成你一部分的「業」。那是一種操弄與控制的業，屬於外在力量的業，那會將你牽引至一些企圖干預你決定的人。如果你立定了支持夥伴創造眞實力量、不執著於結局的意圖，並且協助引導他發揮自己的智慧，那也會成爲你一部分的「業」，而你也會將自己牽引至一些能幫助你發揮智慧而不執著於結果的人。

如果夥伴決定挑戰他人格裡的恐懼，那麼，請幫助他看見他下定決心時的力量有多麼強大，協助他認知到這個決定在創造眞實力量裡的角色。即使他已經知道了，也要讓他從他的靈性伴侶口中聽見，讓他了解這位夥伴因爲關懷他，所以當他感受到無力感之苦、當他的某個恐懼席捲了他的內在時，依然與他同在，不離不棄。讓他能照見自己的智慧，從而看見這件事的美好。例如：

「轉變你的觀點是件多麼正面的事，即使改變只有一點點。它能啓動你人格裡這一部分的深層療癒過程。」

當你爲彼此的互動注入越多的感受，你的靈性伴侶就越可能敞開來接受你的支持。請運用「恕道」（黃金定律）。你想要一個能教導你、導正你、照顧你或試圖操控你的靈性伴侶？或者，你想要的靈性伴侶是一個能讓你將注意力轉回問題所在，亦即體驗並挑戰你的某個恐懼，而非爲其痛苦經驗責怪他人，或以其他方式合理化它們的人呢？誰能在創造眞實力量的過程中，給予你最大的支持——一個同情你、安慰你、試圖讓你覺得好過點的朋友？還是一個像你一樣知道你的痛苦經驗源自於內在，而消除它們的唯一辦法就是去挑戰並療癒其內在根源的靈性伴侶？一個不會強迫你接受他的觀點，但是他也不會因爲你的眼淚、憤怒、退縮與其他的操弄手段而受到擾亂，因而無法幫助你體驗、挑戰並療癒那折磨人的恐懼的靈性伴侶呢？

以上這些，就是支持一個人創造眞實力量的其中一半過程，亦即對方的體驗。

從你自身開始實踐

另一半過程則是你自己的體驗。無論你的敏感度有多麼高，或是你遵循「靈性伴侶關係指南」的技巧有多麼好，你自己若不創造眞實力量，就無法支持他人也這麼做。對另一個奮力想創造眞實力量的人而言，創造眞實力量是你能給予他的最佳支持。你必須親自去做你在幫助他達成的那些事。你能不能在支持夥伴的同時，也掃描你的能量中心呢？支持夥伴的時候，你是否能覺察到自己的念頭與意圖呢？你是否不執著於自己支持夥伴之後的結果呢？如果你所支持的對象做出情緒化反應，例如，生氣、怨恨或流露出鄙視態度，你會同樣地做出情緒化反應，還是適當應對呢？

支持他人創造眞實力量時，必須對那人付出深切的關懷。在支持對方的同時，你也必須抱持著創造眞實力量的意圖。你們的互動，很可能會觸發了你人格裡懼怕他的憤怒、挫折、報復心或嫉妒心的恐懼。若是如此，你會做出適當的應對，還是情緒化反應呢？你的價值感與安全感是否來自於獲得賞識呢？萬一夥伴把你推開，怎麼辦？你在支持他的時候，是否心生優越感，好比一個缺乏安全感的老師對學生可能產生的感覺，或是一個缺乏安全感的教授對助理可能產生的感覺，或是一個缺乏安全感的諮商師對案主可能會有的感覺？或者，你會不會覺得自己有所不足、沒價值或沒資格呢？你是否在照顧人、試圖取悅、做白日夢、或在盤算接下來該說什麼呢？這些都是你人格裡恐懼的經驗，而你在支持夥伴挑戰他的恐懼時，會不會也去挑戰自己的那些經驗呢？

支持他人創造眞實力量是一條雙向道路。它能帶給你對自己人格裡恐懼的覺察力，而那些部分是你必須自己去經歷、挑戰及療癒的，如此，你才能在幫助夥伴覺察到其恐懼時，創造眞實力量。同樣地，對方人格裡的恐懼，也必須由他自己去經歷、挑戰與療癒。

你在開始前，是否閱讀過「靈性伴侶關係指南」？你在支持夥伴時，是否試著遵循這份指南呢？這份指南能提醒你一些基本原則，幫助你運用在自己以及你支持的對象身上。例如，你是否遵從了你的直覺？你的意圖清楚嗎？（如果你的意圖不是支持他人，那麼，你就是在追求外在力量。）你的觀察與問題是否來自你人格裡最健康的面向呢？你是否適時地說出心中擔心會破壞靈性伴侶關係的事呢？你是否眞摯誠懇呢？

當你的支持對象做出情緒化反應，例如，生氣、不耐煩、暴躁、猜疑或表現出敵意，而你人格裡的恐懼亦同樣以情緒化反應來回應時，例如，情緒性退縮、產生防衛心、以生氣回報憤怒、以不耐煩回報沒耐心、或以敵意回報不友善等等，你就已進入一場外在力量的鬥爭中。你的某個恐懼選擇了參與這場鬥爭，但是唯有你，才能選擇不再參與其中。

你人格裡那個受到鬥爭吸引的恐懼打算要贏得勝利，它相信它的理由是正確合理的，其他人都是錯的，或不正確的，或更低劣的。換句話說，恐懼受到了威脅，追求的是外在力量。唯有你能挑戰這個部分。當你決定踏出這場權力鬥爭，儘管你人格裡的那部分斷然拒絕，你仍是在向它提出挑戰。它會持續感到痛苦、滿腦子充斥著憤怒的思維、企圖擊敗對手，而你也會持續體驗到這些情緒。但是與其憤而採取行動，你要做的反而是停止繼續參與戰鬥。你會在必要時保持緘默（帶著創造眞實力量的意圖）、在必要時離開房間（帶著創造眞實力量的意圖），或是在那一刻盡可能專注傾聽（帶著創造眞實力量的意圖）。其他任何讓你保持沉默、離開房間或傾聽的意圖，都是在追求外在力量。

要支持夥伴創造眞實力量，你必須發揮你的直覺、勇氣與慈悲。而你在煩亂、嫉妒、挫折重重或不耐煩的時候，能做到這一點嗎？你需要的是愛而非恐懼，而且你必須在愛不在的時候去挑戰恐懼。你能否在夥伴不去挑戰自己的恐懼時，由你去挑戰自己的恐懼呢？要支持眞實力量的創造，有意識的意圖是必要的，你是否能將自己包含在那個意圖之中呢？

靈性伴侶關係的目的就是靈性成長，而你的認眞參與，會在各方面支持你獲得靈性成長。

27 實作範例（二）：如何應對對方人格裡的恐懼面向

創造眞實力量與靈性伴侶關係的機會處處可見，每當你發現自己人格裡的某個恐懼正在活躍、每當你看見另一個人格裡的恐懼正在蠢蠢欲動，抑或你認爲可能如此，你就擁有一個創造眞實力量，甚至是靈性伴侶關係的機會。舉例而言，假如有人向你抱怨（或抱怨你）、說三道四、批評自己或他人，製造一種「我們」和「他們」的對立，或是期待獲得你的贊同，那就是他人格裡的某個恐懼正在積極活動。如果他有優越感或自卑感，那就是他人格裡的某個恐懼正在活躍。當一個人發怒、焦慮、怨恨、嫉妒、產生憂鬱或狂躁情緒，那也是他的某個恐懼正在活躍。當他無法克制地喝酒、濫用藥物、抽菸、賭博、觀看色情影片或書刊、從事性行爲或購物，都是他人格裡的某個恐懼在作祟。每當你注意到自己產生執念（例如想要尋找救主或一心想復仇的念頭等）、強迫性行爲（例如工作狂、完美主義）或上癮行爲（例如酗酒、暴食等等），也都是基於同樣的原因。

無論你去到哪裡、無論你望向何處、無論你遇見何人，你都會看見那些人格裡恐懼正在活躍的人。每一個另有所圖的微笑，例如為了讓你心安、勾引你或出賣你，都透露出人格裡的恐懼。每一個咆哮、怒容與皺眉亦是如此。這些全是試圖操弄與控制。對操弄者而言，所有這些都是令人痛苦的。舉例來說，憤怒即是追求外在力量，它的體驗無疑是令人痛苦的。嫉妒、報復心、怨恨、優越感與自卑感，全都是這樣，無一例外。

每一個痛苦情緒都是對外在力量的追求。五官人認為痛苦情緒是由諸如肉體或心理創傷、荷爾蒙失調或營養不良等情況所造成，唯一的治療方式就是透過生理或情況的改變。他們將相互關聯性誤以為是因果關係。每一種情緒經驗都是生理學、神經學與情況之間的相互關聯，但是這些相互關聯並非該經驗的肇因，它們是伴隨而來的。多官人能看見每一種生理與精神失調症狀下的無力感之苦，然後以創造真實力量作為治療方式。

了解並發展情緒覺察，能將每一種痛苦情緒轉化為一種提示，提醒你人格裡的某個恐懼正在蠢蠢欲動，而且等著你來對它下戰帖。換句話說，情緒痛苦的目的是幫助你獲得靈性成長，它將你的注意力轉向你需要療癒的人格部分，讓你得以接觸並發揮全部的潛能。

多官人在需要時並不會拒絕醫療與藥物的助益，就像身體受傷的人不會拒絕急救所提供的幫助，但是他們不會期待藥物或醫療為他們創造一個擁有真實力量的生命。最終，這把火炬必須傳遞出去，從依賴外在環境創造快樂，傳遞至依賴情緒覺察、負責任的選擇、直覺與對宇宙的信任來創造喜悅。④

五官人無法察覺到自己的痛苦情緒，其實與自己渴望重新安排外在境況有關。他們會這麼想：「我願意做任何事來解除痛苦。」但是他們不願意考慮個中原因，其實存在於他們內在這一可能性。他們會這麼解釋：「我覺得痛苦，是因爲我無法得到自己想要的東西。」譬如喚不回離婚配偶、無法讓已逝的親人死而復生、失敗的事業無法挽回等等。但是他們不會從自己的痛苦經驗中學習，以爲如果他們突然獲得自己所失去的東西，例如離婚的配偶回頭了、親人沒有死、搖搖欲墜的事業成功了，他們的痛苦就會消失無蹤。如果他們仔細檢視，就會看見是「想要這個世界不一樣」造成了他們的痛苦。（「苦的存在」與「欲望爲苦之根源」是佛陀「四聖諦」中的前兩個。）

五官人會試圖透過重新安排世間的事物，暫時避開無力感之苦。他們會同情、同理、安慰並且幫助朋友去改變那看似造成他們情緒痛苦的外在環境，他們也會期待當自己需要時亦能獲得同樣的幫助。他們追求的是外在力量。而創造眞實力量的多官人會治癒、根除無力感之苦，他們會改變、療癒人格裡的恐懼，並培養慈愛。他們會活用「靈性伴侶關係指南」。以下是一些例子，說明朋友給予彼此的支持與靈性伴侶給予彼此的支持，有何不同。請留意你通常給予夥伴哪一種支持。

情況1 失業

一位主管被裁員了，工作很難找，他的家人都依賴他生活。他的遣散費沒有著落，失業保險也快要過期。雖然他已經投遞履歷表到多家公司應徵，卻依然找不到工作。他從未失業過，也無法想像這種事竟會發生在自己身上。

朋友（主管/同事）：你可以找到工作的，往那些失業率低的行業找找看。看看那些創業投資者在哪些地方投注資金，例如能源、生物科技、綠色產業等領域，然後從那裡著手。你可以規劃一趟包含幾個城市的旅行，每個城市造訪四、五家公司，然後毛遂自薦。別透過人力資源部門。每次只要有人夠勇敢、不請自來地出現在我辦公室時，我總是會聽聽他們想說些什麼。有需要就打電話給我。如果你有一些想法想討論，歡迎隨時找我。

靈性伴侶：你覺得怎麼樣？你有什麼樣的身體感覺？你認爲這些是你人格裡某個慈愛部分的感覺，還是恐懼部分的感覺？你在其他情況下，是否有過同樣的感受？你現在有什麼樣的念

④從依賴外在環境來獲得價值感與安全感，轉移至創造真實力量也能治療上癮症，因為上癮是人格裡最強烈的恐懼。《新靈魂觀》一書能帶領你一步步地經歷這個過程。它以性上癮作為例子，但是創造真實力量能治療所有類型的上癮症。

頭？你認為這些是你人格裡某個慈愛部分的念頭，還是恐懼的念頭？你是否曾在生命裡的其他時刻，注意到自己也有類似的念頭呢？你和我說話時，抱持著什麼樣的意圖，例如為了抱怨、合理化、發洩怒氣或挫折感、評斷他人、批評制度體系，或是挑戰你人格裡的恐懼？這個意圖屬於你人格裡的慈愛還是恐懼？這是一個讓你挑戰恐懼的好機會，那些恐懼非常痛苦，而且早在你獲得第一份工作前就已經存在了。你想要治癒它們嗎？

你人格裡的恐懼正在蠢蠢欲動，而這個情況正好給你一個機會去體驗、挑戰並且治癒它們。如果你不這麼做，它們就會再次變得活躍，你也會再度獲得一個機會，但是何不現在就向它們下戰帖呢？你越是挑戰那些恐懼，你在找新工作或其他各方面就會更有效率，而且內在將變得更滿足。

我會協助你找工作，但是這個機會比找工作更重要。

情況2 婚姻觸礁

一位專業人士得知自己的老婆要跟他離婚。他們共同養育了兩個孩子，彼此的關係雖一向有些緊張，但他從沒料到會如此。他夜不成眠，工作受到影響，人也飽受煎熬。他打電話給一個朋友。

朋友：我們約在酒吧見面，邊喝邊聊吧……（在酒吧）我要一杯威士忌。你要喝什麼？我知道這很難受，但又不是世界末日。我的第一任老婆離開我的時候，我以爲自己會死掉，但後來證明那樣是最好的。對孩子來說並不好過，但他們會適應的。我們都有適應能力……（再來兩杯）……在公司的時間很難熬，但我還是挺過來了。當你需要的時候，大家都會支持你。你是個很好的人，相貌堂堂、認眞工作、事業成功。任何女人都會想和你在一起，只要敞開心胸接受新的可能性……（我們還要再續杯）……你有沒有注意到我的祕書最近一直在打量你？我知道她想認識你。她是個很棒的人，長得很美又單身。我可以跟她說要找大家聚一聚，就你、我，她，還有我老婆。你覺得怎麼樣？……（再來一杯）

靈性伴侶：我們約在餐廳見面……（在餐廳）發生什麼事了？你現在胸部有什麼感受？你的生命裡曾出現過同樣的感受嗎？那是因爲這不是來自你老婆的決定，而是來自你人格裡的某個部分，並且早在你遇見你老婆之前就已經存在了。如果你不治癒它，它會再度發生，無論你再找多少女人或跟多少女人結婚都一樣。你有什麼樣的念頭呢？你是否曾有過類似的念頭？這些也是你人格裡這部分的經驗。你現在說話的意圖是什麼？（爲了抱怨、爲了獲得救贖，或是利用這次經驗以健康的方式成長？）

如果你可以利用這次的經驗療癒痛苦的內在根源，爲何要白白浪費呢？這份痛苦是來自你人格裡的恐懼，你無法藉由怪罪老婆、怪罪自己或憐憫自己而治癒痛苦。你也無法透過酒精、性、食物、工作、運動或任何事情讓自己分心而治癒痛苦。反之，你可以盡可能充分體驗這些人格的痛苦部分，然後**在體驗的同時**，刻意選擇一個有別於痛苦原本會選擇的意圖，去做一些它們不會做的、有建設性的事。你越是能在感受到痛苦的時候去挑戰它們，它們就越沒有能力擾亂你的生活。

情況3　被忽略

一個四歲小女孩（我們的孫女），興沖沖地第一次騎上一部沒有輔助輪的腳踏車。「看看我！」她興奮地對投以仰慕眼神的父親、祖母（琳達）和我大叫。六歲的姐姐自己縮在一塊草地上，動也不動地坐著，瞪著自己的雙腳看。

朋友（沒有運用「靈性伴侶關係指南」的祖母）：怎麼了，小寶貝？

女孩：所有人都只注意我妹妹。

朋友：別擔心，爹地非常愛你，他只是在幫你妹妹加油打氣啊！而且你的腳踏車比妹妹的還漂亮，你知道吧，對不對？你要不要來一個冰淇淋，就你跟我兩個人去吃？我知道一個很特別的地方喔，打賭你一定沒去過！

靈性伴侶（琳達）：怎麼了，小寶貝？

女孩：所有人都只注意我妹妹。

靈性伴侶：那種感覺很糟，對吧？你有什麼樣的感覺呢？你有沒有注意到胸部有什麼感覺？有沒有注意到胃部有什麼感受？那種感覺很不好受，對嗎？你想不想一直感覺到那些東西呢？你可以留在這裡，繼續感覺這些東西，或者，你也可以做一點小實驗。你可以走到妹妹那裡，跟她說恭喜，因爲她會騎沒有輔助輪的腳踏車了！你想不想這麼做呢？

女孩：恭喜。你眞的很棒。（妹妹眉開眼笑）

靈性伴侶：你現在覺得怎麼樣？

女孩：我覺得好些了！這眞的有用！

靈性伴侶：下次當你覺得難受時，可以自己實驗看看。

你身邊有無數個朋友支持朋友的例子，但是有多少個靈性伴侶支持靈性伴侶的範例呢？你想要看見多少這樣的例子呢？無論你在何處、在做什麼事，你都可以利用「靈性伴侶關係指南」，爲你的朋友與靈性伴侶創造這樣的例子。任何時刻都是適當的時間，可以去承諾獲得靈性成長、鼓起勇氣體驗你的感受、對自己與他人生起慈悲心、進行有意識的溝通與行爲、正心誠意、保有情緒覺察力、做出負責任的選擇、運用直覺、信任宇宙等等。若是缺少了這些，你的互動將會帶著你往水平方向繼續移動（境況改變了，但你沒變），你也會繼續以人格裡的同一個恐懼創造出同樣的體驗。而當上述這些存在的時候，你走的是垂直路線（你自己的改變），你的恐懼所創造的破壞性結果將會越來越少，建設性結果則會越來越豐碩。

❖靈魂療癒摘要6❖

什麼是運用「靈性伴侶關係指南」的最佳作法？

你可以這麼做

- 「靈性伴侶關係指南」幫助你在每一種情況下，創造真實力量與靈性伴侶關係。
- 承諾、勇氣、慈悲，以及有意識的溝通與行動，是創造真實力量與靈性伴侶關係的必要條件。
- 這份指南能幫助你按部就班地發展當中的每一項。
- 要創造靈性伴侶關係，先要創造真實力量。
- 當你遵循指南的引導，無論別人做些什麼，你都能創造真實力量。
- 這份指南不斷地在進化。
- 創造真實力量能讓你參與「靈性伴侶關係指南」的進化過程。
- 你必須確實遵循這份指南，而非只是談論或思考它，如此才能創造真實力量與靈性伴侶關係。

你可以和任何承諾變得更覺知、更負責任、更健康的人，創造靈性伴侶關係，以此減少他生命中的恐懼，增加他生命中的愛。種族、宗教、文化、性別、國籍與經濟狀況都不會構成任何障礙。你人格裡的恐懼才是眞正的阻礙，而當你挑戰並且療癒它們，它們對你的影響就會越來越小。

沒有任何清單能長到足以包括所有你能共同創造眞實力量的**參與者**，但是在下一個單元，我將列舉一些在我們的互動裡最常見、最重要的族群。你能想到更多其他人嗎？請將他們包括在內。

Part 4

誰是建立
「靈性伴侶關係」的對象？

28

家人：家庭是你在地球學校的「固定教室」

家人間的連結是強大且持久的

沒有任何關係比親子關係能爲你帶來更多靈性成長的可能性。那是最強烈、影響最深遠的一種關係，也是最實際、衝擊力道最大的連結。它遠比五官知覺所認知的更複雜、更深刻，力量更強大。

父母的靈魂與子女的靈魂間的互動，在誕生前就已經開始了，而且將一直持續到死亡之後。舉例而言，當一個孩子的靈魂比父母的靈魂更早離開地球學校（譬如孩子在分娩過程中死亡、或意外死亡、或從軍戰死），他們之間的影響仍將繼續存在。

無論你的家庭經驗是溫柔的或粗暴的，你和父母與兄弟姐妹（如果有的話）之間的互動，都能爲所有參與其中的人發揮療癒作用。某個家庭裡的母親或許非常強勢（恐懼的），另一個家庭裡的母親則是柔順而服從（恐懼的）；某個家庭裡的父親或許只能透過成爲家中的經濟支柱來表達愛（恐懼的），另一個家庭裡的父親則是個虐待家人的酒鬼（恐懼的）。沒有一個家庭是毫無痛苦的，因爲沒有任何家庭成員的人格裡毫無恐懼。

父母對子女的影響、子女對父母的影響，以及雙方之間的愛，再怎麼強調都不爲過。那份愛是一種黏著劑，將靈魂帶進一個家庭裡，並在人格參與其中之前即已存在，更將持續至他們離開地球學校之後。即使某些家庭裡的父親或母親冷酷無情、情感疏離（恐懼的），他或她的離開不但不令人悲傷難捨，反而讓人鬆口氣，但是一種希望關係能夠持續的渴望依然存在。這不僅僅是因爲依賴性（恐懼），這是一種將每個家庭成員連結在一起、遍布在每個人經驗裡的愛的經驗，無論它們多麼痛苦或殘忍皆然。

當一個孩子被收養，即使是一出生就如此，他也會進入另一種有助於獲得靈性成長的家庭動能當中；然而，他原生家庭的影響力將會持續對他發生作用，他自己也會感覺到這一點。親生父母永遠不會忘記那個被領養的孩子，儘管他們可能相信自己已經忘記了。孩子和父母之間的連結是打不破、拆不散的，其中一方終將開始憶起對方。「他會想起我嗎？他會想再見到我嗎？他會是個教授，還是家庭主婦呢？他會沉迷於藥物嗎？（喔，我希望不會）我女兒長什麼樣子？我母親是個什麼樣的人呢？（我想我知道！）」無論父母與子女分開了多久，這些都是會在父母與子女心中一再浮現的念頭。這些經驗反映的是他們彼此之間堅不可摧的聯繫，即使新的境況陸續呈現、新的家人加入，這種聯繫也會持續下去，而且會與新的家庭經驗交織融合。

父母與子女會深刻、長久地彼此影響

在我大學的最後一年，和我交往的一個女孩子懷孕了。我們感到既迷惘又害怕，因爲我們倆都知道我們沒有能力養育孩子。我們的女兒在我入伍時出生了，一出生就被領養。有幾年的時間，我並未想到她。事實上，我後來發現自己應徵入伍的原因，竟然是爲了逃避我最恐懼的事。終於，我開始納悶著她在哪裡、她在做什麼、她是否一切安好、是否快樂。有長達好幾年的時間，我不斷問著自己這些問題。「我女兒今年十三歲了。」我會這麼想。「我女兒今年十五歲了。」「今年她二十三歲了。」「她現在在做什麼呢？」「她快樂嗎？」當《物理之舞》一書出版時，我幻想著她會認出我的名字，然後和我聯絡。又好幾年過去了，我找到了她的生母，她也沒有我們女兒的消息，只知道她出生的醫院名稱。當時，刻意隔離親生父母與受領養孩子的法條非常普遍。最後，我找到一種專門協助親生父母與孩子重逢的人，我給了對方僅有的一點點資料。幾個月後，她打電話給我，告訴我，她找到了我的女兒。

我整個人僵住，無法呼吸。我答不出話來，一股恐懼占領了我全身。我竟然對這個盼望了這麼久的消息，感到懼怕不已。我寫下了她告訴我的地址與電話號碼，並向她道謝，然後在書桌前無法動彈。我以爲自己會激動興奮，但我卻嚇壞了。我沒有辦法拿起話筒。有好幾個星期的時間，我一再看著手中的資料，想著自己到底該怎麼辦。我該打這通電話嗎？萬一她不想見我呢?萬一她生氣呢?怎麼可能不生氣?最糟糕的是,萬一她根本不想跟我說話呢?萬一我永遠不會知道我的女兒是否快樂、她是否受到善待、她是否結婚了呢?以下的念頭突然讓我心頭一震——萬一她有孩子了呢?回想起來,過去我若沒想過這件事似乎是不可能的,但是我女兒可能已經有孩子的可能性,還是頓時讓我的心充斥著一股奇妙的感受,接踵而來的是我可能無緣見到他們的恐懼感。

我花了好幾個星期的時間培養勇氣,才調適好心情準備打電話給她。我想像她可能會有的各種反應——大發雷霆、害怕、好奇、接受等等。她會不會氣憤地掛掉電話、鄙視我,還是會感到寬心呢?我終於撥出了那通電話。電話那頭的她顯然驚愕不已,但是立刻開始和我聊了起來,並且在接下來的時間裡侃侃而談。她告訴我她的生活與家庭概況(她有一個女兒!)。聽她說話的時候,我體驗到一種前所未有的喜悅感受,我的女兒似乎想要與我分享關於她的一切!無論她有什麼感覺,我的心只有滿滿的驚奇與感恩!我們約好下次的交談時間,然後互道再見。我呆住不動,無法思考,有一些我無法辨識或區分的情緒湧上心頭,而我愛這全部的一切。它們是如此深刻且意義深長、如此豐富、如此令人欣慰。我的女兒過得很好!我的女兒過得很好!我的女兒是被愛的!

我對這些美妙的事情又哭又笑。接著,恐懼再度襲來。她會再和我說話嗎?萬一她改變心意呢？這每一個新的恐懼念頭都讓我墜入痛苦深淵，於是，我生命中最有意義的其中一段故事揭開了序幕，這是我不斷想要將它排除在思緒之外、想要忽略它、彷彿它不曾發生過的一件事。它已經發生了，它一直在發生，而現在，二十七年之後，我盡我所能地以最有意識的方式回到原地。它現在仍在發生，而我對宇宙、對生命、對女兒的感恩之情，年復一年地不斷加深。一個像我過去這般易怒且毫不關心他人的人，竟也可以對那麼久以前即已放棄而讓人收養的女兒，生起如此強烈而慈愛的情緒，我至今依然對此感到驚奇不已。

我們的故事和數百萬人的故事大同小異——墮胎的痛苦，數年後伴隨著令人心驚膽顫的強烈情緒再度浮現，或是那份痛苦從未離開，或是渴望見到被領養的孩子而備受折磨，或是爲了給孩子一個家、出於恐懼而締結了一樁漫長痛苦的婚姻。父母與子女不僅以這些衝擊力道強勁的方式影響著彼此，隨著我們變成了多官人，我們也會看見我們與父母和子女的所有互動，都是堅不可摧且深刻的。父母人格裡的恐懼會影響我們，而我們的恐懼自然也會影響孩子。

家庭是學習創造眞實力量的場所

父母對他們的孩子又愛又怕。每一個父親都需要受到兒子的仰慕，都希望自己值得尊敬。他懷疑自己是否能做到，也害怕自己是否會做不到。每一個母親都需要獲得女兒的愛，都想要做個良善與健康的楷模。她懷疑自己是否能做到，在內在隱蔽之處（她人格裡的恐懼部分）也會害怕自己做不到。每一個父母的人格恐懼部分都需要得到子女的認可。沒有任何類型的關係，比你在家庭裡的關係能讓你受到更頻繁、更深刻的挑戰，能提供機會讓你更頻繁、更持續地創造眞實力量。

家庭是你在地球學校的一個「固定教室」。你在其他教室裡所習得的東西，都將和你的家庭經驗有關聯或相互交織。你在地球學校的這段旅程中，你與家人的互動將會塑造並滲透你的所有經驗。例如，你可能會在自己身上看見父親的脾氣，他的驕傲自大、溫柔或自卑感，或者看見你母親想要控制或取悅的需要、或她的自卑感或優越感。父母親人格裡的恐懼，將會顯現爲你自己的一部分。例如，有一次我聽見自己嘴裡冒出父親的聲音，那個口吻就和父親那令我討厭至極的口氣一模一樣。我想要將它從自己身上連根拔除，卻不知該怎麼做。我越是害怕，口氣聽起來就越像我父親。由於我當時根本不知道何謂「人格裡的恐懼部分」，不懂該如何辨識它，因此也不知道要如何挑戰它。我以爲「我就是這樣了」，以爲那是我存在中無可改變的、注定要像我父親的根本部分，就像基因與染色體注定讓我遺傳到他的身體特徵。因此，我一直持續在自己身上聽見父親的聲音，也持續痛恨著它。

孩子從父母身上遺傳到的身體特徵，例如微笑或笑的方式、身形、藝術或音樂能力、智力上的聰敏度等等，以及他們的父母又從上一代遺傳到的特徵，皆是透過基因遺傳的。人格裡的恐懼部分來自比基因、染色體或環境等更深層的根源，它們是靈魂想要透過其人格的選擇而獲得療癒的面向，它們的根源不是肉體層面的。換句話說，你並非從父母身上繼承了人格裡的恐懼，你與父母的互動也不會創造出那些恐懼。你與它們一同進入了地球學校，是你與家人的互動激發了它們，而且現在依然持續進行中。雖然你因爲家庭成員而變得暴躁、退縮、叛逆、喜歡批判、害怕，這些同樣的經驗將會一再折磨你，直到你療癒了自己人格中那些製造出它們的恐懼爲止。那就是眞實力量的創造。

你的努力奮鬥與父母的費力掙扎是環環相扣的。爲了要與父母擁有充滿愛意的互動，你必須培養的力量，和你爲了發揮完全的潛能、貢獻與生俱來的天賦所必須培養的力量，毫無二致。你可以遠離家庭，但是你無法逃避自己人格裡的恐懼。你可以拒絕和家人說話，但是你人格裡的恐懼將會不斷和你對話。你無法跳脫、躲避或避免那些恐懼的突襲。即使你的父母已經過世，或者你從未見過他們，然而，家人之間的互動都是這些經驗的「原爆點」。

從五官知覺的觀點來看，是隨機事件將數種人格聚集在一起而成爲父母，也是隨機的基因與染色體組合決定了他們孩子的身體特徵。從多官知覺的觀點來看，「靈魂」是在特定條件形成的情況下同意成爲父母，也是於投胎前在特定條件形成的情況下同意成爲他們的子女，這一切動機都是爲了支持彼此在地球學校獲得靈性成長。換句話說，你的父母和你、你和你的子女，對彼此而言都是完美的搭檔。

家庭的歷史會影響其成員，而他們的互動也會影響未來的成員，這就是世代的業力。以《聖經》的語言來說，父母的罪降臨至孩子身上。以眞實力量的詞彙而言，一個人格裡未獲療癒的恐懼，將會由該人格的子孫來體驗，直到它們受到挑戰、獲得療癒爲止，如此，那便會改變世代的家族業力。諸如種族、文化、國家與家庭等群體力量也會創造業，每一種業都是能量上的傳遞，或說繼承，正如同家族裡世代相傳的身體特徵是一種基因上的傳承。

從五官知覺的觀點來看，療癒人格裡的恐懼只會治癒你自己；而從多官人格的觀點，它會改變家族世代的業力，你的孩子不會從你身上承繼你人格裡的恐懼，他們的孩子也不會。從五官知覺的觀點來看，只有未來是可以改變的；但是從多官知覺的觀點，家族之前的世代會在一個家族成員療癒了其人格恐懼時，也同時獲得療癒，並可一路往前追溯至家族裡該恐懼的根源。換言之，創造眞實力量能影響家族的過去和未來。

靈魂具有許多人格，全部同時存在，且每一個人格各自有其傳承。你的傳承可能是黑人、白人、黃種人、褐色皮膚的人或紅色皮膚的人，男人或女人，穆斯林、基督徒或印度教徒，法國人、澳洲人或泰國人。但是你遠不僅僅是如此。我們每一個人都可以說：「我曾是個男人。

我曾是個女人。我曾是個母親，也曾是個父親。」有些人可以說：「我曾是個中國人，也曾是個埃及人。」另外有些人則可以說：「我曾是個生活在大草原上的蒙古戰士，也曾是個奴隸。」另外一些人還可以說：「我曾是個天主教教士，也曾是個凱爾特祭司。」這種擴大的知覺是超越五官能力的，但卻是多官知覺的一部分。

五官知覺將家庭視爲人格獨一無二、決定性、唯一的源頭，這樣的觀點正逐漸由多官知覺的見解所取代，亦即家庭是靈魂在許多時間與地點一再重複選擇、藉以幫助彼此獲得靈性發展的媒介。當你在家庭裡創造一份靈性伴侶關係，你便是接觸到一份遠遠大於其表面所呈現的療癒潛能。

29

朋友：只給你安慰劑，或眞心爲你好？

友誼關係不是靈性伴侶關係

朋友關係之於靈性伴侶關係，一如水生動物之於在陸地上直立行走的人類一般天差地別。在形體進化的過程中，從最簡單形體過渡至最複雜形體的水中生物進化過程裡，其演化頂峰是能夠暫時離開海洋（兩棲動物）的有機體，接著是能呼吸空氣的生物上場，牠們可完全適應陸地生活，在陸地上蓬勃發展。任何一個了解保存在化石裡不可思議的進化歷程、並擁有足夠的好奇心與智力來讀取這些資訊的人，都不會懷疑水中生物是先於陸地生物而出現在地球上的。在水中生活與在陸地上生活的有機體是截然不同的，其共同點只能說兩者皆爲生命的表現。任何曾在游泳池或海裡吸入過水的人都知道，只靠吸水和吐水無法滿足人類進化的需要。

朋友關係與靈性伴侶關係是全然不同的，唯一的共同點是兩者皆爲「需要關係」的一種表現。誠如水生有機體在陸生有機體出現於地球之前，滿足了生命進化的需要；朋友關係亦在多官知覺出現之前，滿足了人類進化的需要。多官人不會像陸上生物在水裡窒息一般，對朋友關係感到有壓力；但是當多官人習慣於那份擴展的知覺，認知到自己與他人遠非僅止於一副身心，而是擁有一個超乎求生存與求舒適的目標時，他們會發現，朋友關係不再能像從前那樣滿足他們了，有時甚至連最親密的朋友關係也一樣。

多官人不會迴避朋友關係或朋友，但他們會受到那些不屬於朋友關係的互動所吸引——事實上，是受到威脅朋友關係的互動所吸引。朋友關係與靈性伴侶關係皆是懷著愛接觸他人、關懷他人的傳達媒介，但是朋友關係的設計是爲了滿足五官人的需要，靈性伴侶關係的設計則是爲了滿足多官人的需要。五官人爲了發展，需要追求外在力量並求生存；多官人爲了進化，需要創造眞實力量並獲得靈性成長。追求外在力量對多官人來說是造成反效果的，猶如試圖在水中呼吸一般，這是致命的。對五官人來說，促使人格與靈魂達成一致可說毫無意義，猶如肺之於水中生物一般無用武之地。如果水中生物有領悟力能探問何謂「肺」，牠們會問：「肺是做什麼用的？」然而，沒有任何水中生物有能力提供答案。「靈性伴侶關係的意涵是什麼？」五官人會這麼問，但是沒有其他五官人能提供一個具經驗性的、有意義的解答。

隨著我們從五官人過渡至多官人，新的將會與舊的重疊。朋友關係依然大量存在，靈性伴侶關係亦逐漸興起（雖然它並非總是被認知或標識爲靈性伴侶關係），兩者同時並存。這可能會造成困惑，特別是當某些朋友已經覺醒，渴望獲得比朋友關係更深刻的東西，而其他朋友尚未跟上腳步時，他們的友情基礎將會開始動搖，立基於上的結構也會逐漸變得不穩固。最好的情況下，他們依然會繼續關心彼此，但是他們之間共同的興趣卻越來越少。靈性伴侶之間也和朋友之間一樣，會討論孩子、健康、工作、教育、時尚與家庭問題等，但是他們是從一個不同的視角來探討。他們會期待認識並探索自己，只爲療癒人格裡的恐懼並培養慈愛。

朋友操控外在，靈性伴侶改變內在

朋友會看看自己能如何改變或修正對方，好讓他人或自己感覺好過一點。他們不了解的是，只有人格裡的恐懼部分（而不是人或境況）能爲他們和朋友製造痛苦，以致他們會努力滿足彼此人格裡恐懼的需求。譬如，若有個朋友丟掉了工作，朋友們會同情或同理他的遭遇、傾聽他的苦惱，給他建議，並且祝福他一切順利。靈性伴侶支持他的方式則是讓他體驗自身感受、辨識自身人格裡的恐懼部分並療癒它們。他們會幫助朋友釐清自己的意圖，例如，他是否爲了自己的不幸怪罪老闆，而非將焦點放在身體所感受到的痛苦。他們也能對朋友人格裡的恐懼做出適當應對，而不是情緒化反應。他們會看見朋友的苦惱與痛苦根源，亦即存在他人格裡的某個恐懼，然後支持朋友去療癒它。

如果一段戀情或婚姻告吹，朋友會認同誰是壞人並同情受害者，他們會彼此分享類似的悲慘故事並從中學到教訓，也會安排具有轉移注意力效果的活動，好讓朋友遠離痛苦。靈性伴侶則會透過療癒對方人格裡的恐懼來幫助他根除痛苦。換言之，朋友將重心放在人格恐懼部分的經驗（我很迷惘、無助、孤單等等），靈性伴侶則是將焦點放在如何療癒那些部分。朋友會幫助彼此改變激發他們人格裡恐懼的東西，靈性伴侶關係則是幫助彼此改變被激發的那部分。

這就是追求外在力量與創造眞實力量的差異。追求外在力量有賴於改變你的外在境況，創造眞實力量有賴於改變你的內在動能。這些在知覺、目的與方法上的差異，讓靈性伴侶的互動令朋友感到意外，有時甚至覺得討厭；而其他靈性伴侶與潛在靈性伴侶則會覺得受到滋養、十分喜歡。舉例而言，如果你的意圖是想療癒人格裡爲自己的痛苦經驗而怪罪他人的恐懼，那些贊同你人格該部分的朋友便無法幫助你。他們反而會將自己的恐懼加進你的恐懼中——「換做我是你，我也會做同樣的事。」「他怎麼能這樣！」「她顯然是豁出去了。」他們無意治療自己人格裡的恐懼，當然也無法了解你想療癒自己的意圖。

朋友會努力幫忙修正情況，將錯誤的變成正確的。如果他們辦不到，也會向你保證下一次情況會更好。境況會改變，但人格裡的恐懼每一次激發時的運作方式皆如出一轍，所製造的痛苦亦是一模一樣。靈性伴侶了解這個道理，但是朋友不會想到這一點。朋友尚未覺察到自己的內在經驗，除非情緒上的痛苦，強力地躍上他們的表面意識。因此，他們無法幫助彼此探索自己的內在經驗。相反地，他們會藉由照顧、修正、建議與同情等方式來掩飾這些經驗，以致他們縱然努力懷抱著愛接觸他人，也會變成是一種操弄與控制。舉例來說，當朋友露出微笑而非哭泣時，他們會覺得好過一些；當朋友同意而非反對時，他們會覺得好過一些；他們也會在朋友接受他們的支持而非拒絕時，覺得安心。

追求外在力量的意圖受到了忽略，因爲朋友並非總是對意圖感興趣。靈性伴侶則會密切注意他們的意圖。朋友會幫助彼此獲得成功，因爲成功對他們很重要。靈性伴侶會幫助彼此療癒人格裡的恐懼並培養慈愛，因爲這對他們意義非凡。朋友會承諾維持友誼，靈性伴侶則承諾獲得靈性成長。朋友期待從友伴那裡得到支持，並會在不如所願時感到失望、受傷或憤怒。換言之，他們會在人格裡的恐懼受到激發時，努力改變彼此；靈性伴侶則會在恐懼受到激發時，意圖療癒它們。可以說，朋友將力量視爲一種操弄與控制外在境況的本事，靈性伴侶則將它視爲改變內在境況的能力。

朋友會努力停留在自己的舒適圈裡，避免去體驗自己人格裡的恐懼。譬如說，如果你人格裡某個喜歡延宕耽擱的恐懼，會在他人提起你的這種習性時勃然大怒，你的朋友很快便會學到千萬不要對你提起此事。如果你一想起過世的母親就顯得鬱悶、憂傷，你的朋友便不會和你談論她，或是他們會對你抱以同情。如果你掙扎著和酒精、暴食、尼古丁或購物等對抗，你的朋友不會問你爲何對這些東西如此難以抗拒。事實上，他們會和你一起投入那些事，並且在他人問起時強力地捍衛你和他們自己。他們的目標不是挖掘出自身失控行爲底下的痛苦動能，相反地，他們的目的是要讓那些動能好好地埋藏在眾多令人分心的、執迷的、強迫性的、上癮的經驗與行爲底下。

朋友與其他每一個人爲了停留在舒適區而必須付出的代價，就是毫無節制的、失控的、在生活中無預警爆發的破壞性行爲，例如，口出惡言、舉止粗暴、做出怨恨或嫉妒的行爲、權力鬥爭等等。有些人就是無法停止喝酒、抽菸或自慰，有些人會不停地追逐性獵物，有些人會失控地瘋狂血拼，有些人需要強勢地掌控周圍的人，有些人則必須取悅身邊的人。有些人覺得自卑，有些人覺得優越，有些人需要成爲中心焦點，有些人則會在情緒上退縮。與配偶和孩子的爭執屢見不鮮，朋友變成了過去式，閒言閒語，有時則是生起報復心……。轉眼之間，從吸引到排斥、從「愛」到鄙視的現象，可能瞬間發生。有時候，多年老友突然不再和對方說話，甚至親子之間、兄弟姐妹之間也會交惡。

靈性伴侶會走出他們的舒適圈。他們不尋求人格恐懼部分爲了安全感與價值感的需要而短暫獲得的安適與安樂，他們追尋的是毫無保留的愛的喜悅。在舒適之外，是人格恐懼部分痛苦的身體覺受，但是那亦存在著一種能力，讓你能夠以人格慈愛的至福經驗取而代之。對舒適的執著就是逃避不舒服的感覺，它會封閉你的心、阻礙你的心靈，將那個執著的人與同樣害怕不舒服經驗的人捆綁在一起。恐懼會爲你製造一種需要，讓你和避免探索人格恐懼的人在一起。恐懼製造了破壞性行爲與結果，同時也會阻礙你探索其根源。朋友關係的設計並非意在支持彼此探索並療癒自身人格裡的恐懼，那樣的目標並非五官人發展的一部分。

靈性伴侶關係則完全是爲了那樣的目標而設計。他們的目的是支持個人間平等的關係，透過有意識的互動，創造眞實力量。靈性伴侶關係的必要條件是承諾、勇氣、慈悲、有意識的溝通與行動。靈性伴侶關懷著彼此，他們之間的連結和朋友之間的聯繫同樣深刻，但卻達成了一個意味深長的不同目標——透過靈性成長而非求生存而獲得進化，創造眞實力量而非外在力量。

將朋友提升至靈性伴侶的關鍵

將朋友關係蛻變爲靈性伴侶關係並不需要改變他人（那是追求外在力量），需要改變的是你。要爲靈性伴侶關係創造潛能，一切所需就是承諾全心投入眞實力量的創造，以及遵循「靈性伴侶關係指南」。這份指南會告訴你如何改變你自己，而不是試圖改變別人。當你的意圖是從與人們的互動中認識自己，去留意自己的情緒、念頭與意圖，如此一來，別人在做什麼又有何影響？當你的意圖是時時刻刻懷抱著真誠，別人的意圖又有何影響？當你意圖爲自己的經驗負起責任而非怪罪他人，別人的責備埋怨又有什麼關係？當你能夠適當應對人格裡的恐懼而不做出情緒化反應，你將會吸引做同樣一件事的人。花兒綻放的時候，蜜蜂自然會飛來。

靈性伴侶關係是自然而然成長的，一如種子自然而然會萌芽。創造真實力量能將種子種下。你無法透過勸導、遊說或說服他人改變信仰而讓一個人成爲靈性伴侶，但是你可以創造真實力量，在過程中形塑它，那麼，「吸引力法則」將會在你身上運作。

創造靈性伴侶關係的必要條件是，願意反覆嘗試與過去習慣不同的說話或行動方式。不是所有的朋友都有興趣爲他們的經驗負起責任，都會適時說出難以啓齒的話、覺察到自己的內在經驗、有意識地選擇他們的意圖、願意讓自己變得脆弱易受傷，並且和你一起透過他們的經驗獲得靈性成長。你會發現，你與這些人的關係會變得越來越無趣，但也有另一些人會回應你，他們感興趣的是讓你的朋友關係變得更堅定、更有意義，那些人正是潛在的靈性伴侶。

創造一段靈性伴侶關係猶如尋找一個「朋友」那般自然，只是這個朋友感興趣的是朝正面的方向改變他自己，而非讓別人爲自己的無法改變負責；他是爲自己的經驗負責，而非怪罪父母、同儕、老闆或工作量太大，並且能夠貢獻自己與生俱來的天賦。對自我探索與自我認識的承諾、有意識與負責任的創造、遵從直覺、在日常互動的私密環境裡嘗試、試驗各種宇宙法則等作法，都能創造出一種嶄新的、更具意義的、超越朋友能給予彼此的關係型態，也就是一種爲了靈性成長而形成的平等夥伴關係。

你不會試圖安撫或勸慰這個新型態的「朋友」，他也不想要你這麼做。一個靈性伴侶不會想要讓他人格裡的恐懼部分獲得安撫，特別是當他已經表現出情緒化反應時，因爲那是他最想要去體驗和挑戰它們的時候，例如當他置身權力鬥爭時、因爲覺得他人粗魯無禮、嫉妒或覺得沮喪而發怒時……。有一位參加我們三年課程的學員，在一場活動的某個集會開始前，得知自己的兄弟自殺的消息。當時她全身顫抖，站在會議室門口等候琳達進門。她不想要別人安慰她、同情她、鼓舞她或給她建議，她想要的是一個能夠了解她的痛苦與需求根源、了解她不需要被修正的靈性伴侶。她想要全然地體驗自己人格裡的恐懼，如此才能挑戰並療癒它。琳達將她擁進臂彎裡，然後她們靜靜地站在那裡，讓她好好感受她的情緒，並接受琳達與周遭靈性伴侶所提供的支持。那樣的時刻既非感傷亦非哀痛，而是擁有無比的力量。

靈性伴侶溫柔、關懷他人、直接且開放，他們對彼此的愛，足以讓他們勇敢面對彼此人格恐懼部分的情緒化反應，只爲了創造眞實力量，並支持彼此也一起這麼做。在沒有受到任何恐懼壓抑時，他們的歡笑與淚水會自然而然地輕易流露。你越是能夠去體驗並挑戰你的情緒化反應，全心感受它們的痛苦與力量，便越能夠支持你的靈性伴侶創造眞實力量，並且接受他們對你的扶持，你也將能夠以慈悲心待人，無論對方是否是朋友、仁慈或是殘忍，無論他們是在創造眞實力量或仍在追求外在力量。

30

同事：一週五天挑戰你人格裡的恐懼面向

爲了追求安全感與價值感所進行的控制與操弄

軍事、宗教與商業是姐妹機構，它們皆是一種高度組織化、精心協調、高效率的外在權力追求，只是它們在教條、制服與方法上是不同的。它們全是全球化的，無視文化、國族與個人之間的差異，都致力要成爲主導勢力。其本質是積極主動、競爭與擴張，不是抹去自己之外的所有價值，就是壓制、反對它們。這些領域有著高度的同質性，除非必要或有助於其目標，否則便不允許多元性的存在。它們會盡一切能力以侵略性的方式影響他人。

這幾個領域會同化對手，或者消滅對手，在外在的差異下潛藏著相同的意圖——透過軍隊、想法或金錢達到操弄或控制的目的。他們傾注一切資源，將所有的武器持續用來支援此一目的，包括大炮、聖典、金錢等，唯一的目標就是支配國家、文化與競爭對手。心滿意足的感覺不是軍隊、宗教或商業組織的一部分。軍人受訓是爲了進行戰爭、在和平時期不耐煩地等待機會。教士、僧侶與傳教士持續宣揚他們的思想，不斷與相互衝突的意識型態對抗。商業的成功有賴於不斷擴張的市場占有率，以及投資者無止盡增加的利潤。

這三者皆以最令人著迷的形式呈現，然而，其追求的目標卻非總是如此具有吸引力。軍事組織會迎合國家尊嚴與意識型態。舉例來說，目前他們所呈現的形象即是國家、民主與自由的捍衛者，但是，極少有軍事組織會在有能力侵犯他人時，依然維持其防衛立場。從小規模的部落交戰到數百萬大軍，軍事組織襲擊鄰人、征服他國，竊取馬匹與石油資源，迫使民眾淪爲奴隸或貧民，以各種各樣的方式強加一己意志於他人之上。這並不是說每一個軍人都具有侵略心且是殘忍的，但是不可諱言地，每一個軍事組織的功能與目的確實皆是如此。

任何宗教在救濟飢貧時，無不懷著勸誘他人改變信仰的隱藏意圖。善行是有代價的（「相信我們所相信的」）。正當的人獲得拯救，不信者受到懲罰，異教徒遭到殺害，異端邪說遭到剷除，對立的信仰遭到消滅、取代或同化。並非所有的「宗教人士」（例如，德蕾莎修女）都是爲了讓不信教者信仰其宗教才去扶弱濟貧，只不過所有的「宗教組織」皆是如此。

沒有任何企業所追求的目標比淨收入更大，諸如「進步是我們最重要的產品」與「一同努力打造綠世界」等口號，與精益求精製造最大利潤的目標，其實是脫節的。「利潤是我們最重要的產品」才是每一個企業的頌歌，包括汽車、電信、鋼鐵、軟體業等產業，只不過除了銀行之外，沒有任何公司敢如此公開宣稱罷了。響亮的口號與商業組織所製造的環境汙染、森林破壞、鄉鎮毒害、山林毀損、大氣汙染、物種滅絕等之間的脫節，是肇因於外在力量的追求。企業猶如能隨時變換顏色融入環境的變色龍，變成「社區導向」的，而非「環境友善」、「有效節能」。企業意圖投射出一個具有社會敏感性與善盡社會責任的現代形象，以粉飾所有企業運作那個最終、唯一、不容妥協的目標——讓股東獲利與經營者利潤最大化。

這些組織的價值觀、方法與目標，塑造了其內部的個人特質。軍人、宗教全職人員、生意人等，無論是否穿著制服都能辨識彼此身分。包括軍事、宗教與商業的每一種組織，都會消滅或壓制個體性、限制原創思想、約束創造力，讓它們朝向可接受的路線前進。所有軍事組織的成員都懼怕官階更高的人，深恐無法成功達成所要求的任務；宗教團體的成員畏怯無盡的受苦或無法在此生開悟；公司員工懼怕更有能力的同事會操弄或控制他們；管理階層則害怕無法讓事業獲利。簡言之，每一種組織都建立在「力量源自外在」這一觀點上，而且無止盡地追求這種力量。

商業活動的衡量標準稱爲「經濟」，但沒人眞正見過何謂「經濟」。有所謂的當地、國家、國際與全球經濟，所有這些都尚未在照片上呈現過。它們的規模不同（人們所測量到的商業活動），但本質其實一樣。「經濟」若沒有商業活動（企業）就無法存在，因此它們反映的是其所衡量的企業。一個國家所創造出來的商品與服務總價值，衡量的是該國家的所有商業活動。由於許多商業機構都在各大洲的不同國家，透過不同的子公司與事業體來做生意。爲了將利益與分紅最大化並降低應付稅額，自上個世紀以來，全球經濟儼然變得更爲重要了。今天，全球經濟至關重要，因爲它影響著每一個地方的企業，縱使不是國際企業、大公司或大規模的單位，也都會受到經濟狀況所牽動。

經濟狀況是將商業活動粗略畫出的一幅畫作。雖然在經濟體中，有些企業會成長、有些會失敗，但經濟狀況卻無法描述這些事情，它只能顯示一個包含了所有活動的大致情況，包括大大小小的活動、成功（獲利的）與失敗的活動。當經濟成長時（商品與服務的價值增加），它被視爲好事，因爲有更多企業獲利、更多紅利發出、股東的投資獲得更多回報；而經濟未成長或衰退的時候則恰恰相反，那即被視爲壞事。因此，有越多的企業參與製造與銷售，經濟就會蓬勃發展。

經濟並未將商業活動產生的影響納入考量，例如，年輕人、老年人、經營事業的社區、員工的福祉、懷孕婦女的照護或年輕人的教育等。也未將它們對環境所造成的影響、生活品質、健康、全球氣候暖化、地球的健康、人道，以及其他生命體納入考慮。它所衡量的只有貨幣價值（錢），所反映的是製造五官知覺事業導向的外在力量追求。

這是一種反映：當某樣東西（例如，蘋果）不容易取得（供應），卻有許多人想要它（需求），價格就會提高，反之亦然。每一種經濟所假設的是，每個參與商業活動的人都懷著同樣的意圖，亦即不惜一切代價（犧牲他人）獲取自己的最大利益（利潤）。這些假設並不是由經濟體所設定的，因爲經濟體並非眞實的東西。經濟體是由研究經濟的人創造出來的，他們正確地描述了五官人爲了讓自己獲得安全感與價值感，所持續追求的對環境的操弄與控制，以及無止盡的利用。

簡言之，商業機構（事業）是在追求外在力量，包藏在一個設定爲追求外在力量的統計實體（經濟）當中。並不是說商業活動裡的每一個人都以自己的利益爲出發點，但是所有的「商業組織」皆是如此。

在工作場所、辦公室、商店、田野等，勞工們皆投入了一個五官知覺導向的活動，這反映的也是透過追求外在力量而進化的五官物種。將力量視爲操弄與控制能力這一認知，如今已然造成了反效果，但是構築於其上的商業機構與反映著它的經濟，至今依然存在。就像一部汽油耗盡的車子，依然在高速公路上滑行。有時候當車子已經沒有燃料了，但其移動速度卻很快時，就會滑行很長一段距離。商業機構與描繪其活動的經濟已經將燃料消耗殆盡，沒有更多能源可用了，將來也不會再有。這一切全是對外在力量的追求，而外在力量如今已經阻礙了我們的進化。

選擇不被環境和人掌控

無論你的老闆有多麼善解人意、同事有多麼氣味相投、公司所提供的產品或服務多麼具有建設性，企業本身就是一種外在力量的追求，而參與其中的五官人亦能滿足於這種有毒的外在力量追求。無論員工是否獲得利益，每一間公司最重要的事就是淨收入，而且所有可得的智慧、創造力與資源，皆持續導向最大限度增加獲利與分紅的方法。無論員工是否投資了公司股票或是否有資格分得紅利，無論他們是高階執行長、管理階層、職員或清潔工，無論該企業的顧客是個人或公司，這都會發生。服務品質與產品的精良若除去「增加公司淨收入」這一前提，便顯得毫無意義。若缺少了這項前提，員工對企業而言亦是毫無價値的。

這就是同事們進行互動的背景環境。這些描述看似是一種在令人震驚的程度上與我們自己脫節的狀態，一種陌生意識狀態的怪異描述，但事情眞是如此嗎？我們對著眼前與周遭的巨大怪獸感到暈頭轉向，納悶著自己與它的關係究竟是什麼。如同電影院裡的觀眾，觀看著一部意料之外的電影，我們會感到驚訝、困惑、莫名所以。我們爲自己的掃興經驗而怪罪電影裡的演員，卻不知道該如何離開電影院。我們責怪製作人、導演、編劇，然後埋怨攝影師、化妝師、片場的攝影燈光工作人員等等。然而，電影依舊繼續上演，我們也依舊融入其中，絲毫沒有自己身在何處的念頭（在電影院裡）。

這些情況重複發生：同事之間的閒言閒語、結合盟友對付共同的威脅來源、精心籌劃晉升之路、受到頂頭上司的壓迫、害怕失去工作等等。有些人格恐懼部分的行爲會受到獎賞，例如，工作狂、完美主義（所謂「注重細節」）；有些則會受到懲罰，例如拖拖拉拉。一項產品推出了，公關活動展開，股東提出更多要求，執行主管努力達到要求，企業裡每一個人的安全保證皆取決於產品的成敗。

工作場合可比擬爲電影院，雇主可比擬爲製作人，管理階層可比擬爲導演，主管就像攝影師，同事們就像演員。你可比擬爲一個觀看者，完全沉浸在電影情節當中。然而，你所扮演的角色並非如表面看來那般被動。**你的意圖會顯現在大銀幕上**。當你全神貫注於電影的時候，你不會注意到它；但是如果你將焦點放在你內在的動能，亦即你人格裡的恐懼與慈愛，它就變得無可否認了。

你人格裡的恐懼努力要以最少獲得最多，例如以最低價格購買。以最少獲得最多（以最少支出獲取最大利益），是電影構成的一部分。你人格裡的恐懼在尋求著優勢。創造優勢（例如，以策略勝過競爭對手）是這部電影的中心要素。你人格裡的恐懼面向會害怕擁有得不夠多，而害怕不足（例如，市占率不夠高）就是這部電影的主軸。一旦你認出人格裡恐懼部分的意圖，就無可避免地能在銀幕上認出它。

嚇人的電影，並不是由道德扭曲的人在你之外創造出來、在你之外獲利、在你之外剝削、在你之外透過外在力量的追求以獲得價値感與安全感。電影反映的是**你自己**人格裡恐懼的意圖。他們是在爲其他看似在創造並維繫這一破壞性體制的人格恐懼添加燃料，但是那些個體與你並非獨立分開的，他們是你的代理創造人。

這部牢牢抓住你注意力的電影（工作場所），是追求外在力量的經驗縮影，它在全球各地透過國際企業活動、在地方透過鄰里商業活動、在你自身透過恐懼所製造的痛苦經驗呈現出來。它在銀幕上呈現的，是透過求生存而發展的五官人之需要與行爲。透過獲得靈性成長而進化的多官人之需求與行爲，需要的是一部不同的電影（工作場所類型），而你若創造眞實力量就能夠創造它。

老電影會激發你內心的情緒，但是每一次你若適當應對而非表現出情緒化反應，你就可以改變它。無論你是獲得升遷、遭到降職、被資遣、獲發紅利，或是被告知在家休息一天（無薪假），你都能透過有意識而非無意識地選擇自己的言語和行動而改變。電影也是如此。你的老闆和同事可能注意到、也可能沒注意到你的這種轉變，但是你自己心知肚明。電影逐漸喪失了對你的掌控力，你變得可以在其中嘗試、試驗。

改變電影不需要去改變他人（例如，你的雇主、上司、同事或者股東——如果有的話），需要改變的是你。你必須利用「靈性伴侶關係指南」來改變自己，而你對自己所做的轉變，將能夠使整部電影改觀。你和同事的經驗會改變，每一次，當你挑戰人格裡的某個恐懼或培養某個慈愛，你就是對集體意識做出不同的貢獻，整部電影也會因此而面目一新。

譬如，如果有同事開始閒言閒語、說長道短，你不加入他們的行列，反而運用「靈性伴侶關係指南」來處理，電影情節便會因此而轉變。當一個苛刻的雇主或懷恨在心的同事觸發了你人格裡的某個恐懼，而你能夠挑戰它而非放縱它，電影劇情也會重寫。當你能將雇主或同事視爲一個有時某個人格恐懼會受到激發的靈魂，而選擇不去評斷他時，電影便會出現不同變化。每一次你祈求療癒的到來，亦即帶著情緒覺察來應對，並且做出負責任的抉擇，無視於某個恐懼要求你做出相反的選擇，電影當然會變得更加有吸引力。

五官人無法看見這些改變，因爲他們只能看見各種境況與其他的個體。多官人每一次都能從一個選擇當中獲得力量，而不是失去力量。每一次，當他們在生命中取得過去未曾有過的自主權時，都能看見電影的改變。他們不會在集體意識的恐懼下崩潰，反而會利用它來挑戰自己的恐懼經驗，以此創造眞實力量。他們會透過自己的意識來轉化集體意識。當集體的恐懼看似不容質疑時，他們會挑戰自己人格裡的恐懼面向。他們能在每一次創造和諧而不爭吵、分享而不私藏、合作而不競爭，以及敬重生命而不剝削生命時，改變那部電影的劇情。

一個五官人會將立基於恐懼的商業本質，視爲人類經驗裡無可改變的一部分；多官人則能夠認出它是自身內在動能的眞實反映。多官人知道，若不改變自己，就無法改變其他任何事，而改變自己的內在動能是自己的責任。他對自己的工作經驗抱持歡迎開放的態度，包括難受的經驗在內。他能將那些經驗視爲創造眞實力量與靈性伴侶關係的機會，然後投入商業的轉化過程，亦即從一個滿足人格恐懼需求的集體動能，轉化至一種將靈魂價値引進地球學校的動能。

31

伴侶：激發你最大靈性成長潛能的人

以靈性成長爲目的的新夥伴關係

擁有伴侶關係的個人，將隨著舊式五官知覺關係轉移至新式多官知覺關係，而產生劇烈的改變。他們作爲人類子嗣泉源的重要性也將被取代，轉而成爲創造眞實力量的親密媒介。孩子的誕生將豐富此一動能，但也增添了它的複雜性，例如，五官人父母對五官人子女的責任，並不包括子女的靈性發展（這不該與宗教教育混爲一談）。從五官知覺的觀點來看，養育並保護孩子已足以滿足人類進化的需求，因爲它能增加人類數量，也可確保年老的父母能獲得健壯一代的照護。五官人父母將自己視爲「人格」，而將孩子視爲自己尚未發展的縮小版。

多官人父母將自己與孩子視爲靈魂，同時亦是人格。他們將靈性發展視爲人格與靈魂的和諧一致。讓孩子接觸宗教環境並不需要父母這方面的蛻變，但是創造眞實力量並支持孩子創造眞實力量卻需要。

當五官人之間產生聯繫，他們會將這段關係視為生育孩子的媒介。他們會從父母與同儕那裡感受到壓力，進而讓自己成為父母。而當多官人彼此產生連結，他們會自己決定彼此的關係將發揮什麼樣的功能（靈性伴侶會選擇自己的角色），而他們所選擇的角色不一定包括了父親與母親。兩人之間所創造的靈性伴侶關係，其目的是獲得靈性成長，無論他們在這段共享的旅程當中是否包括了為人父母的角色。他們彼此之間和孩子之間（如果有）的夥伴關係，和五官人是不同的，因為五官人的目標是求生存與舒適。

五官人伴侶只要擁有溫暖的家園、獲得安全與舒適就心滿意足了，一如他們的祖先在一次成功的狩獵之後，圍繞在一道火焰周圍，紅光煥發的臉龐流露出滿足的神情。至於追求真實力量的多官人伴侶，則會因為挑戰了人格裡阻礙自己分享愛與發揮天賦的恐懼而感到知足。安全與舒適，是彼此結合的五官人伴侶生來就要給予彼此和孩子的禮物，真實力量則是多官人生來要給予自己和生命的贈禮。這兩種禮物都需要承諾與勇氣，但是創造真實力量遠比求生存更加複雜。

一個五官人女性會尋找一位能夠保護並供養她和孩子的伴侶，這就是舊式男性的角色。一個五官人男性會尋找一位能夠生育、撫養孩子的伴侶，這就是舊式女性的角色。這些五官人角色皆是由文化與生存的必要條件所決定的。一個追求真實力量的多官人女性可以供養自己，她在身體與社會上都擁有足夠的能力，也能在自己的夥伴關係中選擇自己的角色。如果她選擇生孩子，她也不需要一個伴侶來保護和養育她及孩子，因爲她是一個新女性。一個追求眞實力量的多官人男性擁有情緒覺察力與敏銳度，並且關懷幼者、老者與弱者，他不需要一個伴侶爲他的生命帶來溫暖與愛，他本身就是溫暖的、慈愛的，這是一個新男性。

舊男性與舊女性透過婚姻而結合，新男性與新女性則透過靈性伴侶關係而產生連結。由於靈性伴侶關係對人類來說是全新的體驗，尚未成爲文化習俗的一部分，許多新女性與新男性仍會結婚，以表達他們對彼此的愛，以及對共同獲得靈性成長所做的承諾。他們參與了從婚姻原型蛻變至靈性伴侶關係原型的過程。婚姻是一種爲舊男性與舊女性所設計的古老結合方式，它創造了一種自然的勞務分工與互利的合作關係，以支持他們的生存與安全。爲了靈性成長的目的而在平等的兩人之間建立的關係，實在是個太過先進的概念，因此無法被包含在婚姻的型態裡。

新男性與新女性會尋求一個能彼此分享靈性成長的經驗，並在創造這經驗的過程中，支持對方。如同一個航海家準備出航，迎向一個不斷呼喚他的漫長且充滿挑戰的旅程，新女性與新男性都在尋找一個承諾獲得靈性成長的旅伴，他不但有勇氣爲自己的經驗負責，能療癒自己人格裡的恐懼，還能對自己和他人抱持著慈悲心。他們會尋求一種能夠有意識而非無意識地溝通與行動的能力。簡言之，他們尋找的是一個能在創造眞實力量方面支持他的人，一個也能夠在創造眞實力量方面獲得他支持的人。

從婚姻蛻變爲靈性伴侶關係的旅程

新男性與新女性正逐漸於四處興起，包括在婚姻之中。當一個置身婚姻裡的舊女性成爲一位新女性，舊男性也將蛻變爲一位新男性，否則這段婚姻就會破裂。當妻子出現難以解釋的、令丈夫無法接受的改變，將會讓這位舊男性感到無可奈何，並且深感困擾。他會覺得妻子破壞了支持、照顧孩子和這個家的協議。和他結婚的舊女性會同意這些條件，但新女性會受到它們的束縛。如果舊男性能夠挑戰自己（挑戰自己人格裡的恐懼面向），讓自己以更正確的觀點將妻子的改變視爲正面的，而非不正常的，他們的婚姻便能夠蛻變爲一段靈性伴侶關係。若他辦不到，他就會去尋找另一個舊女性來滿足他的需要。

例如，有個妻子在孩子就讀小學仍需要她的照顧時，決定去攻讀建築。丈夫起初很震驚，但是之後卻在妻子想要攻讀建築的明確意圖裡、在她對他的愛裡，看見妻子全新的迷人面向。於是他的憤怒轉而成爲好奇心，接著演變爲欽佩。妻子踏上了創造眞實力量的旅程，隨後伴侶也投入其中，遂成爲了一段互相支持的旅途。這就是靈性伴侶關係。

當一個新男性在婚姻當中浮現並成型，舊女性也將會蛻變爲新女性，否則這段婚姻就會不保。舊女性會對配偶那難以解釋的、令她難以接受的改變，感到震驚。她會覺得丈夫打破了支持她和孩子並照顧這個家的約定。如果她不挑戰自己（挑戰她人格裡的恐懼面向），以一個更正確的觀點將丈夫的轉變視爲一種靈性成長，而非不正常的行爲，她便會轉而去尋找另一個舊男性。

例如，我有位在大學獲得終身教職的友人，離開了教學生涯及其提供的安全保障，想要成爲一名作家。他妻子始終無法理解他的決定，於是他們分居了。她覺得丈夫背叛了他們之間的協議，而她希望他們的協議能獲得尊重。那個舊男性的確立定了協議，但是新男性擁有不同的潛能、更多的創造力，想要追求新的目標，他擁有意外的禮物可以給予。他們的婚姻原本可以進化成靈性伴侶關係，但是舊女性並不了解，或者不想要，因此拒絕改變。

當一個婚姻裡的舊女性變成了新女性，婚姻裡的舊男性變成了新男性，他們的婚姻就成了靈性伴侶關係，他們也參與了從婚姻原型轉變爲新的靈性伴侶關係這一蛻變過程。換言之，當前能夠支持人類進化的唯一婚姻關係，就是那些屬於靈性伴侶關係的婚姻。

靈性伴侶會因爲他們選擇獲得靈性成長（挑戰他們人格裡的恐懼並培養慈愛）而在一起，而不是因爲他們曾經在一起或一起養育孩子。這與那些只因爲恐懼而帶著不確定的態度留在婚姻裡的五官人大相逕庭，因為他們害怕若沒有彼此就無法生存，害怕自己不值得獲得愛，害怕沒有力量或勇氣重新開始，或者害怕受虐，害怕離開彼此之間痛苦卻又熟悉的權力拔河。

持續拒絕去挑戰人格裡的恐懼，將導致靈性伴侶關係破裂。舉例而言，如果一個靈性伴侶不斷拒絕去挑戰他的憤怒或觀看色情影片或書刊的需求，他就不可能獲得靈性成長，夥伴關係成立的理由也就不復存在了。而如果另一方的伴侶也不斷拒絕挑戰她暴飲暴食或愛血拼的需求，同樣的情況也會發生。他們可能彼此相愛，但光是愛並不足以將他們維繫在一起。靈性伴侶的結合是為了創造真實力量，並幫助彼此創造真實力量。如果一個人一再地選擇放縱自己人格裡的恐懼卻不去挑戰它們，便沒有任何的誓詞能將他們維繫在一起了。

擁有一份體現和諧、合作、分享與敬重生命的關係

由於每個人出現靈性進化的時間都不同，速度也不一樣，多數人在一生當中都會與一個以上的靈性伴侶結合，這便為孩子們製造了一種新的環境。當前的「核心家庭」概念將孩子接受（以及預期接受）愛與支持的來源，限制在單一家庭與一組父母，但是未來將有更多空間讓「擴大式家庭」來照料許多孩子，為許多孩子提供幸福的生活，並且去愛更多的孩子。每一個核心家庭都難以打入，也同樣難以打破。五官人父母會將焦點放在他們的孩子身上，而將其他

孩子排除在外，這導致所有的孩子只有在自己的家庭與父母在一起時，才會將世界體驗爲安全的、充滿關懷的。他們離開家的時候，也將這份危機感與離家等於缺乏照顧的感受隨身攜帶，盼望能與其他人一同創造它，並將同樣的經驗灌輸到更多孩子身上。

孩童會逃離陌生人，陌生人也不願意對不認識的孩子或父母付出情感。危險的假設永遠存在，因爲對於兩個父母來說，極難擔保孩子的安全，但若是四個父母，難度會降低一些，而若是八個父母，難度會再下降。而當他們的孩子接觸到的所有人都能將孩子視如己出，將他們當成自己的孩子那樣疼愛，那麼，安全實際上是有所保障的。最終，人類將合力創造出能夠照顧所有孩子的適切可行的方式，爲所有的孩童帶來幸福，並且去愛每一個孩子。到目前爲止，「人類大家庭」這一名詞一直是個空洞的詞彙，但它是個值得重視的詞彙，因爲它帶來了一個希望，亦即人們可能擁有一份體現和諧、合作、分享與敬重生命的關係，而且這樣的關係將由所有人共享，不受五官文化與宗教要求所束縛，並受到所有人的珍惜。

如果有父母利用孩子來滿足自己人格裡的恐懼，這個希望就不可能實現。例如，一個對自己孩子的體育成就「感到無比驕傲」的父親，無法對鄰居孩子的成就「感到無比驕傲」，除非他人格裡的恐懼也會利用鄰居孩子的成就讓自己獲得安全感與價值感。一個陌生人的孩子贏得金牌，能像你自己的孩子贏得金牌那樣，爲你帶來同樣的滿足感嗎？鄰居的孩子因爲完美無瑕的小提琴獨奏會而獲得熱烈掌聲，能像你自己孩子的精采表演那樣，令你感到欣慰嗎？你能從中得到滿足與快樂嗎？

相反地，當父母的某個人格恐懼部分因無力感之苦而失控爆發，針對孩子與配偶發飆，可想而知，他們的孩子將會在一個沒有安全感的世界長大成人，並帶著這些經驗離開家庭，因無力感之苦而對著他人發洩，包括自己的孩子與配偶，從而在更多的孩子身上製造出同樣的經驗。

要解決這些痛苦經驗及其綿延不絕的傳承，解藥就是眞實力量。社會政策與政府的計畫都無法根除恐懼，它們會餵養恐懼、培養無力感的經驗，卻無法治癒它們或它們的根源。唯有創造眞實力量才能辦到，也唯有靈性伴侶有能力支持彼此與孩子（如果有孩子）創造眞實力量。

舉例而言，丈夫和妻子在處理財務上意見分歧，丈夫趨向保守，想要撙節開支，妻子在支出方面則較不謹愼，於是導致了雙方的衝突。丈夫會質問妻子的開銷，讓她覺得權力被剝奪，厭惡他連花一筆小錢都要過問。雙方都覺得自己是受害者：他是她（或他）輕率消費的受害者，她則是他（或她）強迫性控制欲的受害者。隨著他們的婚姻蛻變爲一種靈性伴侶關係，他們會開始以更平等的眼光看待對方，能將自己恐懼與憤怒的源頭，歸根於人格裡的恐懼，而非財務狀況。丈夫看見了自己若對花錢感到氣憤或恐懼，是他人格裡的某個恐懼在搗鬼；而妻子看見了自己害怕受到控制，也是因爲她人格裡的某個恐懼在作祟。現在，他們可以好好談一談他們的財務狀況，而不會像過去那樣，每每落入痛苦情緒的交戰之中，而且也能在自己人格裡的恐懼受到激發時去挑戰它們了。利用「靈性伴侶關係指南」來創造眞實力量，改變了他們這份夥伴關係的這一面向，而他們也能夠以同樣的方式改變其他面向。

如何吸引潛在的靈性伴侶？

五官人伴侶是藉著一種稱爲「戀情」的強烈無力感經驗，展開了他們這趟共同的旅程。一方會在對方身上見到某些他所崇拜但他自認缺乏的特質，一種吸引力於焉形成，然後變得越來越強烈。即使這樣的吸引力看似僅止於性吸引力，但其實遠非如此，那是被永遠擺脫無力感之苦的可能性所吸引。戀情包括了性吸引力，以及一種滿意安心的幸福感。每個人都覺得自己更聰明、性感、美麗、英俊、更有價值。對方看似是這些至樂與刺激經驗的來源。他們會對彼此說：「你讓我的生命變得完整」、「你讓我的生命沒有白活」，或「我已經尋覓你好多年了」。事實上，他們一生在尋找的是自我價値與一份安全感，而透過另一個人來找到的可能性令人雀躍不已，殊不知那其實是個錯覺。

尋找救主是一種逃避無力感之苦的手段，而戀情就是一種尋找救主的經驗。孤獨、自覺不足、自我懷疑、自我憎恨、渴望自己值得愛與被愛、需要愛與被愛等感受，會在那個「對」的人出現時，暫時一掃而空。找到那個人就和使用酒精和藥物沒有兩樣，都無法終結這些折磨。而且那個人與這些折磨的關係，就和酒精藥物與這些折磨的關係一模一樣，其功能都只是暫時的麻醉劑。

沒有任何救主能無止盡地掩飾他人格裡的恐懼，而不被他所拯救的人或他自己所看到。在每一場戀情當中，兩人都扮演著獲得拯救的角色。最終，憤怒、情緒上的退縮、嫉妒等等，都會逐一浮現在原本看似理想的關係裡。金錢或性會在恐懼來襲的時刻被用來引誘對方。期待落空，失望隨之而來，幻想的裂痕越來越大，直到雙方都看見彼此眞正的樣子，也就是雙方都擁有有待療癒的恐懼與有待培養的慈愛。

這些動能會出現在異性戀的關係裡，也會出現在同性戀的關係中。選擇愛而非恐懼、眞實力量而非外在力量、喜悅而非快樂，這些都與性別無關，而是與人性有關。整個人類經驗正從恐懼導向的追逐外在力量，轉變爲慈愛導向的創造眞實力量與喜悅。

多官人伴侶會透過創造眞實力量展開這段旅途，那些創造眞實力量的人（運用「靈性伴侶關係指南」），會吸引那些做著同樣事情的人（吸引力的宇宙法則），即使那些人從未聽過「靈性伴侶關係」亦然。在他們所吸引或讓自己深受吸引的人當中，不同的靈性伴侶關係會隨之誕生，有些是與同事，有些是與鄰居，有些是與家人，有些則是與朋友形成的關係。當兩個人認出彼此就是潛在的靈性伴侶，並且選擇了關係中一個適合彼此的角色，一個由兩人組成的靈性伴侶關係便誕生了。當他們選擇住在一起，或是爲地球學校增添孩子，他們即是在人類演變爲多官人的過程中，組成了一種取代婚姻的靈性伴侶型態。

這種靈性伴侶關係，其目的與動能，和家人、朋友及同事形成的靈性伴侶關係之目的與動能，沒有什麼不同。它們全是平等的個人之間爲了靈性成長而形成的夥伴關係。在每一段關係裡，只要他們能一起成長、能夠選擇自己的角色、說出他們最擔心會破壞這份關係的話，他們就會維持在一起的狀態。他們爲自己選擇的角色，會以各種獨一無二的方式定義他們的夥伴關係，並且決定他們彼此的親密關係與對彼此的體驗將呈現何種本質。

若想吸引潛在的靈性伴侶，就必須創造眞實力量，此外，別無他途。外在力量的追求會吸引那些做著相同事情的人，而靈性伴侶關係在兩個彼此操控與控制的人之間是不可能存在的。例如，尋找一個能讓你變得「完整」、提供你安全感、性與舒適的人，將只能吸引到那些意圖以同樣方式利用你的人。兩個以伴侶身分致力於共同創造眞實力量的多官人，他們的靈性伴侶關係，與兩個畢生追求外在力量的五官人伴侶所組成的婚姻關係，截然不同。靈性伴侶關係會以靈性成長的目的將彼此平等的多官人結合在一起，前提是雙方都致力於創造眞實力量。

在這種伴侶關係裡的個人，並不認爲自己和對方命中注定要在一起，雖然有許多人的確認知到他們在這段關係裡很如魚得水，那是因爲他們的靈魂在投胎轉世前，已預先計畫好要在特定條件成熟時發展了。他們不會將彼此視爲生命中唯一可能的夥伴，但卻是最適合療癒束縛彼此的無力感之苦的人，也是最適合共同探索愛的深度的人。

他們會將每個人視爲「靈魂伴侶」，亦即和他們一樣是這所地球學校的同學，一個和他們一起在旅途中曾以各種不同的方式、在各種不同的時間與地點體驗恐懼與愛的同行者，而現在又再度相聚在一起。他們不會問自己：「這是我的靈魂伴侶嗎？我怎麼知道呢？」他們會提醒自己：「這是我的靈魂伴侶，我該怎麼和他相處呢？」

❖❖ 靈魂療癒摘要7 ❖❖

誰是發展「靈性伴侶關係」的重要夥伴？

「靈性伴侶關係」的參與者

- 你可以和家人、朋友、同事，以及作爲伴侶的另一個人，創造靈性伴侶關係。
- 父母與子女之間的互動，爲靈性成長提供了最大的可能性。
- 它們也是最困難的。
- 對靈性成長感興趣的朋友，自然而然會成爲靈性伴侶。
- 在工作場所創造眞實力量與靈性伴侶關係，將促使商業產生蛻變。
- 新男性與新女性自然而然會形成靈性伴侶關係。
- 新男性與新女性之間的靈性伴侶關係，正在取代舊女性與舊男性的婚姻關係。

這是靈魂療癒摘要的最後一部分。如果這些摘要對你有幫助，而你認知到某件事對你的靈性成長很重要，例如，某個洞見開拓了你的知覺與理解、或愛消除了你的恐懼時，不妨嘗試製作你自己的摘要。寫下你的經驗，以及它爲何對你很重要。將你自己的「靈魂療癒摘要」放在隨手可得的地方，反覆閱讀，直到你銘記於心，不再需要這些筆記爲止。

我希望現在媽媽（還有你）已經在創造眞實力量與靈性伴侶關係了。如果沒有，請將這本書再讀一遍，就從「自序」開始。

【後記】蛻變的時刻，你可以重新選擇

當數十億的多官人都能以自己的方式接觸宇宙的智慧與慈悲，並透過獨特的個體性與集體經驗多方嘗試運用它們時，會發生什麼情況呢？繁不勝數的不同觀點與活動，如何能促進人類的進化、支持地球上的生命呢？宗教已經教導我們，利用自己對慈悲與智慧的理解互相鬥智，只會造成致命的後果。事實上，我們已經喪失了慈悲與智慧本身，只剩下對它們的理解與詮釋在彼此對抗，只剩下寫著口號的旗幟和軍隊，準備進行一場永無止盡的戰爭，對抗那些擁有不同理念、拿著不同旗幟的團體。無論旗幟上飛揚的是耶穌、克里希那、佛陀、穆罕默德或是摩西的形象都無關緊要，在每一場事件裡，鮮血——人類的鮮血，以慈悲和智慧之名血流成河。

到底是什麼扭曲了智慧與慈悲的訊息，造成手足之間互相殘殺？有智慧的地方就沒有恐懼，有慈悲的地方就有愛。慈悲與智慧共同照亮了通往和諧、合作、分享、禮敬生命的道路，誰會爲了和諧、合作、分享與禮敬生命而殺戮呢？絕不會是任何一個渴望它們的人。誰會爲了自己對智慧與慈悲的理解而殺戮呢？那又是另外一個故事了，那正是人類的宗教歷史。只有恐懼能扭曲智慧與慈悲的訊息，讓它們淪為一種毀滅其他訊息與信使的理由與需求。而當該訊息宣揚的是智慧與慈悲，更完全凸顯了其中的諷刺與虛偽。

這種諷刺存在於每一場宗教運動的核心，它對我們每一個人舉起了一面警告的紅旗，說著：即使是慈悲與智慧，也會被一些人用來名正言順地追求外在力量。五官人無法辨識訊息和分享此訊息的意圖之間有何差別，他們會以為，如果訊息說的是慈悲與智慧，那麼，分享它必定也是個慈悲與智慧的行為。多官人知道，事實不然。五官人高舉著旗幟，每一面旗幟都在宣揚他們的訊息所帶來的無可超越的最高利益，然後舉著旗幟上戰場。他們了解力量是一種操弄與控制的能力，並且企圖獲得這種力量。當他們遇到有人高舉不同的旗幟，宣稱著自己訊息的利益（有時是相同的利益），他們便會忘記自己的那些利益，轉而將焦點放在如何挑戰對方的訊息。

傳播訊息成為目標，而非創造利益，而達成此一目標的手段不僅醜陋不堪，更經常造成致命後果。各種大屠殺、暴行、悲慘的混亂局面、艱苦的磨難，以及無止盡的野蠻行為，都在慈悲和智慧的名義下，由一個宗教強加於另一個宗教，在五官人類的史書上，留下一回又一回、一章又一章的紀錄。這部史書如今已經走到了盡頭，最終章正在撰寫，而我們正以集體的身分在創造它。

多官人首先會尋找意圖，其次才是行動。他們知道是意圖創造了結果，而不是行動。一個慈悲與智慧的訊息若無同樣的意圖，就不會爲地球學校帶來慈悲或智慧，無論這訊息傳遞了多少次皆然。相反地，每當有操弄與控制的意圖顯現在地球學校，就只會帶來更多的痛苦結果。來自講壇上的佈道偏見、盲從、優越感或暴力，無論提出的人自覺有多麼義正辭嚴，都一如提出香菸是治癒肺癌的解藥一樣荒謬。自覺義正辭嚴的佈道是毫無效果的，自覺正義凜然的合理化解釋也是毫無作用的。自覺爲了正義而記錄的見證是無效的。癌症依然蔓延，偏見、盲從、優越感與暴力依然無止盡地擴散。

沒有任何訊息能改變這些事，因爲它們不是由訊息所製造，而是意圖。無論訊息是什麼，分享訊息的意圖將決定分享所製造的結果。從五官人的觀點來看，分享訊息需要的是概念、畫面或音樂，意圖是無關緊要的。例如，納粹科學家發明了V2火箭與先進的戰鬥機、轟炸機，這些原本能開啓一個運輸交通的新時代，能以驚人的方式將各地的人與文化連結在一起，最終卻導致了毀滅性的倫敦大轟炸。同盟國利用自己的精巧發明痛擊德軍，那原本也可以用來造福全體人類，卻讓數千萬人喪失了性命，數千萬人陷入苦海。意圖能夠創造出明確的、無可避免的結果。意圖與其結果兩者永遠是不可分的。

五官人會說：「我們可以透過他們的行動來認識他們。」多官人則知道：「我們可以透過他們的意圖來認識他們。」我們所有人都能從一棵樹的果實辨認出樹的種類。只有橘子樹能結出橘子的果，只有杏子樹能結出杏子的果。只有想要創造和諧、合作、分享與對生命懷抱敬意的意圖，能創造出相同的果實。只有想要追求外在力量的意圖，能創造出暴力與破壞。換句話說，從一個多官人的觀點而言，分享這件事涉及的遠遠不只是概念、畫面或音樂而已。你所分享的和你所過的生活是一樣的。「我所做的，」甘地如是說，「就是我的宗教。」我們從甘地創造的果實而認識了他的意圖——將整個次大陸從一個野蠻的殖民占領國手中獲得非暴力的解放、以身作則活出愛的力量、親身證明愛的影響力、在死亡的那一刻宣揚愛等等。

當他的同僚抱怨穆斯林會從甘地的意圖中獲益時，身爲印度教徒的甘地大聲說道：「我是個穆斯林！」沒有人會懷疑他是認眞的，他的訊息和意圖是一致的。這份訊息就是愛，意圖也是愛，而這個愛的結果在出現的規模與形式上，讓這個世界大感意外。最後，在運輸船上準備離開的英軍，也爲在碼頭上歡呼的印度人歡呼。這種事怎會發生呢？有什麼來自佈道壇上的慈悲訊息能創造出這樣的結果？有什麼虔誠教徒所宣稱的智慧能創造出這樣的結果？

在這個進化型態重疊的時代，一種是陳舊與製造反效果的（追求外在力量），另一種是逐漸興起與必要的（眞實力量）型態。意圖與經驗之間可經證實的關係，正在取代訊息與經驗之間的虛妄關係。除非出於愛的動機，否則沒有一個愛的訊息能創造出愛的經驗。它或許可以創造激動的情緒、自認理所應得、自覺正義凜然的心態，以及一種優越感，但是它無法創造愛的經驗——唯有愛的意圖才能辦到。隨著我們逐漸轉變爲多官人，意圖與結果之間的關聯也變得益加清晰，無論訊息是什麼都已無所謂。舉例而言，一個愛你的鄰居的意圖，怎可能在北愛爾蘭創造出新教徒與天主教徒之間的殘酷衝突呢？而仇視你的鄰居的意圖，又如何能避免這種結果呢？

當前的世界是在一個支點上轉動，而那個支點就是你。你會選擇透過愛與信任來學習智慧，還是透過恐懼與懷疑？當你人格裡的某個恐懼面向受到了激發，你會挑戰它還是縱容它？深不見底的無望感、無助感與無力感，是地球學校裡最令人痛苦的經驗，而這每一種經驗，都能讓你將注意力投入你人格裡的某個恐懼之中，你是否有勇氣去體驗它、挑戰它並且療癒它呢？或者，你會用暴怒、暴食、評斷自己或他人、酒精、性、藥物、包袱、工作狂等等來掩飾這種痛苦？你的選擇看似有無限多，但其實只有兩種：愛與恐懼。

那個爲他人選擇、勸誡他人、說服他人、要他人改變信仰的時代，已經被一個新時代取代了。在這個新時代裡，那些同樣的行爲將帶來強烈的反效果。它們會在你背後放火，弄巧成拙。新時代需要你在內在區分愛與恐懼的不同，爲你自己在這兩者之間做出選擇，並且爲你的選擇所製造的結果負起責任。那個告訴別人什麼對他們最好、糾正他們並讓他們成爲最好的時代，已然結束了。一個遵從自己的直覺、允許他人也遵從他們直覺的時代，已經來臨。那種神聖的義憤塡膺、正當化的狂怒、自覺理所應得、不管他人處於何種過程的時代，已經遠去了。傾聽他人的聲音、帶著靈魂的意圖來創造的時代，已然來臨，而且這是最富有挑戰的。

當他人的意圖與你的意念有所衝突時，你要如何尊重他人的意圖呢？針對慈悲與智慧的理解而進行的競爭對抗，怎能在人類大家庭裡同時存在，而又不撕裂這個家庭呢？它們怎能在你和你朋友的內在存在，而不將你撕裂呢？五官人會透過操弄、主導與打敗他人、強硬施加外力於他人身上，直到他們順服或毀滅來消除衝突。「唯一的好印度人就是死的印度人。」「寧願死也不要赤化。」除了那些同意他們的見解、他們的價値觀與意圖的人以外，他們並未將彼此視爲兄弟姐妹。他們看見的是野蠻人（如同美洲殖民者看見印第安人），是異端（攻擊世貿中心的人就是如此看待大樓裡的人，基督教十字軍就是如此看待穆斯林），是國家安全的威脅來源（例如，「反恐戰爭」裡的敵人），是寄生蟲（盧旺達的胡圖族人將圖西人視爲蟑螂），或是囓齒動物（納粹即是如此看待猶太人）。類似的例子不勝枚舉，就和分裂朋友、文化、國家與宗教的恐懼一樣不可勝數。

多官人將恐懼視爲衝突的來源，而不是互相競爭的理解和行爲（包括令人憎惡的惡行）。以恐懼對抗恐懼是徒勞無益的，這對他們來說是再清楚不過的事，那只會爲世界增添恐懼，而不是消除恐懼。它餵養著衝突，如同將薪柴丟進烈火堆中。自認正義凜然、暴怒、報復，以及其他包括個人之間、文化之間、宗教之間與國家之間等各種形式的戰火，都是從無力感之苦遁逃而投入外在力量的追求，進而無意識地創造出毫無慈悲與智慧的地獄之境。多官人將他人視爲其恐懼偶爾會受到激發的「靈魂同胞」，視爲有著和他們一樣困難、複雜、痛苦生活的地球學校同學，視爲和他們一樣正在學習如何以慈悲和智慧來創造的人。

一個絕對的眞理對每個人而言都是眞實的，例如，「因果的宇宙法則」就是個絕對眞理。如果你靠著刀劍過活，也將會死於刀劍之下；如果你以慈愛待人，他人也會以仁慈待你。即便你不喜歡這些表達絕對眞理的用語，例如業力或恕道（黃金定律），或者你不同意這些絕對眞理所說的，然而，每一個絕對眞理都有一個核心部分是人人都能認同的。最低限度是，一個絕對眞理不會有任何害處。

一個相對眞理對你而言是眞實的，但是對別人而言可能不然。舉例來說，「猶太人是上帝的選民」、「耶穌基督是我們的救主」、「毗濕奴是世界的破壞者」等描述，還有許多敘述，事實上都是相對眞理。「生命是不堪的、野蠻的、短暫的」（十七世界的英國政治哲學家湯瑪斯．霍布斯所說），「我思，故我在」（法國哲學家笛卡兒所言），以及其他無數哲學性、神學性、情感上、心理上的眞理都是相對的，它們對某些人來說是正確無誤的，對其他人來說卻可能是騙人的、虛幻的或是異端邪說。相對眞理定義何謂虔誠、何謂褻瀆的方式，正如習俗定義何謂良好舉措與不良舉止。但是一個相對眞理和良好舉措之間有很大的差別。違反良好舉措並不是什麼會造成致命後果的事，但是數百萬人卻因爲不同意他人的相對眞理而慘遭殺害。

人們帶著評斷、憤怒、退縮、嫉妒等情緒與殘暴的武力，將相對眞理強加於彼此身上。宗教、國家與文化也藉由制裁、政策、教條與暴虐行爲將它們強加於人，例如，「西班牙宗教法庭」❾對非天主教徒的迫害（將他們折磨至死），以及納粹德國對六百萬猶太人以及數百萬非雅利安人（non-Aryans）無情而有系統的大屠殺。宣稱一個相對眞理爲絕對眞理，是一種追求外在力量的行爲。每一種宗教都會這麼做，每一次的殺人和種族滅絕行爲都肇因於此。所有的暴力皆由此而來。只有你能阻止它，而且只能在你的內在這麼做。只有你，能挑戰並療癒自身人格裡追求外在力量的恐懼；也只有你，能培養慈愛——唯有你，能在自己內在創造出你渴望看見的世界。

「靈性伴侶關係指南」能告訴你怎麼做。它們能循序漸進地一步一步引導你，從失去力量蛻變爲獲得力量，從一個充滿恐懼與痛苦的生命蛻變爲一個充滿愛與喜悅的生命。這份指南能預防你將自己的恐懼強加於他人身上，並且幫助你在他人將恐懼強加於你時，認出這一點。它們能幫助你改變觀點，從恐懼的轉變爲慈愛的，並且做出有意識的建設性創造。遵循這份指南，能確保你尊重他人的了解，無論你是否同意他們的看法；而且當你不同意時，能防止你受到恐懼的毒害。

「靈性伴侶關係指南」讓你超越文化、風俗與宗教的影響範圍。它們釋放了你，限制了你的恐懼（你人格裡的恐懼部分）與他人的恐懼（他人人格裡的恐懼部分），並且告訴你如何帶著一顆力量飽滿的心度過一生，而不執著於結果。這份指南能讓你在每一種情況下都盡力做到最好。

隨著你將自己從人格裡的恐懼釋放出來，你變得能夠創造和諧、合作、分享並對生命懷抱敬意。因爲不管他人如何選擇，你都選擇這麼做。因爲你決定要爲生命做出貢獻，而非剝削生命。因爲你想要謙遜、寬恕、清明與眞實力量的愛，更甚於恐懼與渴求那無止盡循環的雲霄飛車之旅。因爲你給予自己的禮物，同時也是你給予他人的贈禮。

這是個蛻變的時刻，是個靈性成長在你生命中爆發的時刻，它將毀去你的舊有目標與達成它的舊式方式，然後以令人雀躍的、帶有療癒效果的、令人心滿意足的潛在眞實力量取而代之。你越是能夠創造眞實力量，就越能夠創造出發展靈性伴侶關係的潛能。你能夠共同創造的

---

❾中世紀天主教審判異端的機制。

靈性伴侶關係並無數量上的限制，因爲潛在的靈性伴侶亦無數量上的局限。我的夢想是一個包含著八十億人口、爲了靈性成長而在平等夥伴之間建立的伴侶關係。你的夢想是什麼呢？

靈性伴侶關係的影響力極其深遠，其潛能浩瀚無邊。如果你想要在生命中擁有一段具實質性的、深刻的、有意義的關係，那麼，你已經感受到這份潛力了。如果你對帶著慈悲與智慧來過日子感到興奮，而非一味地想著捍衛自己對慈悲與智慧的理解，那麼，你已經感受到這份潛力了。如果你的心靈正在對你自己和他人敞開，或是你認爲它可能可以如此，那麼，你也已經感受到這份潛力了。

一道新的光芒出現在夜空。

黎明即將到來。

【附錄】

蓋瑞．祖卡夫「新靈魂觀學院」相關資訊

我的靈性伴侶琳達．法蘭西絲和我在一九九九年創立了「新靈魂觀學院」，目的是與在生命中持續追求靈性成長的有心人，一同加入分享、教導、學習與歡慶的行列。

簡單來說，我們的願景是創造一個讓靈性發展成爲最優先事項的世界，其中，每個人的生命都能透過人格與靈魂的一致而更加豐富……每個人都能鼓起勇氣追求並且探索人類潛能尚未開發的領域……每一對伴侶與每一個團體都能透過愛與對靈性成長的共同承諾而結合。

我們學院亦著重在拓展人與人之間的覺知，設法實現一個更健康、更相互合作、更豐富的關係。我們設計了獨特的課程與活動來協助你與你的摯親創造眞實力量，建立一個具蛻變力量的靈性伴侶關係。

我邀請你大膽投入這場冒險，加入我們的網路社群。你會發現，我們在網路上擴充了本書的教導與洞見，達成一種覺知與慈愛互動下所能創造的最佳境況。你會遇見一些和你擁有同樣目標與夢想、能爲你帶來啓發的傑出朋友。你也會發現，我們的許多活動與課程能在你追求恢

復活力、成長、創造力與一個充滿無限慈愛之關係的同時，爲你帶來更多的支持。

我們希望你能考慮成爲這個日漸茁壯的靈性伴侶社群的一員。在這裡，人們將個人成長與合作創造靈性伴侶關係視爲第一優先。

你可以透過 www.seatofthesoul.com 網站加入我們的社群。琳達和我期待能很快地和你一起共同創造我們這趟旅程的下一個篇章。

愛，

蓋瑞・祖卡夫

歡迎你。

請至 www.seatofthesoul.com 加入我們的社群。

國家圖書館出版品預行編目（CIP）資料

靈性伴侶關係：親密關係的療癒與覺醒 / 蓋瑞．祖卡夫 (Gary Zukav) 著；蔡孟璇譯. -- 二版. -- 臺北市：橡實文化出版：大雁出版基地發行, 2023.02
面； 公分
譯自：Spiritual partnership : the journey to authentic power.
ISBN 978-626-7085-68-4（平裝）

1.CST: 靈修

192.1　　111021260

BC1032R

靈性伴侶關係：
親密關係的療癒與覺醒

Spiritual Partnership: The Journey to Authentic Power

作　　者　蓋瑞．祖卡夫（Gary Zukav）
譯　　者　蔡孟璇
責任編輯　田哲榮
協力編輯　劉芸蓁
封面設計　斐類設計
內頁構成　歐陽碧智
校　　對　吳小微

發 行 人　蘇拾平
總 編 輯　于芝峰
副總編輯　田哲榮
業務發行　王綬晨、邱紹溢
行銷企劃　陳詩婷
出　　版　橡實文化 ACORN Publishing
　　　　　地址：臺北市 10544 松山區復興北路 333 號 11 樓之 4
　　　　　電話：02-2718-2001　傳眞：02-2719-1308
　　　　　網址：www.acornbooks.com.tw
　　　　　E-mail 信箱：acorn@andbooks.com.tw
發　　行　大雁出版基地
　　　　　地址：臺北市 10544 松山區復興北路 333 號 11 樓之 4
　　　　　電話：02-2718-2001　傳眞：02-2718-1258
　　　　　讀者傳眞服務：02-2718-1258
　　　　　讀者服務信箱：andbooks@andbooks.com.tw
　　　　　劃撥帳號：19983379　戶名：大雁文化事業股份有限公司

印　　刷　中原造像股份有限公司
二版一刷　2023 年 2 月
定　　價　450 元
I S B N　978-626-7085-68-4